world of environmental design

world of environmental design

The World of Landscape Architects

Author	Francisco Asensio Cerver
Publishing Director	Paco Asensio
Project Director	Sylvie Assassin
Consultant	Bet Figueres, Maria Jover
Text	Patricia Barberá, Raquel Losantos, Ivan Bercedo, Esmeralda Francisco, José Serra, Alfonso Muñoz, Sylvie Assassin, Sylvia Oussedik.
Proofreading	José Serra, Tobias Willett
Translation	Trevor Foskett
Photographers	*Harry Smith Collection, P.Greenhalf* (Sir Geoffrey Jellicoe); *Neil Folberg, Dubi Tal* (Shlomo Aronson & Associates); *D.Carrillo, P.Palmer, G.Campbell, D.Walker, E.Yonckura, J.Connell, H.Mitani, P.Walker, J.Hedrich* (Peter Walker); *A.Emmery Gallery, M.Santoro, G.Gorgoni, E.Bofill, S.Higuchi* (Beverly Pepper); *A.Ward, J.Venezia, G.Leadmon, M.Moran* (Martha Schwartz); *B.Schurian, D.Rubinger, A.Hay, A.Rubischon, A.Heym, M.Mennicken, M.Peri, J.Halber* (Dani Karavan); *F.Garnier, L.Tanner, C.Diniz, F.Frenkel, S.Rosenthal* (Hanna/Olin); *R.Barton, Mieke Vleehouwers Thierf, Peter Wirtz* (Jacques Wirtz and Sons); *R.Maack, S.Martino* (Steve Martino); *I.Noguchi, R.Snowdon, D.Roger, G.Mc Kinnis* (Isamu Noguchi); *Hargreaves Associates* (Hargreaves Associates); *A.Kiley, Y.Sasaki* (Dan Kiley); *R.Green, A.Lautman, Kleinhout Photography, O.R.Cabanban* (M.Paul Friedberg & Partners); *A.Reeve, D.Paterson, P.Davenport, M.Greenhalgh, W.Hannapel* (Ian Hamilton Finlay); *Arup Ass.* (Arup Associates); *Bernard Lassus, G.Buthaud, M.Nikolic* (Bernard Lassus); *E.Fine* (Weintraub & di Domenico); *M.Randett, Art on File, K.Rader, R.Haag Associates.* (Richard Haag); *D.Blackwood, C.Mc.Donnell* (Derek Lovejoy Partnership); *D.Cardelús* (Jorge Subirana Atienza); *J.Simon, M.Chevenement, Sylvie Assassin* (Jacques Simon).
Graphic Design	Mireia Casanovas Soley, Quim Serra Catafau
©	FRANCISCO ASENSIO CERVER, 1995
Registered Office	Ganduxer 115, 08022 Barcelona Tel. (93) 418 49 10, Fax. (93) 211 81 39

ISBN 84-8185-004-7 (obra completa)
ISBN 84-8185-003-9 (volumen 10)

Dep. Leg. B-2452-1995

Printed in Spain

In these different gardens and sheltered places, there is a path for each person and a place for every taste. The path and the place belong to them and to nobody else. Each individual point of view reveals the individual landscape of its own impressions, which cannot be perceived by others and which change as the day, seasons and years pass. Gardens belong to subjective viewpoints and to time, they lack infinitesimal subjectivity and continuously disappear, as every single viewpoint is different and unrepeatable. Yet there is always the first impression.

This volume offers an approach to the first impressions of a landscape. We have attempted to convey the personal images that allow each landscaper to transform empty peripheral city lots, abandoned spaces, wasteland or the sites around suburban housing, and turn them into landscapes that we pass through and live in, into places that belong to us.

The projects of Sir Geoffrey Jellicoe, an expert on landscaping and, together with Roberto Burle Marx, one of the modern points of reference, start this compilation, a complex and interesting heterogeneous series showing common tendencies and characteristics as well as contrasting positions and styles.

Thus, one style is represented by the plazas and parks designed by Weintraub & di Domenico, created on the basis of input from community and neighbourhood associations of the various boroughs of New York. A second style is represented by the gardens designed by Hanna/Olin, often the result of rehabilitation work or specific schemes in the urban fabric and determined by the unavoidable requirements for public spaces. A third, quite different style is represented by the poetic universe of Ian Hamilton Finlay, who has created a personal, singular and radical universe. These are quite distinct approaches to landscape. Jacques Simon confronts order by using unlikely means and at a surprising speed, changing the topography, planting trees and bursting into the city with the chance inherent to nature; Dan Kiley's geometric gardens return nature to people and to human laws.

The book includes gardens by artists who approach landscape from sculpture or land art, such as the Israeli Dani Karavan or the Americans Beverly Pepper, Friedberg and George Hargreaves. It also includes those who, like Arup Associates, start from an architectural and engineering approach, and introduce plantings into their designs, filling them with green terraces, gardened facades and natural mechanisms for environmental control, reflecting the growing concern for ecology.

We can find gardens in the most unlikely places, on the top of buildings, and even plantless gardens designed from surprising materials, like Martha Schwartz's Splice Garden.

The construction of a landscape may be linked to the search for identity: a country seeking to affirm its identity, such as Israel, and a search like that of Shlomo Aronson; or perhaps an area, a site as striking as the Arizona desert, a climate and space defended by Steve Martino.

Reinterpreting tradition through an individual approach is what allows Isamu Noguchi to transfer the character of Zen rock and gravel gardens to the light wells and vestibules of modern buildings; to evoke, to stimulate memories and imagination, like the Frenchman Bernard Lassus's transformation of high-rise blocks in the suburbs or walkways over motorways. To transfer, like Peter Walker, the spirit of the site, the magical emotions of the gardens of the past, to modern projects, built of necessity of modern materials and new concerns.

The garden offers the chance to combine and integrate different styles on the basis of their harmonious fusion with nature. The parks designed by Richard Haag and Derek Lovejoy, the gardens created by Jacques Wirtz and Preben Jacobsen, bring together rhythms or contrasts in the colours of the vegetation, the mixture of species or the gradual separation of different areas, allowing the combination of quite different landscapes and traditions.

The designs included in this book are located in the most diverse places and created around different ideas and images, giving a thorough idea of the designs built over the last few years, but some equally important figures could not be included in this collection. Fortunately, 22 landscapers is not enough, and the selection required means others could not be included. Perhaps for this reason, this volume concludes the collection *World of Environmental Design*, on two optimistic notes. The series is completed and at the same time it remains open.

A través de los jardines diversos, en los rincones resguardados o en las laderas extendidas, existe un camino ajustado a los pasos de cada caminante y un lugar reservado a cada sensibilidad. El camino y el rincón les pertenecen a ellos y a nadie más. Cada mirada individual despliega el paisaje íntimo de las propias impresiones, que es inaprehensible y que a su vez se escinde inevitablemente, mientras transcurren las horas del día, el ciclo de las estaciones y el paso de los años. Los jardines pertenecen a las miradas y al tiempo, adolecen de subjetividad infinitesimal y desaparecen continuamente, porque cada mirada es diferente e irrepetible. Y, no obstante, existe una primera mirada.

Este volumen nos propone un acercamiento a las primeras miradas de un paisaje. Hemos intentado plasmar las imágenes personales que permiten a cada paisajista transformar los solares vacíos de la ciudad, los espacios abandonados, los descampados de la periferia o el terreno que rodea las villas de las afueras, y convertirlos en los paisajes que recorremos y habitamos, en los lugares que nos pertenecen.

Con los proyectos de sir Geoffrey Jellicoe, estudioso del paisajismo y, junto a Roberto Burle Marx, uno de sus referentes modernos, hemos querido encabezar esta compilación: una serie heterogénea, compleja y rica, en la que se manifiestan tanto rasgos y tendencias comunes, como posiciones opuestas y estilos enfrentados.

Así pues, frente a las plazas y parques de Weintraub & di Domenico, diseñadas a partir de sugerencias de las comunidades de vecinos de los barrios de Nueva York, frente a los jardines de Hanna/Olin, muchas veces fruto de rehabilitaciones o de intervenciones puntuales, inmersos en la textura urbana y marcados por los requerimientos ineludibles del espacio público, podemos conocer proyectos surgidos de un universo personal, singular y radical, el universo poético de Ian Hamilton Finlay. Miradas que viajan hacia paisajes opuestos. Jacques Simon se enfrenta al orden con medios y velocidades improbables, alterando la topografía, plantando árboles, irrumpiendo en la ciudad con el azar inherente a la naturaleza; Dan Kiley, en sus jardines geométricos, devuelve la naturaleza al hombre y a las leyes humanas.

Encontramos jardines de autores que se acercan al paisajismo desde la escultura o el *land art*, como el israelí Dani Karavan o los norteamericanos Beverly Pepper, Friedberg o George Hargreaves; o que, por el contrario, como Arup Associates, parten de la arquitectura y la ingeniería, e introducen la vegetación en sus proyectos, cubriéndolos de terrazas verdes, de fachadas ajardinadas y de mecanismos naturales de control ambiental, en un reflejo de la creciente preocupación por la ecología.

Podemos encontrar jardines en lugares inverosímiles, en las últimas plantas de los edificios, jardines sin vegetación incluso, diseñados con materiales inusuales, como el Splice Garden de Martha Schwartz.

La construcción de un paisaje puede estar ligada a la búsqueda de una identidad, la de un país con voluntad de autoafirmarse; por ejemplo, un país como Israel y una búsqueda como la de Shlomo Aronson; o tal vez la de un territorio, un lugar singular como el desierto de Arizona, un clima y un espacio reivindicados en las actuaciones de Steve Martino.

Reinterpretar la tradición a través de la mirada individual, lo que permite a Isamu Noguchi trasladar el carácter de los jardines Zen de grava y rocas a los patios de iluminación y a los vestíbulos de los edificios modernos; evocar, apelar a la memoria y a la imaginación, como hace el francés Bernard Lassus para transfigurar los bloques del extrarradio o las pasarelas de las autopistas; contagiar, como Peter Walker, del espíritu del lugar, de la emotividad y la magia de los jardines del pasado, a los proyectos actuales, construidos necesariamente con materiales modernos y preocupaciones nuevas.

El jardín es en sí mismo la posibilidad de conjugar, de reunir e integrar diferentes lenguajes a partir de su fusión armónica con la naturaleza: en los parques de Richard Haag o de Derek Lovejoy, en los jardines de Jacques Wirtz o de Preben Jacobsen, los ritmos o los contrastes de color de la vegetación, la mezcla de especies o la separación gradual de ámbitos distintos, permite aunar paisajes y tradiciones heterogéneas.

Aunque las obras presentes, ubicadas en los lugares más diversos y creadas en torno a ideas e imágenes diferentes, den una visión exhaustiva de los proyectos realizados en los últimos años, algunas figuras igualmente importantes han quedado fuera de esta compilación. Por suerte, actualmente una serie de veintidós paisajistas resulta incompleta y la selección inevitable de un número determinado implica ausencias. Quizás por esta razón, este volumen concluye la colección *World of Environmental Design* de forma doblemente significativa: se cierra la obra y, al mismo tiempo, queda abierta.

world of environmental design

The World of Landscape Architects

Geoffrey Jellicoe

Born in Chelsea, London, on 8th October 1900, Sir Geoffrey Jellicoe is recognised as Britain's leading landscape designer and, by the *International Herald Tribune*, as "*one of the world's greatest living landscape designers.*" In 1929 he was a founder member and later President of the (British) Landscape Institute and, in 1948, was the founder President of the International Federation of Landscape Architects.

Jellicoe received a classical education before enrolling at the Architectural Association School of Architecture in London. He travelled with J.C. Shepherd to Italy in 1923-4 to study Italian Renaissance gardens, which resulted in the first of his many publications, *Italian Gardens of the Renaissance*, by G. Jellicoe and J.C. Shepherd, in 1925. Shepherd and Jellicoe established a private practice in 1926.

For a period of five years between 1929-34 Jellicoe was Studio Master at the Architectural Association School in London. He established his own practice in 1931 and published *Baroque Gardens of Austria* in 1932. In 1936 he married Susan Pares, daughter of Sir Bernard Pares, and moved to Highgate, London. His wife was to become both close companion and partner in many of his projects in addition to being co-author (as Susan Jellicoe) of his most famous published work, *The Landscape of Man*, conceived in 1958 and written with her over 17 years before its publication in 1975.

Apart from his extensive architectural practise, Jellicoe has completed many celebrated landscape and garden projects. These include work for the Royal Family at Windsor and Sandringham, many private and public gardens, London's Fitzroy Square, industrial landscaping, university work and many other British and international projects.

Jellicoe is an admirer of pioneers of landscape design from Capability Brown to modern Brazilian masters such as Roberto Burle Marx, but it is his classical training and his deeply philosophical approach, influenced by Jung, which have produced the sense of spiritu-

View of the path which, by way of a metaphor for life's course, leads to the monolith of the Kennedy Memorial.

Vista del sendero que, como metáfora del trayecto vital, conduce al monolito conmemorativo del Kennedy Memorial.

al uplift which imbues his work in addition to its exceptional visual effects.

After the assassination of President Kennedy in November 1963 the British Government set aside an acre of land at the democratically historic site of Runnymede in Surrey for a memorial. **Kennedy Memorial** (1964-1965) was one of the first opportunities for Jellicoe to provide the visitor with a condensed pilgrimage in which the journey of life, its ending and its onward ascent into immortality can be experienced in a relatively small area.

The entrance to the memorial is through a robust, simple wicket gate which opens to put the visitor on a stony path. The path is composed of 60,000 granite cobbles and climbs through a thick wood symbolising the virility and mystery of nature as a life force. The stone setts are hand cut, each quite different from the other, to represent individuals making their way to the memorial.

The Memorial Stone, with an American oak planted beside it, is cut from a 14-ton block and is deeply inscribed over the whole surface. It is raised on a cushion stone and is symbolic of a catafalque, borne on the shoulders of the multitude. The steps leading to it provide an immediate sense of order and the impression of power and calm is balanced by the path, set almost at right angles, across the open grass. The tranquillity of the ending of the journey, at the seats of contemplation, is in strong contrast to the wood below, and the sense of the three phases of the human experience – life, death and spirit – is conveyed in what seems to be an extremely simple, but in fact is a very sophisticated, manner.

Shute House (Wiltshire, England, 1970-1993) stands in three acres of gardens and a meadow. The top of the site has a spring which, together with a medley of medieval, Palladian, Victorian and modern features, gave Jellicoe the opportunity to develop two streams flowing from the spring either side of ridge and the original water areas into a unifying sequence from primeval through Classical to arrive at a Jungian archetype; the hard and the soft, the matrix that unifies the diversities of the visible world.

From the original spring, the water divides into a XIX-century pool, at the side of which Jellicoe has pierced the dense foliage with two balconies from which three busts, commemorating Virgil, Ovid and Lucretius, can be viewed. A miniature box hedged classical amphitheatre and six square box beds are flanked by the elongated pool which, at the other end, is flanked by clipped hedges witth an opening into the allegorical garden.

Perhaps the most celebrated feature at Shute is the rill with eleven small waterfalls which provides the continuous sound of water, celebrating the origins of the site. In the allegorical garden there is a topiary temple and topiary cast iron frames in anthropomorphic forms. This garden, set in a landscape which is one of the birthplaces of the English school of landscape gardening, has been described by Jellicoe as a laboratory of ideas from which Moody Gardens were to emerge.

Sutton Place (Guildford, England, 1980-1986) is a XVI-century manor house of great architectural importance, once the home of the reclusive millionaire Paul Getty. After it was leased by Stanley Seeger in 1979, he asked Jellicoe, in July 1980, to create gardens which would express the modern mind whilst remaining sympathethic to the ethos of the place, "*which comprehends the past, the present and the future.*" The grounds were mostly simple parkland but in 1905 new gardens had

18

The wicket leading to the stony path.

The path is made up of some 60,000 granite cobbles.

Front view of the 14-ton Memorial Stone.

Un rústico portalón da acceso al sendero de piedra.

Unos 60.000 adoquines de granito, de despiece irregular, configuran el sendero.

Vista frontal de la placa conmemorativa, de unas 14 toneladas de peso.

extended the existing north-south axis through the house and added an east-west cross axis in the garden beyond.

Since the style of Sutton Place was transitional between medieval and Renaissance, Jellicoe preserved and extended the existing classical framework, emphasizing the cross form. However, he filled the inter-stices of the overall pattern with gardens which were undoubtedly appealing to the modern psyche: a secret garden for the imagination, a Magritte surrealist garden and others.

The scale of the garden to be created was vast in relation to the house and envisaged two enormous sculptures, one by Henry Moore at the eastern lake end and one by Ben Nicholson at the western head, over the terrace and beyond the Magritte Walk. As with the Kennedy Memorial, there are essentially three allegorical areas, but this time on an enormous scale: the eastern "Creation", with its fish-shaped lake which, for all its homage to the XVIII-century English picturesque style, was related to the origins of life and was intended to be dominated by the Henry Moore sculpture *Divided Oval* by the famous sculptor; the "Good Life" to the east of the house, with its walled Paradise Garden and Moss Garden; and "Aspiration", to the west, separated from the "Good Life" by the house, also with walled gardens including the swim-ming pool with Miró Mirror, the Magritte Walk, and rectangular pool culminating in the Ben Nicholson Sculpture or Wall.

Sutton Place: view of the Ben Nicholson sculpture, the reflection of which on the sheet of water produces a suggestive optical effect.

Three views of the surrealist garden, with the Magritte Walk, dominated by five giant Roman style Mentmore urns.

Sutton Place: vista de la escultura de Ben Nicholson, cuyo reflejo sobre la lámina de agua crea un sugestivo efecto óptico.

Tres vistas del jardín surrealista, con el Magritte Walk presidido por cinco vasijas gigantes de Mentmore, de estilo romano.

Along the south front of the house, Jellicoe designed the South Walk, a new broad stone path to emphasise the firm cross axis. To the east this terminates in an octogonal pavilion or belvedere, with symbolic views to the four elements in the landscape that civilised man has fashioned. Along the walk there is a clipped lime tunnel, and an Impressionist Garden planted by Susan Jellicoe.

Outside the south wall of this enclosure is the Magritte Walk, dominated by five giant Mentmore urns, Roman in style, and heroic in scale. These have been ranged along the wall but the end of the vista has been closed by another wall at right angles, with a square opening or window, again of surrealist inspiration. Emerging from the end of the Magritte Walk, through a copse, the path leads back to the lawns and there, across water, the Ben Nicholson wall. This is a realisation in white Carrara marble of one of his "White Relief" paintings of the thirties.

In compressing the history of civilization as evidenced in this landscapes into a 24-acre site, Jellicoe has brilliantly translated to **Moody Gardens** (Galveston, Texas, 1984, ongoing) his great book *The Landscape of Man* into a superb surreal experience. When they are completed, the traveller though Moody Gardens will be able to pass through an interpretation of "*thirty thousand years in time and half a globe in space*" either on foot or by water bus and from it gain great insights into Western and Eastern cultures.

The plans drawn up by Jellicoe (replacing an originally botanical concept) provide for a distillation of landscape history in its essential details, unlike the original plan, which divided East and West during the journey. This project, at a site to be reclaimed from a marsh, uses the water which dominates it to provide a continuous thread unifying the whole experience as well as a practical means of transport.

The journey starts with the primeval forest and Eden, before coming to Egypt. Then Jellicoe has set the classical cultures of the West in a series of enclosures like brief thumbnail sketches of the essence of their expression, while the romantic cultures of Western civilization have an irregular plan and are divided from the cultures of China and Japan by hills traversed by the water traveller's passage through a tunnel.

The range of symbolic temples, pavilions and bridges of the Eastern cultures ensures that the experience of the mysticism of the East, for which Jellicoe has long had a strong affinity, is felt in both religious and philosophical terms. At the Lotus Lake the traveller is invited to meditate before proceeding to the Enclave of Buddha, the god seated on the lotus flower and crowned with the pagoda. The Japanese garden of the Zen Buddhist tradition has its Tea House, the Stroll Garden ornamented with lanterns and the raked sand garden with symbolic rocks. At the end of this, the final section of the journey, the traveller returns through the primeval forest to the journey's end and the landing stage.

It will take many more years for the work actually started on site started in 1992 to reach the fulfilment of Jellicoe's plans. In Moody Gardens he has aimed at an expression of his Jungian belief in the unity of all existence and at a "*translation into visible reality of the world within us*".

Nacido en Chelsea (Londres) el 8 de octubre de 1900, sir Geoffrey Jellicoe está reconocido como uno de los principales paisajistas británicos y, según el *International Herald Tribune*, «uno de los más grandes paisa-

Shute House: the brook which descends from the spring at the top of the grounds allowed Jellicoe to create such attractive spots as these.

Shute House: la presencia del riachuelo que desciende desde el manantial ubicado en la parte más alta del recinto permite a Jellicoe crear espacios tan atractivos como el de la imagen.

jistas vivos del mundo». En 1929 fue miembro fundador, y posterior presidente, del Instituto Británico del Paisajismo y, en 1948, fue el presidente fundador de la Federación Internacional de Arquitectos Paisajistas.

Jellicoe recibió una educación clásica antes de ingresar en la Architectural Association School of Architecture de Londres. Entre 1923 y 1924, viajó con J. C. Shepherd a Italia para estudiar los jardines renacentistas italianos, lo que dio origen a la primera de sus múltiples publicaciones, *Italian Gardens of the Renaissance*, escrita junto con J. C. Shepherd en 1925. Shepherd y Jellicoe se establecieron en un despacho propio en 1926.

Durante un periodo de cinco años, entre 1929 y 1934, Jellicoe obtuvo el *master* de la Architectural Association School. Fundó su propio despacho en 1931 y publicó en 1932 *Baroque Gardens of Austria*. En 1936 se casó con Susan Pares, hija de sir Bernard Pares, y se mudó a Highgate, Londres. Su esposa se convirtió en estrecha colaboradora en numerosos proyectos, además de ser la coautora (con el nombre de Susan Jellicoe) de su publicación más famosa, *The Landscape of Man*, concebido en 1958 y escrito con ella unos 17 años antes de su publicación, en 1975.

Aparte de su extensa obra arquitectónica, Jellicoe es autor de muchos y muy celebrados proyectos de paisajismo y jardinería. Éstos incluyen trabajos para la familia real británica en Windsor y Sandringham, numerosos jardines, tanto públicos como privados, la londinense Fitzroy Square, paisajismo industrial, universidades, y muchos otros proyectos en Gran Bretaña y el extranjero.

Jellicoe es un admirador de los pioneros del paisajismo, desde Capability Brown hasta los brasileños modernos como Roberto Burle Marx, pero es su formación clásica y su mirada profundamente filosófica, influenciada por Jung, lo que ha constituido la inspiración espiritual que imbuye su trabajo, incluidos sus excepcionales efectos visuales.

Después del asesinato del presidente Kennedy en noviembre de 1963, el gobierno británico se reservó un acre de tierra en la localidad democrática de Runnymede, en Surrey, para un memorial. La planificación paisajística del **Kennedy Memorial** (1964-1965) fue una de las primeras oportunidades para que Jellicoe ofreciera al visitante un peregrinaje condensado, en el que la vida en tanto que viaje, su final y su paulatina ascensión hasta la inmortalidad, pueden ser experimentados en este relativamente pequeño lugar.

La entrada al memorial se hace a través de un robusto y sencillo portalón que se abre para depositar al visitante sobre un camino de piedra. El camino está compuesto por 60.000 piezas de granito y sube a través de un espeso bosque, simbolizando la virilidad y el misterio de la naturaleza como fuerza vital. La piedras están cortadas a mano, cada una diferente de las demás, para representar al individuo que hace su propio camino hasta el monumento.

El monolito del memorial, con un roble americano plantado junto a él, está tallado en un bloque de piedra de 14 T y presenta inscripciones en toda su superficie. Está levantado sobre otra piedra, que simboliza un catafalco sustentado sobre los hombros de la multitud. Los pasos dirigidos hacia el mismo evocan un sentimiento inmediato de orden y una impresión de poder y de calma equilibrada, que persiste en el camino de ángulos casi rectos que cruza el prado.

La tranquilidad de la parte final del trayecto, con los asientos para la contemplación, contrasta con el bosque anterior; así, el sentido de las

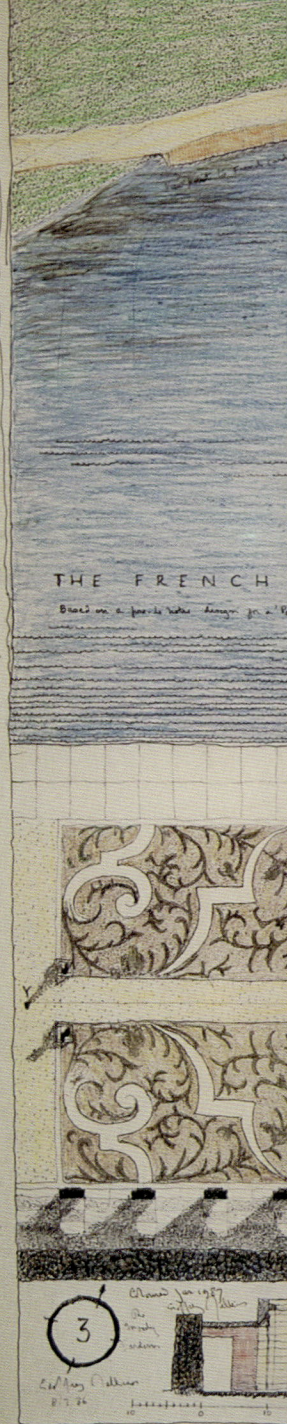

In Moody Gardens, Jellicoe is putting into practice his studies into the history of landscaping. Shown here: the French and Italian gardens.

En los Moody Gardens, Jellicoe lleva a la práctica sus estudios sobre la historia del paisajismo. En la ilustración, los jardines franceses e italianos.

THE ITALIAN SIXTEENTH CENTURY

a design motivated by the Villa Reedonin, Frascati (c1300), with floral parterre and box "rognette" streamer treated for Scharda.

TEENTH CENTURY

SECTION Y-Y FACING SOUTH

THE MOODY GARDENS · GALVESTON

A PLAN TO ILLUSTRATE
THE HISTORY OF GARDENS
FROM THE BEGINNING
TO THE NINETEENTH CENTURY
PRESENTED IN FOURTEEN
SHEETS AS A UNIFIED CONCEPT
OF TIME AND SPACE

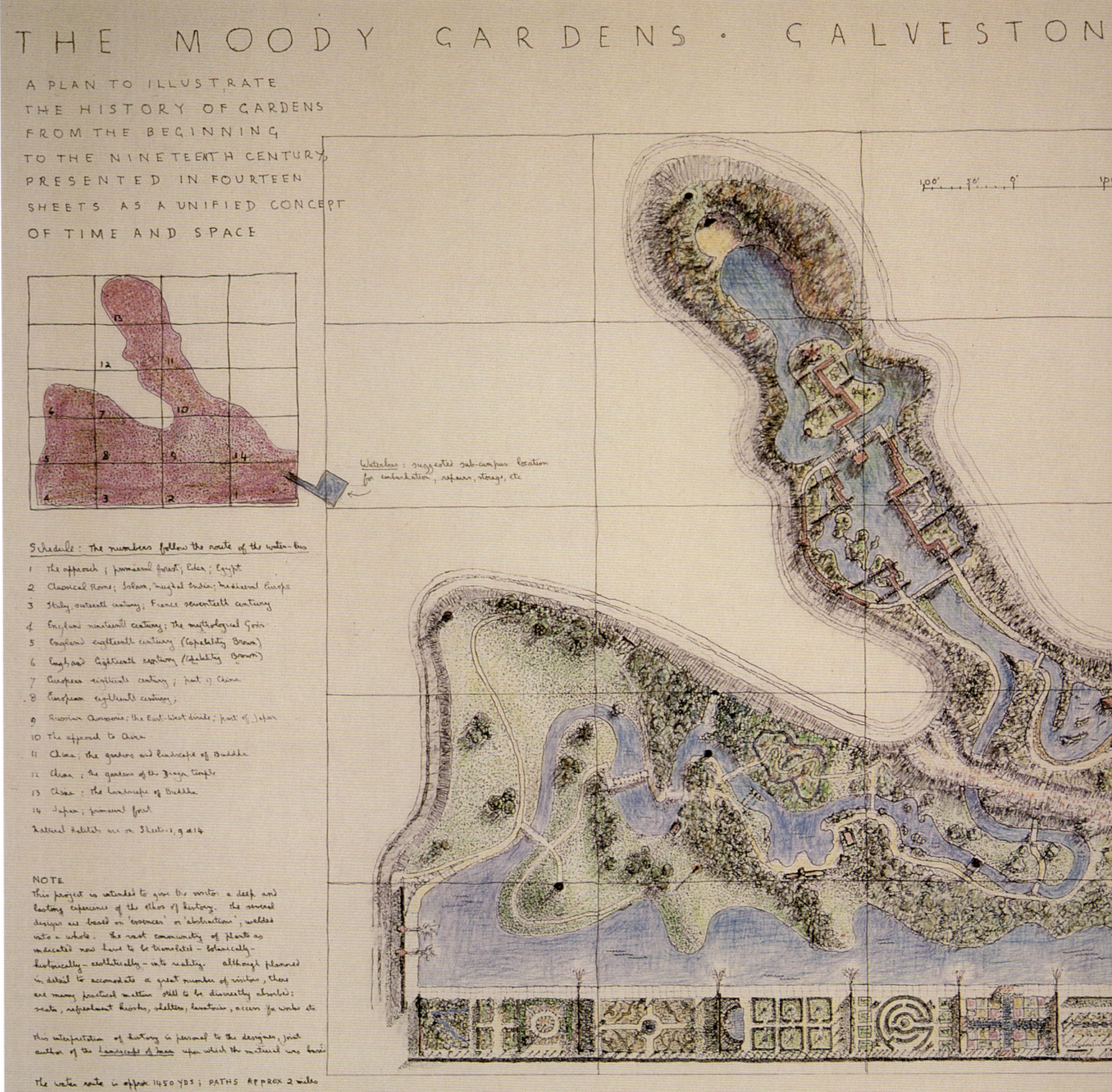

Waterless: suggested sub-campus location
for embarkation, refuse, storage, etc

Schedule: The numbers follow the route of the water-bus

1 The approach; primaeval forest; Eden; Egypt
2 Classical Rome; Islam; mughal India; mediaeval Europe
3 Italy sixteenth century; France seventeenth century
4 England nineteenth century; the mythological Gods
5 England eighteenth century (Capability Brown)
6 England eighteenth century (Capability Brown)
7 European eighteenth century; part of China
8 European eighteenth century;
9 Russian Campania; the East-West divide; part of Japan
10 The approach to China
11 China; the gardens and landscape of Buddha
12 China; the gardens of the Zenga Temple
13 China; the landscape of Buddha
14 Japan; primaeval forest

Lateral exhibits are on Sheets 1, 9 & 14

NOTE
This project is intended to give the visitor a deep and
lasting experience of the ethos of history. the several
designs are based on 'essences' or 'abstractions', welded
into a whole. the vast community of plants as
indicated now have to be translated — botanically—
historically—aesthetically—into reality. although planned
in detail to accommodate a great number of visitors, there
are many practical matters still to be directly absorbed:
seats, refreshment kiosks, shelters, lavatories, access for water etc.

This interpretation of history is personal to the designer, just
author of the Landscape of Man upon which the material was based

The water route is approx 1450 YDS; PATHS APPROX 2 miles

26

TEXAS

General plan; water is once again a unifying element.

Plano general: el agua vuelve a ser el elemento unificador.

tres fases de la experiencia humana —vida, muerte y espíritu— es mostrado de una manera que parece ser extremadamente sencilla, pero que es en realidad muy sofisticada.

La **Shute House** (Wiltshire, Inglaterra, 1970-1993) comprende tres acres de jardines y un prado. En la cima hay un manantial perpetuo, el cual, junto con una mezcla de pequeñas intervenciones medievales, victorianas, clásicas y modernas, dio a Jellicoe la oportunidad de diseñar dos torrentes que fluían desde la fuente por ambos lados de la colina unificando las áreas húmedas originales, en una secuencia de elementos que, desde lo primitivo, pasando por lo clásico, llegaba a los arquetipos de Jung: lo duro y lo blando, la matriz que unifica la diversidad del mundo visible.

Desde el manantial original, el agua cae en una alberca del s XIX, en el lado en que Jellicoe ha recortado el denso follaje existente mediante tres balcones que muestran los bustos de Virgilio, Ovidio y Lucrecio. La alberca, alargada como un canal, está flanqueada, en un lado, por un pequeño anfiteatro clásico realizado en seto y seis plataformas cuadradas de piedra y, en el otro, por setos recortados con aberturas al jardín alegórico.

Quizás la realización más celebrada de Shute es el riachuelo con once pequeños saltos de agua, que provoca un sonido continuo de agua que recuerda los orígenes del lugar. Por último, en el jardín alegórico hay un pequeño templo en el que la estructura de acero está fundida según formas antropomórficas. Este jardín, situado en un paisaje que es además uno de los lugares de nacimiento de la escuela inglesa de paisajismo y jardinería, fue descrito por el propio Jellicoe como un laboratorio de ideas del que iban a surgir los Moody Gardens.

La **Sutton Place** (Guildford, Inglaterra, 1980-1986) es una pequeña residencia de s XVI de gran importancia arquitectónica, y fue también, por un tiempo, la casa de reclusión del millonario Paul Getty. Después, la alquiló Stanley Seeger en 1979, quien pidió a Jellicoe en julio de 1980 que le diseñase unos jardines que debían expresar de forma moderna el ethos del lugar, aprehender tanto el pasado como el futuro. El terreno consistía en un simple prado, aunque en 1905 se habían extendido los jardines existentes en el eje de la casa, el eje norte-sur, con un nuevo eje, este-oeste, en una zona más alejada.

Como la Sutton Place presentaba un estilo tradicional, entre medieval y renacentista, Jellicoe preservó y extendió la estructura clásica existente, en consonancia con su propia experiencia, enfatizando su estructura cruciforme. Además, llenó los intersticios de los modelos existentes con jardines que sin duda apelan a la psique moderna: un jardín secreto para la imaginación, un jardín surrealista de Magritte y otros.

La escala del proyecto del jardín era mayor que la de la casa, pues preveía dos enormes esculturas: una de Henry Moore, en el lago del lado este, y otra de Ben Nicholson, en el frente oeste sobre la terraza, más allá del Magritte Walk. Como en el Kennedy Memorial, había esencialmente tres zonas alegóricas, pero esta vez con una escala enorme: la *Creación* en el este, con su lago en forma de pez, un homenaje al estilo pintoresquista inglés del s XVIII, estaba relacionada con los orígenes de la vida y estaba pensada para que fuera dominada por la escultura de Henry Moore *Divided Oval*; la *Buena Vida* al este de la casa, con sus amurallados Jardín del Paraíso y del Pantano; y *Aspiración*, en el oeste, separada de la Buena Vida por la casa, también con jardines amurallados e incluyendo la piscina con el Miró Mirror, el Magritte Walk, y un estanque rectangular con la escultura o muro de Ben Nicholson.

A lo largo del frente sur de la casa, Jellicoe diseñó el South Walk, un nuevo y ancho camino de piedra que enfatizaba el cruce de los ejes. Por el este, terminaba en un pabellón o belvedere octogonal, con vistas simbólicas a los cuatro elementos del paisaje considerados por el hombre civilizado. A lo largo del paseo había un túnel recortado entre los tilos y un jardín impresionista, al borde del camino, plantado por Susan Jellicoe.

Detrás del South Walk está el Magritte Walk, dominado por cinco vasijas gigantes de Mentmore, de estilo romano y escala heroica. Marcan una línea a lo largo del muro y la vista se cierra con otro muro en ángulo recto, con una abertura cuadrada, una ventana de inspiración surrealista. Emergiendo al final del Magritte Walk, a través de un bosquecillo, se ve el camino que vuelve por el prado y atraviesa el agua hasta el muro de Ben Nicholson, versión en mármol blanco de Carrara de una de sus pinturas en relieve blanco de los años treinta.

Comprimiendo la historia de la civilizaciones en un paisaje de veinticuatro acres, Jellicoe ha trasladado a los **Moody Gardens** (Galveston, Texas, 1984 en adelante) su libro *The Landscape of Man*, como una soberbia experiencia surrealista. Cuando estén acabados, el visitante podrá atravesar esta interpretación de «*un tiempo de tres mil años y un espacio de medio globo terráqueo*», tanto a pie como en barca, enriqueciendo su percepción de las culturas tanto de Oriente como de Occidente.

Los planos dibujados por Jellicoe (sustituyendo un jardín botánico anterior) proporcionan la destilación de la historia del paisajismo en sus detalles esenciales, modificando la planificación inicial, que separaba Oriente de Occidente durante el trayecto. El proyecto se construye en un terreno recuperado de un pantano y se sirve del agua, para constituir el hilo de unión de todo el parque, que, además, se utiliza como una forma práctica de transporte.

El viaje empieza con los bosques primitivos del jardín del Edén antes de entrar en Egipto. Después Jellicoe sitúa las culturas clásicas de Occidente en una serie de recintos, como dibujos en miniatura de su esencia, mientras que las culturas románticas de la civilización occidental siguen una disposición irregular y están separadas de las culturas de China y Japón por unas colinas que el viajero atraviesa por un túnel.

La hilera de templos simbólicos, pabellones y puentes de las culturas orientales confirma que la experiencia del misticismo oriental, por el que Jellicoe siente gran afinidad, se experimenta a la vez en términos religiosos y filosóficos. En el lago del Loto, se invita al visitante a la meditación, antes de ingresar en el enclave de Buda, con el dios sentado sobre la flor de loto y coronado por la pagoda. El jardín japonés de tradición zen engloba una casa de té, un paseo decorado con linternas y un jardín peinado de grava con rocas simbólicas. Finalmente, en el último tramo del recorrido, el visitante vuelve a través del bosque primitivo al puesto de embarque.

Todavía serán necesarios algunos años para terminar una obra que empezó en 1992. En los Moody Gardens, Jellicoe ha apuntado una visión de su creencia, basada en Jung, en la unidad de la existencia y en la «*traslación de nuestro mundo interior en la realidad visible*».

The French gardens; details of the trellises.

Jardines franceses: detalles de los enrejados.

28

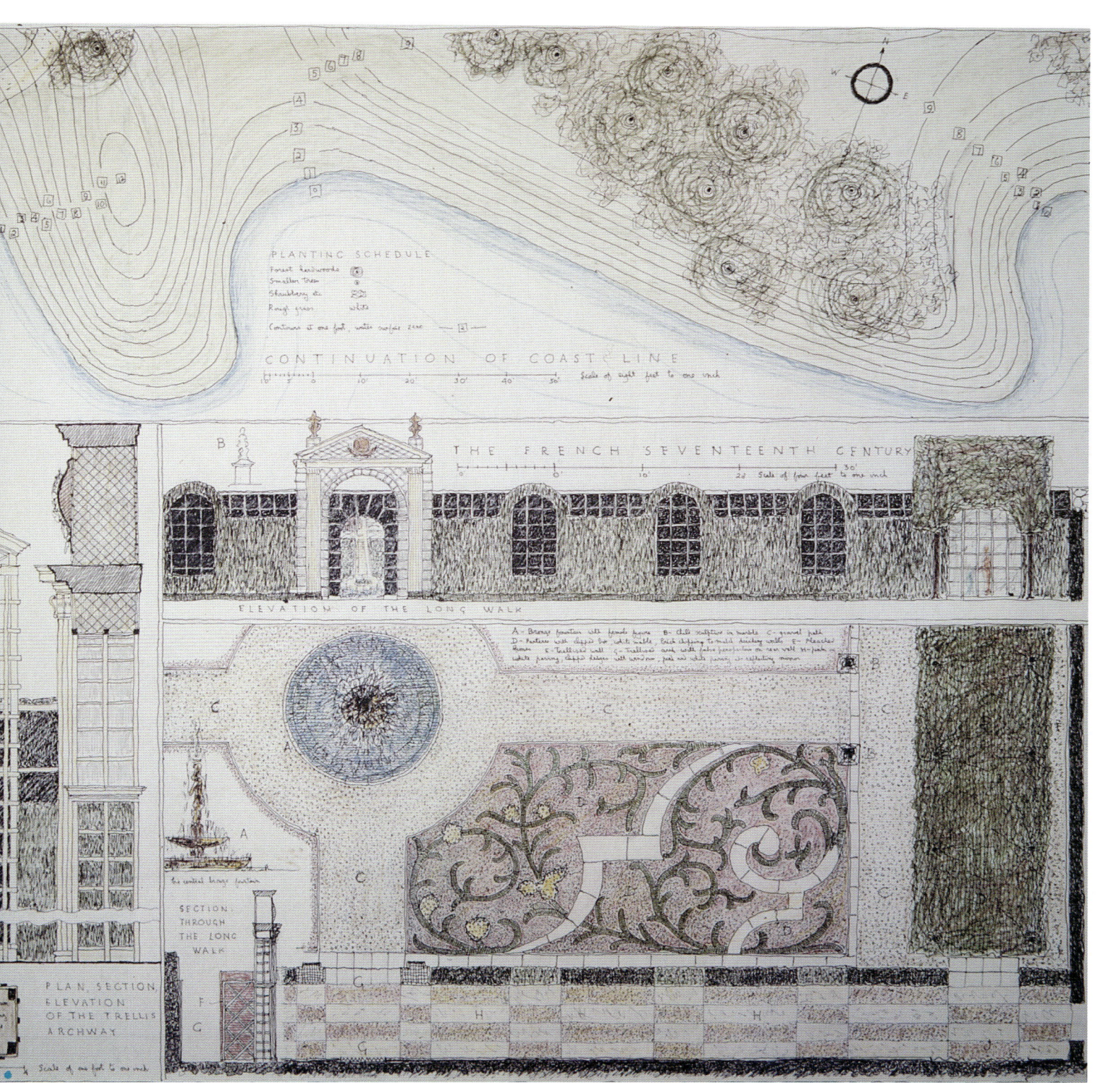

PLANTING SCHEDULE

CONTINUATION OF COASTLINE
Scale of eight feet to one inch

THE FRENCH SEVENTEENTH CENTURY
Scale of four feet to one inch

ELEVATION OF THE LONG WALK

SECTION
THROUGH
THE LONG
WALK

PLAN, SECTION,
ELEVATION
OF THE TRELLIS
ARCHWAY

Scale of one foot to one inch

Kreitman Square: view of the channel, the lawns and the pergola.

Kreitman Square: vista del canal, las zonas de césped y la pérgola.

Shlomo Aronson
and Associates

In an introduction to a catalogue on his work published in Jerusalem in 1991, Shlomo Aronson insists on one aspect of his workshop, "*Our office specialises in being unspecialised*". Shlomo Aronson Associates was founded in 1969 and is now an interdisciplinary agency bringing together landscapers, architects, town planners, meaning it can conceive the project as a whole, developing all of its facets, and taking responsibility from beginning to end. In addition to finding solutions to challenging large-scale environmental and urban development problems, such as the masterplan for the Judean Hills in Eilat the company has designed parks, plazas and promenades where they have been able to fulfil their urge to design the spaces down to the smallest detail.

Shlomo Aronson was born in 1936 in Haifa (Israel). He studied at the University of California at Berkeley and at Harvard (Cambridge, Massachusetts). In addition to his professional activity he has taught at several universities in the United States and Israel, and has published in several national and international magazines. His international recognition is shown by the many prizes and awards he has received, such as the Gold Medal at the Osaka EXPO 70 or his presence at the Venice Biennale in 1991.

Aronson's vision is based on the spirit of the site, in perfect symbiosis with the social groups that use or inhabit the site. Thus his conception of the landscape is not a frame enclosing an object to be contemplated or an object for consumption as entertainment, but in fact corresponds to the desire to strengthen the identity of the site, referring to both its historical development and its physical characters. Thorough knowledge of the site and its specific characteristics, together with an inventive analysis of the landscape, leads to solutions in which the symbolic element may dominate, as in the Plaza at the Susan Delal Center (Neve Zedek), where the citrus plantation is a reference to the famous

Jaffa oranges, the symbol of the area for many years. Sometimes, the landscaper seeks inspiration in the forms of nature; the outline of the new spoilheaps of the Negev phosphate mines imitate the surrounding hills, while in the main square of the Ben-Gurion University in Beer Sheva the composition's main feature is based on idealised desert gullies.

This project, called **Kreitman Square**, arose from the need to integrate the rigid campus buildings, which are massive concrete structures dating from the 1950s, into the desert landscape. The tension between nature and the man-made elements fascinates Aronson, and he seeks to express it, or rather develop it, in his works. In this case, the tension between the desert and the rigid structure of the campus is emphasised through the design of the features reflecting what is organic or formal; the pergola, the gullies, the lawn and the desert trees which also create shade for the students.

It was decided to create a new dance and theatre centre in the **Neve Zedek** district of Tel Aviv by renovating two old schools and creating a new public plaza between the two buildings. The concept underlying the Neve Zedek Plaza was based on the simplicity of the two features that formed part of the surroundings, the fruit trees and the irrigation channels. On this basis, citrus trees have been planted on both sides of the plaza, rising from the stone paving and surrounded by a system of channels covered in blue ceramic. This design won the Rechter Prize, Israel's most important architectural award.

Another design based on the expression of the tension between nature and humanity is the **Gabriel Sherover Promenade**. This is a promenade with an enchanting view of the city of Jerusalem and the surrounding area. The basic architectural idea was to create an urban environment rich in elegant details within a desert area. 700 olives were planted and wheat fields were sown to reflect the cycle of the seasons. The land on which they have been planted is crossed by a series of attractive ridges. The details of the pergolas, railings, lampposts and fountains were designed to give the promenade an urban and agreeable atmosphere that respects its setting.

The two following projects were a challenge for Aronson's team as it was necessary to resolve complex environmental problems. Sapir Park (Negev desert) and the Conveyor Belt (Dead Sea), in which the problems of site engineering and drainage in the first, and large-scale transport in the second, led to elegant solutions: the first involved the creation of a park in the middle of the desert, while the second involved the creation of a metal structure with reduced ecological impact. In the next two projects, the interventions may be considered as ways of solving the landscape's "health problems".

The **Phosphate Mines of the Negev** are open-cast mines in the Negev Desert. They have devastated their surroundings by their indiscriminate exploitation. In 1991, Shlomo Aronson's office was commissioned to develop a new system to extract the phosphates and to eliminate the very deep holes created, by filling one in as the next was dug. In the first phase, seven million tonnes of waste (out of a total of 40 million tonnes) were shaped to form enormous structures that "quote" the surrounding geological structures. After several years work it appears to be a huge work of environmental sculpture.

The National Master Plan for Existing Forests and the Future Afforestation of the State of Israel is perhaps the Shlomo

View of the gully surrounded by desert vegetation.

The centre of the plaza is crossed by a diagonal channel inspired by desert gullies.

Vista del arroyo rodeado de vegetación desértica.

El centro de la plaza está atravesado diagonalmente por un canal que se inspira en los arroyos del desierto.

33

Aronson studio's most ambitious project. Israel is a semi-arid undergoing constant erosion. Concern about the lack of tree cover and of areas where the native flora and fauna can regenerate led the Israeli government to commission a study to manage future reafforestation plans and to conserve existing forests.

In a country as small as Israel, with a population density comparable to the Netherlands, and in a period when the environment is undergoing great changes, it is only reasonable to pay careful attention to the development of the landscape. In this respect the basic guidelines of Shlomo Aronson's work will play a very important role in the future.

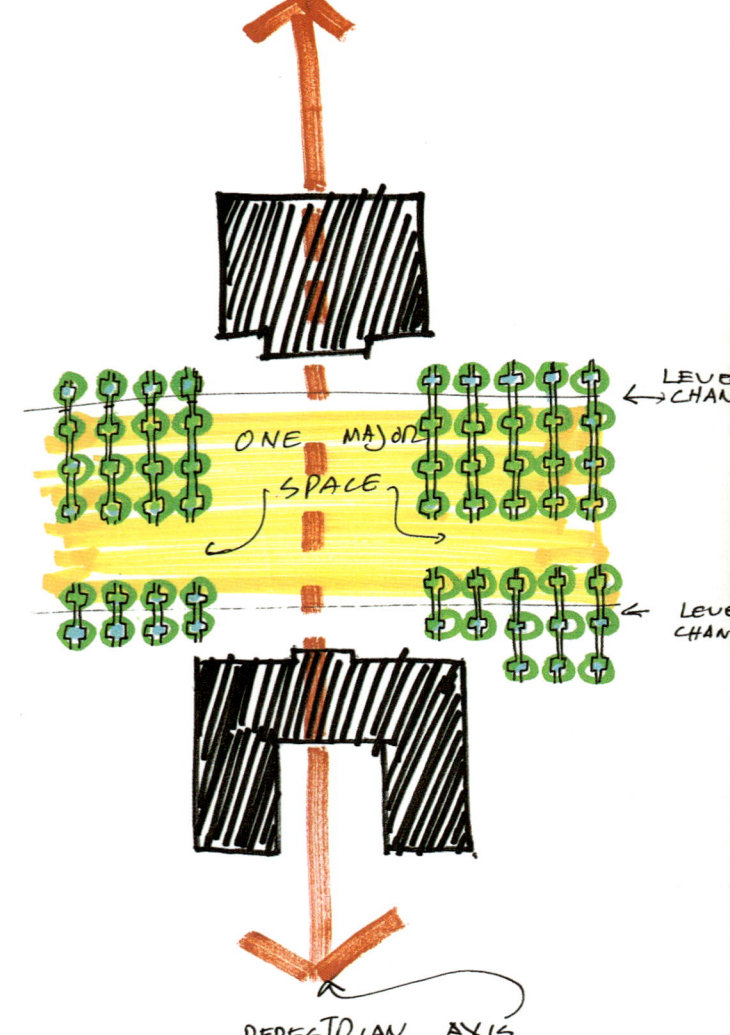

En la introducción a un catálogo sobre su obra, publicado en Jerusalén en 1991, Shlomo Aronson insiste en una característica de su taller: «*Nuestra oficina está especializada en no estar especializada.*» En efecto, la Shlomo Aronson Associates, fundada en 1969, es una agencia multidisciplinar que agrupa a paisajistas, arquitectos y urbanistas, lo que permite concebir el proyecto como un todo, desarrollar todas sus facetas y asumir la responsabilidad de principio a fin. Además de buscar soluciones a complejos problemas urbanísticos y medioambientales a gran escala, como la planificación general de Judean Hills en Eliat, la firma ha creado parques, plazas o paseos donde logran satisfacer su deseo de diseñar espacios hasta el más mínimo detalle.

Shlomo Aronson nació en 1936 en Haifa (Israel). Estudió en la Universidad de California (Berkeley, California) y en la Universidad de Harvard (Cambridge, Massachusetts). Paralelamente a su actividad profesional, ha sido profesor en diversas universidades de Estados Unidos e Israel, y ha publicado artículos en revistas nacionales e internacionales. Su reconocimiento a nivel mundial viene avalado por el gran número de premios con que ha sido galardonado, como la Gold Medal en la Expo 90 de Osaka o su presencia en la Bienal de Venecia de 1991.

La visión de Aronson se centra en la esencia del mismo territorio, en perfecta simbiosis con los grupos sociales que utilizan o habitan el lugar. Por eso, su concepción del paisaje no es un marco de contemplación ni un objeto de consumo lúdico, sino que corresponde al deseo de reforzar la identidad de los lugares, refiriéndose tanto a su evolución histórica como a sus caracteres físicos. El conocimiento exhaustivo del territorio y sus especificidades y un análisis inventivo del paisaje se traducen en soluciones donde la dimensión simbólica es a veces la protagonista: en la plaza del Susan Delal Center en Tel Aviv (Neve Zedek), la plantación de cítricos es una referencia a las famosas naranjas de Jaffa, que han sido el símbolo de esta zona durante muchos años. En ocasiones, el paisajista busca su inspiración en las formas de la propia naturaleza: el perfil de las nuevas minas de fosfato de Negev imita a las colinas circundantes, y en la plaza principal de la Universidad Ben-Gurion de Beer Sheva el elemento central de la composición se basa en la abstracción de los arroyos del desierto.

Este último proyecto, la llamada **Kreitman Square**, surgió de la necesidad de integrar los rígidos edificios del campus, masivas estructuras de hormigón de los años setenta, en el desierto. La tensión que existe entre la naturaleza y los elementos creados por el hombre fascina a Aronson, y por ello intenta expresarla o, más bien, acentuarla en sus obras. En este caso, la tensión entre el desierto y la rígida estructura del campus se enfa-

Detail of the stone pavement, the waterfall and the lighting for the trees.

Neve Zedek Plaza at sunset.

Detalle del pavimento de piedra, la cascada de agua y del sistema de iluminación de los árboles.

Plaza de Neve Zedek: atardecer en la plaza.

tiza con el diseño de los elementos que reflejan lo orgánico o lo formal, lo ortogonal: la pérgola, el arroyo, el césped y los árboles desérticos que, al mismo tiempo, procuran frescor y sombra a los estudiantes.

En el barrio de Neve Zedek de Tel-Aviv, se decidió crear un nuevo centro para la danza y el teatro, renovando dos viejos colegios y creando una plaza pública entre ambos edificios. El concepto de la **Neve Zedek Plaza** se fundamentó en la simplicidad de dos elementos que formaban parte del entorno, los árboles frutales y los canales de irrigación. Sobre esta idea, a cada lado de la plaza se han plantado arboledas de cítricos que surgen del mismo pavimento de piedra y están bordeados por un sistema de canales recubiertos de cerámica azul. Esta obra ganó el premio Rechter, el galardón arquitectónico más importante de Israel.

Otro proyecto basado en la expresión de la tensión naturaleza/hombre es el **Gabriel Sherover Promenade**, un paseo desde el que se puede contemplar una hermosa vista sobre la ciudad de Jerusalén y sus alrededores. La idea arquitectónica básica era la de crear un ambiente urbano, rico en detalles elegantes, dentro de una zona desértica. Se plantaron 700 olivos y campos de trigo que reflejan los ciclos estacionales. Los terrenos en los que están plantados están atravesados por una serie de atractivos surcos. Los refinados detalles de las pérgolas, las barandas, las farolas y las fuentes se diseñaron para dar al paseo una atmósfera urbana y agradable sin olvidar el respeto por el entorno.

Los dos siguientes proyectos supusieron un desafío para el equipo de Aronson, que se tuvo que enfrentar a complejos problemas medioambientales. Remiten a obras como el Sapir Park (Negev) y el Conveyor Belt (mar Muerto), en los que problemas de ingeniería y drenaje del terreno en el primero, y de transporte a gran escala en el segundo, desembocaron en elegantes soluciones: respectivamente, la creación en pleno desierto de un parque y de una estructura metálica de gran eficacia ecológica. En los siguientes casos, las intervenciones pueden ser consideradas casi como tratamientos de los «problemas de salud» del paisaje.

Las enclavadas al aire libre en el desierto del mismo nombre, han originado un desolador escenario, producto de una explotación indiscriminada. En 1991, la oficina de Shlomo Aronson recibió el encargo de desarrollar un nuevo sistema de extracción de fosfatos que eliminara las profundas excavaciones, rellenándolas a medida que se producían. En la primera fase, siete millones de metros cúbicos de tierra, de un total de 40, fueron moldeados en forma de gigantescos depósitos geológicos. Después de varios años de trabajo, el resultado semeja una inmensa escultura medioambiental.

El **National Master Plan for Existing Forests and The Future Afforestation of The State of Israel** es quizás el proyecto más ambicioso de la firma de Shlomo Aronson. Israel es un país semiárido, sometido a un proceso de erosión constante. La preocupación ante la falta de bosques y zonas de autoregeneración para la fauna y flora autóctonas hizo que el gobierno israelí encargara un estudio para dirigir futuros planes de reforestación y conservación de los ya existentes.

En un país tan pequeño como Israel, con una densidad semejante a la de Holanda, y en una época en la que el medio ambiente se ve sometido a grandes cambios, es muy prudente examinar atentamente la evolución de los paisajes y su dominio. A este respecto, las orientaciones fundamentales de Shlomo Aronson serán, probablemente, muy significativas para el futuro.

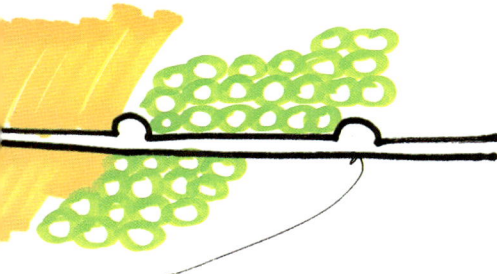

THE PROMENADE
AN ELEGANT AND DEFINE
LINE IN THE LANDSCAPE

SHEROVER   PROMENADE
FIRST CONCEPT   ARONSON.
1988

The descend stairs face straight towards the Mount of Olives, with the Old City in the background. Along the promenade there are different perspectives and visual sequences.

Gabriel Sherover Promenade: the cultivated fields fit in with the promenade.

Aerial view of the central belvedere, showing the design of the channels beneath the olives.

Las escaleras descienden mirando directamente hacia el Monte de los Olivos, con la Ciudad Vieja al fondo. A lo largo del paseo se suceden distintas perspectivas y secuencias visuales.

Gabriel Sherover Promenade: los campos de cultivo se integran con el paseo.

Vista area del belvedere central. Se aprecia el diseño de los surcos bajo los olivos.

Phosphate mines in the Negev; aerial view in 1991, in the initial phases of the works. No further virgin desert will be destroyed.

The method of reafforestation in semi-arid areas avoids erosion and creates an original landscape.

Minas de fosfatos de Negev: vista aérea en 1991, durante la fase inicial de las obras. En el futuro no se destruirá más desierto virgen.

El método de reforestación en las zonas semiáridas evita la erosión y crea un paisaje original.

Peter Walker

Peter Walker was once asked what he thought was the purpose of a landscape architect. He commented that landscaping went beyond merely covering human needs or intervening in natural processes, that its aim was to achieve an expressive landscape, full of feeling and spirituality. He added that all that could be obtained from a landscape was already contained within it, hidden and dormant, and the landscaper's task was to discover it, bring it into the light and, with a little "magic", offer it to the attention of the public. **Tanner Fountain** (1985) is a good example of this: his proposal for the site was to create a connection between the rural memory of New England and the university's collective intellectual aspirations. The New England farmers provided the raw materials, enormous stones, which he carefully selected. They are clearly arranged within a circle, but their order within it is by no means so clear. He experimented with the ambiguity between object and space; he thus sited this undefined scenario on the border between what is natural and what is artificial.

Peter Walker was born in Pasadena, California in 1932. He graduated in Landscape Architecture from the University of California at Berkeley in 1955 and obtained his master's degree in the same subject from Harvard in 1957. From then until 1983 he worked with Hideo Sasaki, with whom he founded SWA. During this period after the Second World War practice was considered more important than theory; the main priority was the reconstruction of destroyed city centres and then the construction from scratch of entire districts, university cities and administrative centres. He worked with Martha Schwartz between 1983 and 1989. A representative work from this period is **IBM Solana** (1989), the winner of several Asla awards. The design required much preliminary research and close collaboration between architects and landscapers. David Dillon described it as a huge garden in which the landscaping is as important as the buildings. The transition between

Tanner Fountain (1985). The fog emitted from the centre hides its nucleus.

Tanner Fountain (1985). Del centro emana una suave neblina que oculta el núcleo.

architecture and the natural landscape is by means of a 900-metre-long terraced garden space. When arriving from the rolling hills, pastures and fields of crops, access to the buildings is through gardens with flower beds, fountains and courtyards.

In 1990 Peter Walker formed his own company, Peter Walker & Partners, which was soon commissioned for a project in Tokyo. This was the **IBM Makuhari** building (1990) which was conceived as a garden to be observed from the cafeteria and other parts of the building. It reflects the ideals of both East and West, blending poetry with rationality, the organic with the inorganic. He used traditional Japanese materials like bamboo, moss, gravel, jade pebbles and stones, but the electric lighting and the strictly geometric approach are references to the West, to the United States.

The following year Peter Walker produced the landscape design for pedestrian and vehicle access to the 600 Anton Boulevard Office, in the South Coast Center in Costa Mesa (California), better known as **Plaza Tower**. In this design, a simple, flat space, with static, shiny, stainless steel forms, contrasts with two pools that reflect the light and the constantly changing sky, while the leaves of the poplars and purple-leaf plum trees rustle in the wind. The sophisticated design's forms and materials reflect the site's cosmopolitan spirit. Once again there is the ambiguity between nature and artifice, and the lack of definition between the object and its surroundings that are so typical of Peter Walker's work.

Walker's company was consolidated in 1992 when it merged with William J. Johnson Associates after several years' collaboration. After the merger, the two companies' field of action extended to the performance of several larger-scale schemes. In Japan, **Harima Cast** (1993) reflects eastern sensitivity. Peter Walker and William Johnson again used traditional Japanese materials, but in an unconventional way. The mountains around the site, the result of local volcanic activity, gave them the idea, which took the shape of three extraordinarily beautiful gardens. One provides access to the building and is planted with cypresses. The second garden is visible from the management offices, and has plantings of pines. The third garden, close to the hotel and the conference hall, reproduces in stone and moss the smooth hills of the area's natural landscape.

In Munich, **Kempinski Hotel** (1993) is quite different. The intention was to give a human dimension to an arid landscape, to make different spaces interact and to provide an unforgettable memory for the clients passing through. As in a modern Versailles, a series of strictly geometric gardens lead to the buildings. Much of the creative effort is concentrated in the atrium giving access to the hotel. Here, the enormous transparent structures, together with a vault made partly out of glass, lead us to doubt whether we are indoors; the presence of immense palm trees and huge glass display cases containing dozens of geraniums contribute to this. The atrium gives access to the gardens and terraces that create the different environments. Hedges, lawns, different types of trees and coloured gravel, and above all, a great deal of glass, identify **Kempinski Hotel**. One of Peter Walker's most recent designs is the installation Ground Covers (July, 1995) for the California Center for the Arts Museum.

Peter Walker has worked with architects as prestigious as Josep Lluís Sert, Eero Saarinen and Irata Isozaki, and he has been an advisor

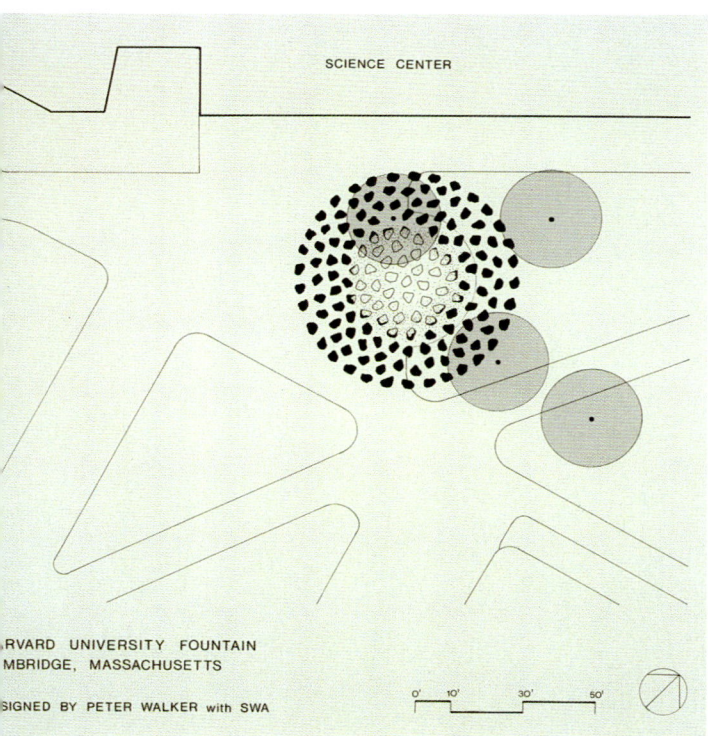

RVARD UNIVERSITY FOUNTAIN
MBRIDGE, MASSACHUSETTS

SIGNED BY PETER WALKER with SWA

0'   10'   30'   50'

Previous page: Tanner Fountain changes in appearance during the day and with the passing of the seasons. The ancient stones contrast with their white mantle of snow or against the green lawns.

Tanner Fountain, independent of the geometric forms around it, is near the entrance to the Science Center designed by Josep Lluís Sert. It consists of 159 large stones arranged within in a circle between the asphalt and the lawn. Below, plan of the project.

Página anterior: la Tanner Fountain ofrece un aspecto cambiante según la hora del día y el paso de las estaciones; ya sea bajo el manto blanco de la nieve o sobre el verdor del césped, nos recuerda que estas viejas piedras estaban allí mucho antes que todo lo demás.

Cerca de la entrada al Centro Científico que realizó Josep Lluís Sert, independiente de las formas geométricas que hay a su alrededor, la Tanner Fountain: 159 enormes piedras dispuestas en círculos concéntricos a caballo entre el asfalto y el césped. Abajo, plano de la instalación.

43

and consultant to public institutions such as the San Francisco Redevelopment Agency, the Port Authority of San Diego, the American Academy of Rome and the universities of Stanford, Washington and California. He has been a member of the American Society of Landscape Architects since 1975 and of the Institute of Urban Design; he has won many awards and has been the subject of many publications.

He has collaborated with the Harvard University Graduate School of Design since 1976, as its director between 1978 and 1981. From his teaching position, he encourages students to search for the sources of landscaping in contemporary art, culture, history, ecology and within themselves; the continuous contact with new generations of landscapers provides him, as he puts it, with a continuous supply of fresh ideas. Although minimalism is one of the keys to understanding Peter Walker's work, he has never thought that others have to follow his approach. He considers that the more plural and open modern design is, the better it is. He favours symbolism, mystery and a vigorous iconography.

Landscape architects like Peter Walker not only invite us to explore new forms and images, but also to reflect on the deep meaning of the designs and relations now being established.

The radial distribution of the modules making up the IBM Solana corporate complex (1989) fits in perfectly with its surroundings.

Water is present throughout, whether as pools, lakes or, as in this photo, by means of a fountain that uses water vapour.

Geometry and organic shapes are combined in the design.

The architectural language of Ricardo Legorreta Arquitectos is evident in this shot.

La distribución radial de los módulos del complejo corporativo de IBM Solana (1989) se integra perfectamente en el entorno.

La presencia del agua es constante, ya sea en estanques, lagos o, como en este caso, a través de una fuente que recurre al vapor de agua.

Geometría y formas orgánicas se combinan en el diseño.

El lenguaje arquitectónico de Ricardo Legorreta Arquitectos se evidencia en esta toma.

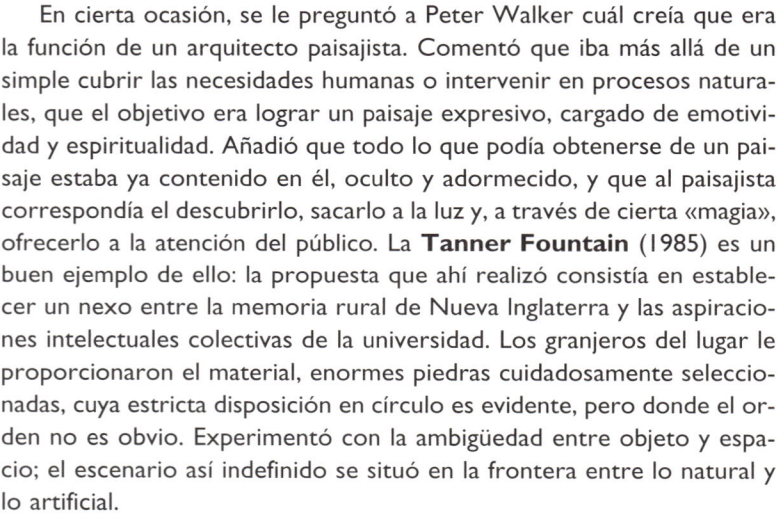

En cierta ocasión, se le preguntó a Peter Walker cuál creía que era la función de un arquitecto paisajista. Comentó que iba más allá de un simple cubrir las necesidades humanas o intervenir en procesos naturales, que el objetivo era lograr un paisaje expresivo, cargado de emotividad y espiritualidad. Añadió que todo lo que podía obtenerse de un paisaje estaba ya contenido en él, oculto y adormecido, y que al paisajista correspondía el descubrirlo, sacarlo a la luz y, a través de cierta «magia», ofrecerlo a la atención del público. La **Tanner Fountain** (1985) es un buen ejemplo de ello: la propuesta que ahí realizó consistía en establecer un nexo entre la memoria rural de Nueva Inglaterra y las aspiraciones intelectuales colectivas de la universidad. Los granjeros del lugar le proporcionaron el material, enormes piedras cuidadosamente seleccionadas, cuya estricta disposición en círculo es evidente, pero donde el orden no es obvio. Experimentó con la ambigüedad entre objeto y espacio; el escenario así indefinido se situó en la frontera entre lo natural y lo artificial.

Peter Walker nació en Pasadena, California (1932). Se graduó en arquitectura del paisaje por la Universidad de Berkeley, California, en 1955, y obtuvo un *master* en la misma disciplina en Harvard, en 1957. A partir de esa fecha y hasta 1983, estuvo trabajando con Hideo Sasaki, con quien fundó la SWA. Fueron los años que siguieron a la Segunda Guerra Mundial, en los que la práctica primaba sobre la teoría, años dedicados primero a la reconstrucción de centros urbanos destruidos, y después a la edificación de barrios enteros, ciudades universitarias y sedes administrativas, partiendo de cero. Entre 1983 y 1989 trabajo con Martha Schwartz. Un exponente de este periodo se halla en el **IBM Solana** (1989), proyecto que implicó una estrecha colaboración entre

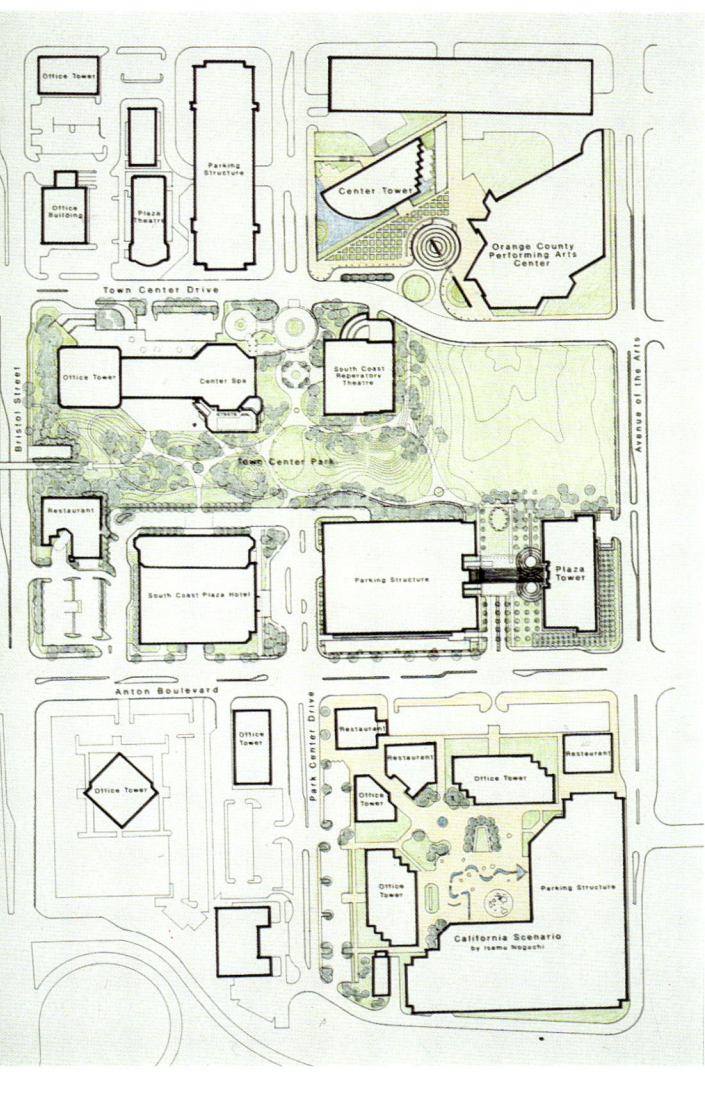

IBM Makuhari (1990). The traditional Japanese garden, intended for private contemplation, is turned into something for all to observe.

Vertical sequence: plaza Tower (1991). Stainless steel dominates. A series of 10-cm-wide strips connects the tower to the parking area. On both sides of the entrance, a group of rings forms two twin fountains that reflect the sky.

Plan: the design for Plaza Tower includes an avenue of poplars and purple-leaf plums leading into a plaza, several restaurants, shops and a parking area.

Sculpture by Aiko Miyawaki, Utsuhori, in Plaza Tower. The 12 columns opposite the structure's daring curved front represent the signs of the Japanese zodiac, and are connected at the top by thick stainless steel cables.

IBM Makuhari (1990). El jardín tradicional japonés, objeto de contemplación privada, pasa aquí al dominio de la contemplación pública.

Secuencia vertical: Plaza Tower (1991). El acero inoxidable es uno de los materiales predominantes. Una serie de bandas de 10 cm de ancho conecta la torre con la zona de aparcamiento. A ambos lados de la entrada, un conjunto de anillos concéntricos dibuja dos fuentes gemelas en las que se refleja el cielo.

Plano: la propuesta de Plaza Tower incluye una avenida de chopos y ciruelos rojos abierta a una plaza, varios restaurantes y comercios y una zona de aparcamiento.

Escultura de Aiko Miyawaki, Utsuhori, en la Plaza Tower. Frente a la audaz estructura de frente curvo, doce columnas representan los signos del zodíaco japonés, conectadas en su parte superior por gruesos cables de acero inoxidable.

arquitectos y paisajistas y un arduo trabajo previo de investigación, y que fue recompensado con diferentes premios ASLA. David Dillon lo describió como un inmenso jardín en el cual el paisajismo es tan importante como los edificios. La transición entre arquitectura y paisaje natural se efectúa a partir de un espacio ajardinado en terrazas de unos 900 m de largo: de las suaves colinas, los prados y los campos agrícolas se accede a los edificios a través de jardines con parterres, fuentes y patios.

En 1990, Peter Walker constituyó su propia empresa, Peter Walker & Partners, que fue requerida para trabajar en Tokio. Allí, el **IBM Makuhari** (1990) fue concebido como un jardín para ser contemplado desde la cafetería y otras dependencias del edificio. En él se reflejaron los ideales de Oriente y de Occidente, se fundió lo poético y lo racional, lo orgánico y lo inorgánico. Se recurrió a materiales tradicionales japoneses como bambú, musgo, gravilla, guijarros de jade, piedras...; no obstante, la iluminación eléctrica y el estricto geometrismo remiten a Occidente, a Estados Unidos.

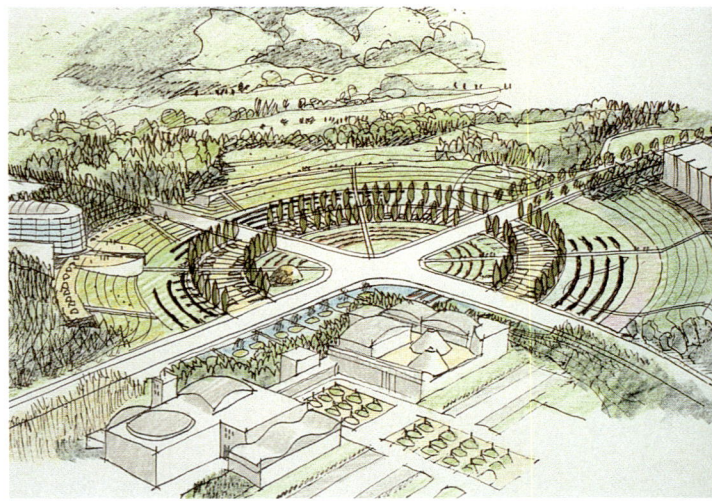

Al año siguiente, Peter Walker realizó el diseño paisajístico de los accesos peatonales y rodados a la 600 Anton Boulevard Office, en el South Coast Center de Costa Mesa (California), más conocido como **Plaza Tower**. Allí se impuso un espacio simple, severamente plano, habitado por formas estáticas de reluciente acero inoxidable. En contraposición, dos estanques reflejan en sus aguas la luz y el cielo en constante cambio, mientras chopos y ciruelos rojos se agitan al viento. El diseño sofisticado en formas y materiales es el reflejo del espíritu cosmopolita del lugar. La ambigüedad entre artificio y naturaleza, y la habitual indefinición entre objeto y entorno, propias de Peter Walker, vuelven a aparecer.

La firma de Walker acabó de consolidarse en 1992, al fusionarse con William J. Johnson Associates, empresa con la que venía colaborando desde hacía años. Con la unión de estos dos líderes se diversificó la clientela, se amplió el radio de acción y se realizaron proyectos de mayor envergadura. En Japón, el **Harima Cast** (1993) refleja la sensibilidad oriental. Peter Walker y William Johnson volvieron a utilizar materiales tradicionales de este país, pero lo hicieron de forma no convencional. Las montañas circundantes, originadas a raíz de la actividad volcánica de la zona, les sirvieron de inspiración. El resultado fueron tres jardines de extraordinaria belleza: uno da acceso al edificio y está plantado de cipreses coronados por una luz roja; otro, visible desde los despachos de dirección, acoge pinos; y el tercero, próximo al hotel y a la sala de conferencias, reproduce en piedra y musgo las suaves colinas del paisaje natural de la zona.

En Múnich, el **Kempinski Hotel** (1993) es de naturaleza completamente diferente. La intención era dar una dimensión humana a un paisaje árido, lograr la interacción de diferentes espacios y proporcionar un recuerdo imborrable a los clientes en tránsito. Cual un Versalles moderno, una serie de jardines, estrictamente geométricos, conducen hasta el edificio. En torno al atrio que da acceso al hotel gira gran parte del esfuerzo creativo. Allí, unas gigantescas estructuras transparentes, así como la cubierta parcialmente de vidrio, hacen que dudemos de si nos hallamos en un espacio interior; la presencia de inmensas palmeras y gigantescos paneles de vidrio, que hacen las veces de expositores de decenas de geranios, contribuye a ello. Desde este atrio se accede a

Sketch of Harima Cast (1993). The gardens in this science and technology centre are inspired by the surrounding mountains.

Water, here reflecting the buildings, the sky and other constructions, is present throughout these gardens.

On this page: different solutions for the three gardens which make up the project.

Boceto de Harima Cast (1993). Las montañas circundantes sirvieron de inspiración a los jardines de este complejo científico-tecnológico.

El agua en la cual se reflejan edificios, cielo y otras construcciones no deja de estar presente en estos jardines.

En esta página: distintas soluciones para los tres jardines que conforman la intervención.

otros jardines y terrazas que dan lugar a ambientes diferenciados. Setos, parterres de luz y de hierba, diferentes clases de árboles y gravillas de colores pero, sobre todo, mucho vidrio, caracterizan el Kempinsky Hotel. Por último, citar que uno de sus más recientes proyectos ha sido la instalación Ground Covers (julio de 1995) para el California Center for the Arts Museum.

Peter Walker ha trabajado con arquitectos tan prestigiosos como Josep Lluís Sert, Eero Saarinen o Arata Isozaki, y ha sido asesor y consultor de instituciones públicas como la Redevelopment Agency de San Francisco, el Port Authority de San Diego, la American Academy de Roma o las universidades de Stanford, Washington y California. Es miembro de la American Society of Landscape Architects desde 1975 y del Instituto de Diseño Urbaño; ha sido premiado en varias ocasiones su obra a sido objeto de numerosas publicaciones.

Desde 1976 colabora con la Escuela Superior de Diseño de la Universidad de Harvard, de la que fue director entre 1978 y 1981. Desde su puesto docente, anima a los estudiantes a buscar las fuentes del paisajismo en el arte contemporáneo, la cultura, la historia, la ecología, y en su propio interior; el contacto continuado con las nuevas generaciones de paisajistas le aporta, según confiesa, aire fresco y renovado. Si bien una de las claves para entender a Walker sea el minimalismo, nunca ha pretendido que haya que seguir su opción; considera que el diseño moderno, cuanto más pluralista y abierto sea, mejor. Él se decanta hacia el simbolismo, el misterio y el vigor iconográfico.

Arquitectos paisajistas como Peter Walker no sólo invitan a explorar nuevas formas e imágenes, sino que conducen a una reflexión en torno a los significados profundos de las intervenciones y relaciones que se establecen en este fin de siglo.

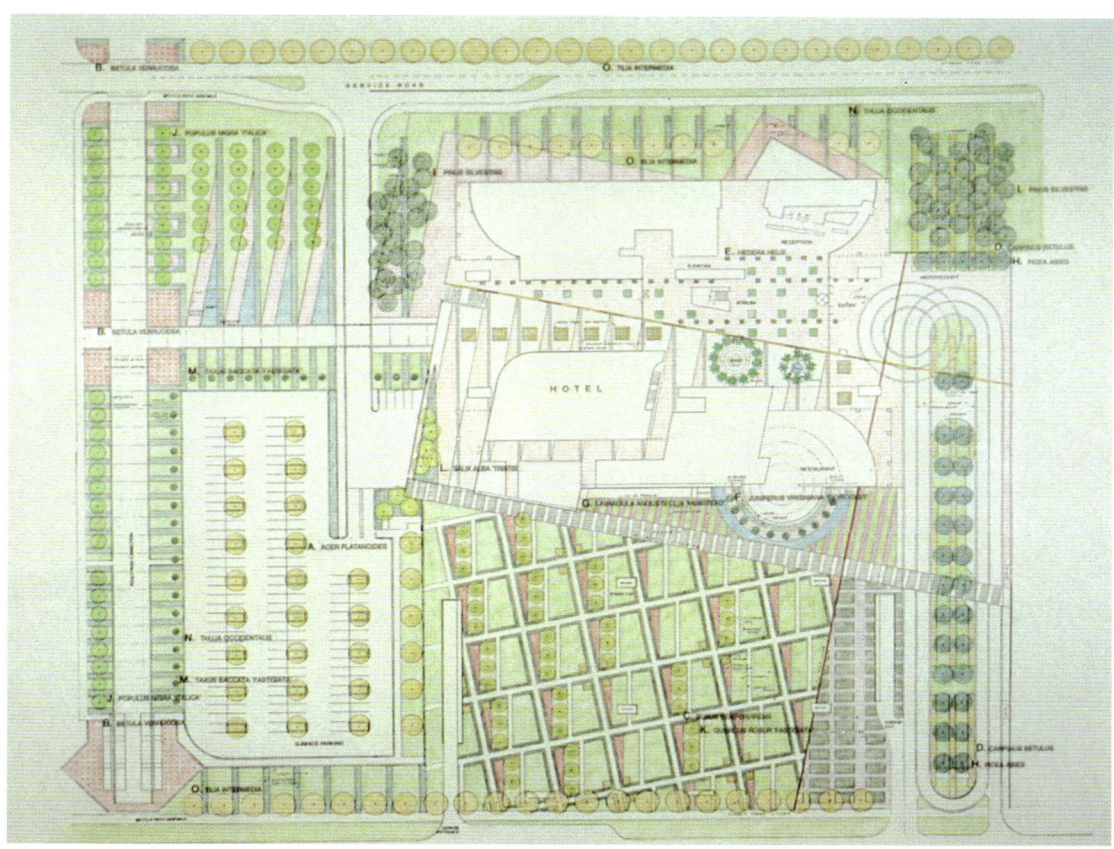

Access to Kempinski Hotel (1993) is based around an atrium partially covered by a huge transparent roof.

The Kempinski Hotel's atrium, showing the large glass panels planted with geraniums.

Optical effects enhance the simple design of the flower beds.

General plan: the garden expresses the complex geometry created by the adjacent airport buildings and the surrounding chequerboard of agricultural land.

A framework of delicate materials means the space created is well lit and transparent. The complex structures lead up to a very high roof.

El acceso al Kempinsky Hotel (1993) se realiza a través de un atrio cubierto parcialmente por un gigantesco techo transparente.

En el atrio del Kempinsky Hotel, grandes paneles de vidrio con receptáculos para plantar geranios.

Los juegos ópticos enriquecen el simple diseño de los parterres.

Plano general: el jardín expresa la compleja geometría originada por los edificios del aeropuerto adyacente y los campos agrícolas organizados en damero.

Todo un entramado de materiales livianos hacen de este lugar un espacio luminoso y transparente. Las complejas estructuras conducen hasta un techo elevadísimo.

Beverly Pepper

Beverly Pepper's diverse work is tied together by a single outlook: respect for the setting to be modified and subtlety when inserting her architectural sculptures, without losing sight of human defencelessness from the natural environment. Her sculptures are to be lived and understood. This is why her production is so wide-ranging, although it is coherent if we bear in mind that she has worked throughout the world, including the United States, Japan and Europe. This diversity is precisely her strength as an artist.

Beverly Pepper (New York, 1924) started her training at the Pratt Institute and at the city's Arts Students League and completed it with her experience with Fernand Leger and Andre Lhote in Paris. Her career has also received recognition in the form of a Doctor's Degree in Fine Arts from the Pratt Institute (June 1982) and from the Maryland Institute (May 1983) and in 1987 she was named Accademico Meritato by the University of Perugia in Italy.

In 1949 she started painting but since 1960 she has basically practised sculpture. Her work has been exhibited throughout the world since 1952, and has participated in many individual and collective exhibitions all over the world. Since 1951 she has been living in Italy and in New York.

Between 1974 and 1976, Beverly Pepper was commissioned to design a large outdoors space for AT&T Long Lines in Bedminster, New Jersey. The company was moving its headquarters to a rural area, posing the challenge of creating a relaxing area to break the isolation of the rural environment, intended for employees accustomed to city life.

Amphisculpture is a circular area 82.30 m in diameter in the form of a spiral, that reaches a depth of 4.30 m. In the centre of the spiral there is a wall 2.5 m tall that leads to a walkway that makes it possible

General view of Amphisculpture, *implanted like a centre on the spreading landscape.*

Vista general de Amphisculpture, *que se implanta como un centro sobre la extensión del paisaje.*

to cross the circular space, bridging the drop of the site. The surface is divided into broad strips covered in lawn and edged in precast rough concrete. The concrete pyramidal volume that cuts across the circle creates triangular planes that emphasise and redefine the group's overall complex geometry.

One of the most important examples of Beverly Pepper's creative abilities is **Sol i Ombra**, designed between 1986 and 1991 for the area around the Estació del Nord, a former railway terminal in Barcelona that is now a bus station. The work is inspired by the changing seasons. *Sol i Ombra* occupies an area of 33,624 m². The space is conceived as a group whose sculptural elements are mistaken for the landscape and whose landscape turns into sculpture. A park is an external creative experience where the climate and the human interaction are of great importance. For this reason the artist divided the area into two distinct areas. The first, *Espiral Arbrada*, is intended for hot summer days. The visitor can sit in the shade cast by a tree or rest in the centre of the spiral, shaded by the pergola. The second area, *Cel Caigut*, is designed to be enjoyed on cold days, as its ceramic surfaces reflect the summer sky even in winter.

The volume winds in a crescent shape, eliminating shady areas for the enjoyment of the winter sun. The sculpture is 7 m high, 9 m wide

The pyramidal cement block crosses the circular space. The entire group complements the central building, strengthening its links to the rural environment in which it is set.

Partial view of Amphisculpture; the concentric platforms are covered in turf and edged in concrete.

El bloque de cemento en forma piramidal cruza el espacio circular. Todo el conjunto complementa al edificio central, acercándolo al medio rural en que se encuentra.

Vista parcial de Amphisculpture: las plataformas concéntricas están recubiertas de césped y bordeadas con hormigón.

and 52 m long. In *Cel Caigut*, Beverly Pepper's decision to use poly-chrome ceramic and wavy walls is a homage to Antoni Gaudí, the *modernista* architect.

One of her most recent environmental sculptures is in the hills around Villa Celle, in Pistoia, near Florence. Set in a wooded landscape the **Teatro Celle: Fattoria Celle** turns the natural environment into a theatre with a capacity for 500 people. The stage is flanked by two iron pyramids and a large grass staircase leading up the slope to the two huge columns that preside the area. There is a separation of 52 cm between the walls forming the pyramids. This opening is aligned with the intermediate space formed by the columns on the hill, creating a mirror effect. The triangular pyramids have two faces with bas-reliefs in the rough texture of the ironwork. The rough walls act as earth containers covered by turf, integrating the sculptures into the environment. Pepper is sensitive to the essence of the earth and uses it as an element to give solidity to the pyramidal walls. The grass walkways turn into entrances to the stage from the wood, while the stage is covered in ceramic. The bas-reliefs are halfway between painting and sculpture, although para-doxically the relief is presented as painting, the painting as a wall and the wall as a reflection of the natural surroundings.

All her work to some extent includes the same elements of contrast. Earth/sky, solid/hollow, vertical/horizontal, together with an evocation of the elements revealing presence/absence. The idea of memory is expressed in the physical elements the artist creates and which emit

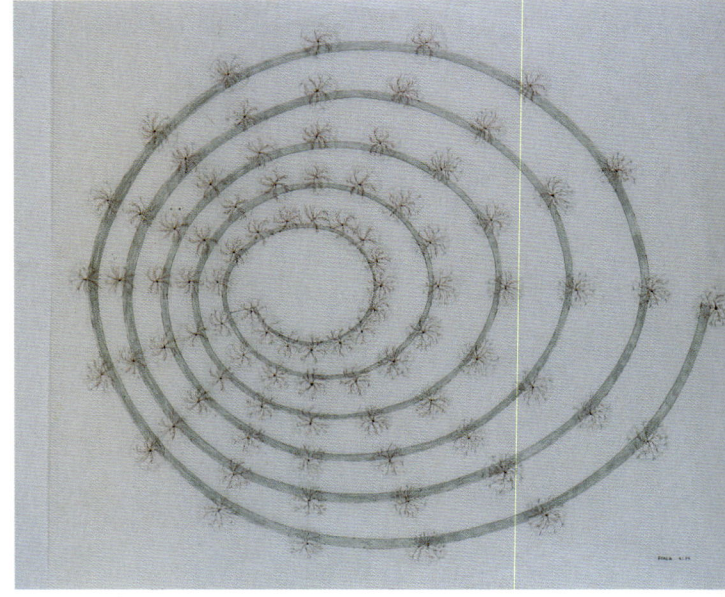

knowledge of past experiences. Beverly Pepper transforms her natural environment without mutilating it, establishing a connection between what is visual and what is practical, something intrinsic to her work. Her schemes are designed with apparent simplicity and austere use of resources, without forgetting that this is a response to the creative idiosyncrasy of the artist, a lover of spaces that communicate their essence without the need of grand artifice.

La diversidad preside la obra de Beverly Pepper, pero existe un hilo conductor que une todos sus proyectos bajo una misma filosofía: el respeto al entorno que se va a modificar y la sutileza a la hora de insertar sus esculturas arquitectónicas sin perder de vista la condición humana de indefensión ante el medio natural. Sus esculturas son para ser vividas y entendidas; esto provoca que su producción sea tan dispar, aunque coherente si tenemos en cuenta que ha desarrollado su labor por todo el mundo, desde Estados Unidos, pasando por Japón o Europa. Esta diversidad es, precisamente, su riqueza como artista.

Nacida en Nueva York en 1924, Beverly Pepper estudia en el Pratt Institute y en el Arts Students League de Nueva York. Su formación se completa en París con Fernand Leger y Andre Lhote. El reconocimiento académico a su trabajo es unánime: Doctor of Fine Arts por el Pratt Institute (junio, 1982), Doctor of Fine Arts por The Maryland Institute (mayo, 1983) y Accademico Meritato por la Universidad de Perugia en 1987.

La práctica de la escultura no fue su principal actividad hasta 1960, ya que con anterioridad la pintura acaparaba su producción artística desde 1949. Sus obras se han exhibido por todo el mundo desde 1952 en una gran cantidad de muestras individuales y colectivas. A partir de 1951 fija su residencia entre Nueva York e Italia.

Entre 1974 y 1976, Beverly Pepper proyectó en Bedminster, Nueva Jersey, un gran espacio exterior por encargo de la AT&T Long Lines. La citada compañía trasladó su sede a una zona rural; esto supuso un reto, ya que era necesario crear un área de esparcimiento que rompiera con el aislamiento del medio rural, pensando en unos empleados habituados a la ciudad.

Sketch for Sol i Ombra; *the park consists of two areas designed to cover the different needs of the different seasons, and to show the contrast between the different seasons of the year.*

Sketch of the ground plan of Espiral Arbrada, *a space designed for the summer period when people seek shelter from the sunlight. The creation of shade combines with the work's dynamic feeling.*

The blue mosaics form a spiral, edged with a planting of trees to provide shade on hot days. The soil becomes sculpture.

View of Espiral Arbrada *with the buildings in the background.*

Boceto de Sol i Ombra: *el parque consta de dos zonas concebidas para cubrir las necesidades derivadas de la situación climática y evidenciar el contraste de las estaciones del año.*

Boceto de la planta de Espiral Arbrada, *espacio concebido para la época estival en la que hay que resguardarse de los rayos del sol. La creación de sombra se combina con una concepción dinámica de la obra.*

Los mosaicos azules discurren en forma de espiral, bordeados por una arboleda que proporciona sombra en los días de calor. El suelo se convierte en escultura.

Vista de Espiral Arbrada *con los edificios al fondo.*

La **Amphisculpture** es una extensión circular de 82,30 m de diámetro en forma de espiral, que alcanza una profundidad de 4,30 m. En el centro de la espiral se erige un muro de 2,50 m de altura que da lugar a una pasarela que permite cruzar el espacio circular salvando el desnivel del terreno. La superficie está dividida en amplias franjas recubiertas de césped y bordeadas de hormigón rugoso premoldeado. El volumen piramidal hormigonado que secciona el círculo crea unos planos triangulares que enfatizan y redefinen una geometría compleja en su conjunto.

Sol i Ombra fue proyectado entre 1986 y 1991. Este monumental trabajo de Beverly Pepper supone la remodelación de las inmediaciones de la Estació del Nord, un antiguo recinto ferroviario. La inspiración para este proyecto parte de las estaciones climáticas. El espacio en que se inscriben las creaciones de Beverly Pepper ocupa una extensión de 33.624 m² lo que supone un reto creativo importante. El espacio está concebido como un conjunto en el que los elementos escultóricos se confunden con el paisaje y, a su vez, el paisaje se transforma en escultura. Un parque es una experiencia creativa exterior donde el clima y la interacción humana son de vital importancia. Por este motivo la artista divide el espacio en dos grandes áreas diferenciadas. La primera es *Espiral Arbrada*, un espacio de 40 m de longitud destinado a los cálidos días de verano. En ella se puede disfrutar de un descanso bajo la sombra que proyectan los árboles o reposar en el centro de la espiral, protegido del sol por una pequeña pérgola. La segunda área, para los días de invierno, se llama *Cel Caigut* porque las cerámicas parecen reflejar un cielo de verano incluso en invierno. Es un volumen que serpentea en forma de media luna, gracias al cual se eliminan las zonas de sombra para el disfrute del sol invernal. Las dimensiones de este elemento escultórico son de 7 m de altura, 9 m de anchura y 52 m de longitud. En *Cel Caigut* la decisión de Beverly Pepper de utilizar cerámica policromada y muros ondulados es un homenaje a Antoni Gaudí, el arquitecto modernista por excelencia.

Una de las más recientes esculturas medioambientales de Beverly Pepper se encuentra en las colinas de Villa Celle, en Pistoia, localidad

Lawn covers the areas of Cel Caigut *intended for people to enjoy the sunshine in winter.*

The ceramic coverings in the volumes of Cel Caigut *recall the* modernista *technique of* trencadís.

The different surfaces are in harmony, without ever linking or mixing together, yet they maintain their coherence within the image of the park as a whole.

The park is composed of different spaces. One of them, Cel Caigut, *seeks to be a reflection of the blue sky.*

Contrast between the continuous surfaces of lawn, the ceramic and the trees that act as point features.

El césped recubre las zonas de Cel Caigut *destinadas a tomar el sol en los días de invierno.*

Los revestimientos de cerámica en los volúmenes de Cel Caigut *guardan relación con la técnica modernista del* trencadís.

Las diferentes superficies concuerdan entre sí sin llegar a enlazarse ni confundirse, pero manteniendo una coherencia en la imagen conjunta del parque.

El parque se compone de diferentes espacios. Cel Caigut *es uno de ellos y quiere ser un reflejo del cielo azul.*

Contraste entre las superficies continuas de césped, las cuarteadas de cerámica y los árboles que actúan como elementos puntuales.

próxima a Florencia. Inscrito en un ambiente de bosque, el **Teatro Celle: Fattoria Celle** transforma el ambiente natural en un espacio escénico con capacidad para 500 personas. En esta acción escultórica el escenario está flanqueado por dos pirámides de hierro y una larga escalinata de césped que se encarama por la pendiente hasta culminar en dos inmensas columnas que presiden el espacio. Existe una separación de 52 cm entre los muros que forman las pirámides. Esta abertura está alineada con el espacio intermedio que forman las columnas de la colina, creando un efecto de espejo. Los triángulos piramidales tienen dos caras que presentan bajorrelieves a causa de la textura rugosa del hierro. Los muros rugosos actúan como contenedores de tierra cubierta por césped, lo que supone la integración de la escultura con el medio. Pepper es sensible a la esencia de la tierra y la emplea como elemento capaz de dar solidez a los muros piramidales gracias a su naturaleza. Las pasarelas de césped se convierten en caminos de entrada al escenario desde el bosque, mientras que el escenario se encuentra recubierto de losas de terrazo. Los bajorrelieves se encuentran a medio camino entre la pintura y la escultura, aunque paradójicamente se presenta el relieve como pintura, la pintura como un muro y el muro como un espejo del entorno natural.

A lo largo de su obra persisten, aunque con distinta centralidad, los mismos elementos de contraposición: tierra/cielo, sólido/vacío, vertical/horizontal, así como una evocación a los elementos que evidencian presencia/ausencia. La noción de memoria se manifiesta en los elementos físicos que crea la artista y que irradian conocimiento de experiencias pasadas. Beverly Pepper transfigura el entorno natural sin desfigurarlo, estableciendo una conexión entre lo visual y lo práctico, hecho intrínseco a su trabajo. Sus proyectos se plantean con una aparente sencillez y austeridad de recursos, sin olvidar que ello responde a la idiosincrasia creativa de la artista, amante de los espacios que comunican su esencia sin necesidad de grandes artificios.

Teatro Celle: Fattoria Celle. *Detail of one of the pyramidal metal walls that isolate the stage from the natural surroundings.*

Teatro Celle: Fattoria Celle. *Detalle de uno de los muros de metal en forma piramidal que aíslan el espacio escénico del entorno natural en que se encuentra.*

Splice Garden: general view.

Splice Garden: vista general.

*The Bagel Garden: its geometric ration-
ality is in an ironic reference to the traditional French garden.*

*The Bagel Garden: la racionalidad geo-
métrica remite en sentido irónico al tradicional jardín francés.*

Martha Schwartz

Landscape design is a doctrine, a way of perceiving what is human and its relation to nature and the universe. Martha Schwartz starts from the idea that people, especially Americans, have both used and abused Mother Nature; when people become materialistic and lost contact with nature, they have lost much of their awareness of themselves. The apparent uncoupling taking place in the human environment does not, however, negate her inspiration, but constitutes the starting point for her work.

Martha Schwartz started by studying plastic arts and graduated in 1973 from the School of Fine Arts of the University of Michigan, but then changed the direction of her career. Between 1974 and 1976 she took a master's degree in Landscape Architecture, and in 1976 and 1977 she completed her training by taking the landscape architecture program at the Harvard University Graduate School of Design.

She started her career in Boston, with the SWA Group East. Since 1983, she and Peter Walker have been the leading figures in a movement seeking to bring constructive qualities back into landscape architecture, after their loss in the 1960s and 1970s, a period when there were many senseless schemes motivated by a supposed respect for "the natural". Schwartz and Walker prefer solutions that accept the artificial nature of the scheme rather than criteria of naturalness and supposed spontaneity. Like Lenôtre seeking to bend nature to his will, or like Frank O. Gehry, seeking to replace it by manmade materials rejected by consumer society as art.

Martha Schwartz can allow herself to be original, without feeling obliged to be correct or complacent, she can research without acting in a programmed way. On occasions she takes her inspiration from minimalism, but she maintains her deep conviction in the possibility of improving social conditions through public schemes; her demands are occasionally close to those of ecological artists, based on the idea that landscaping is not only an art, but also a science at the service of humanity.

In 1990 Martha Schwartz founded her own company, where she surrounded herself by a group of highly qualified young professionals interested in landscaping as art and capable of rethinking traditional concepts, and willing to investigate the relationship between art, culture and landscape.

Frequently, Martha Schwartz's works have shocked not only public opinion, but also her professional colleagues. Her liking for aggressive colours and surprising materials, and her frequent closeness to pop art, have led to much debate and even anger. In 1979 Schwartz created **The Bagel Garden** (Back Bay, Boston), which was the controversial cover of the magazine *Landscape Architecture* for January 1980. This work contains figures and forms that are truly original; eight dozen bagels covered in polyurethane and purple aquarium gravel, arranged in a highly formal arrangement typical of the traditional French garden. The result was highly aesthetic, with a Japanese maple, rows of ageratum and a perfectly trimmed hedge, but the ironic touch displeased some people.

In 1986 she created the **Splice Garden** (Whitehead Institute for Biomedical Research, Cambridge, Massachusetts) and was accused of hating nature, without taking into account the fact that she had to adapt to budgetary and physical limitations. It is on the ninth story of a building whose structure did not allow the additional weight of earth, plants, etc., but she managed to create a garden based on artificial turf, plastic plants, coloured gravel and sheet steel. This garden contrasts the rigorous geometry of the classical French garden with the peace of the Japanese Zen garden, and when seen from the interior of the building it seems a bizarre new life form. It uses long-lasting materials and serves as a background to the high-technology research performed in the area, known as A-1 Alley, Artificial Intelligence Alley.

In spite of her controversial beginnings, Martha Schwartz's creative philosophy did not take long to be recognised by the critics. Her work for the **Rio Shopping Center** in 1988 received an ASLA Award in 1989. In this shopping centre, Schwartz used a constructivist language in the three-dimensional pictorial line of El Lissitsky. Two features stand out: the first is a geodesic sphere about 12 m tall that emits water vapour at regular intervals, and the second is a black pool striated with fibre optic lines that glow at night, and supporting lines of golden frogs made of plaster, in the purest kitsch style.

From 1986 to 1988, she worked on the design of the **Center for Innovative Technology** (Fairfax, Virginia), sited on the esplanade housing the remarkable structures created by Arquitectonica International, such as the CIT Tower or the SPC (Software Productivity Consortium) building. From almost any visual perspective, there are subtle similarities between the buildings and the work performed. As Schwartz says, "*All my work revolves around the mystic relations that exist in geometry.*" Landscape is a response to architecture. The broad terraces combine area of trees with areas of paving, forming a geometric design of tones and textures contrasting with the walls of the buildings.

In the same line, the **Becton Dickinson Atrium** (1989-1990), sited at the Becton Dickinson Immunocytrometry Division in San Jose (California), is from the brief period when Martha Schwartz was associated with Ken Smith and David Meyer. In the centre of the building

Different views of the Splice Garden. The rigorous geometry of the French garden and the calmness of the oriental garden complement each other in this design, based on totally artificial features.

Distintas imágenes de Splice Garden. La rigurosa geometría del jardín francés y la serenidad del jardín oriental se complementan en este diseño, materializado a partir de elementos totalmente artificiales.

an internal spine-like atrium was chosen to create a concrete garden that has as much to do with architecture as with landscaping, and is as much a street as a garden. It runs along 475 feet (145 m) of green and black paving, forming a sort of variable geometric lattice, or "hedging", made of sheets of wood, and which varies in both height and width and with climbers planted at the base. Alternating with the hedge are fountains lined with blue tiles, with spouts in the form of orange-yellow spheres ("spitballs"), together with cylindrical reddish plant pots containing sansevierias. The promenade was completed with a row of palm trees in the central area. The scheme won Schwartz another ASLA Award in 1991.

In the **Dickinson Residence** in Santa Fe (New Mexico, 1990-1991) Schwartz sought to perform a different type of work, trying to adapt to the open spaces the house is sited in. So as not to distance herself from the local tradition of adobe architecture, she chose materials such as gravel, brick, red tiling and coloured tiling. The plants used are local species, such as olives, stone pines, yuccas, poplars, and flowering plums. The techniques used include stucco-work. The result is in harmony with its surroundings, and the bright colours appear to be burnt by the sun. The four fountains are lit at night and concentrate all the colour, while the noise of the water brings the garden to life and a network of drainage channels irrigates the trees.

The Citadel (City of Commerce, California, 1990-1991) is inspired by the ziggurat (stepped pyramid) design of the former Uniroyal Tire and Rubber factory. On a chequerboard paving in grey, green and ochre, rows of date palms planted within what look like white tyre inner tubes converge on a plaza that takes us to another place and time.

In 1994, Martha Schwartz faced a new challenge: to give the city of Baltimore (Maryland) an original seafront. The project is very complex, as it includes a group of spaces intended to provide pleasant strolls for the residents, areas to eat, tourist information points, and a series of reference points, such as Blue Crab Park, and the Natural History Spiral. Marble, brick, concrete, granite and bronze, together with lighting, colour effects, plantings based on turf and a variety of trees all form the remarkable landscape that is **Baltimore Inner Harbour**.

El diseño paisajista es una doctrina, una forma de percibir lo humano y su relación con la naturaleza y el universo. Martha Schwartz parte de la idea de que el hombre, especialmente el norteamericano, ha usado y abusado de la Madre Tierra; al volverse materialista y perder contacto con la naturaleza, ha perdido buena parte de la percepción de sí mismo. El aparente descoyuntamiento que se opera en el entorno humano no anula, sin embargo, su inspiración, sino que constituye su punto de partida para trabajar.

Artista neoyorquina procedente del campo de la plástica, Martha Schwartz, tras graduarse en 1973 en la Escuela de Bellas Artes de la Universidad de Michigan, dio una nueva orientación a su carrera. Entre 1974 y 1976 realizó un *master* de arquitectura del paisaje en la Universidad de Michigan y, entre 1976 y 1977, completó su formación en la Universidad de Harvard, siguiendo el programa de arquitectura del paisaje de la escuela de diseño.

The preceding page shows two photographs of the Center for Innovative Technology, where the superimposition of lines, materials and textures establishes an ambiguous dialogue with the built volumes surrounding the esplanade.

Rio Shopping Center. The photo shows the main components of the landscape design, the geodesic sphere and the black pond with golden frogs.

En la página anterior, dos fotografías del Center for Innovative Technology, en el que la superposición de líneas, materiales y texturas establece un ambiguo diálogo con los volúmenes arquitectónicos que rodean la explanada.

Rio Shopping Center. La toma ilustra los principales componentes del diseño paisajístico: la esfera geodésica y el estanque negro con las ranas doradas.

Inició su actividad profesional en Boston, con el SWA Group East. Desde 1983, junto con Peter Walker, constituye la punta de lanza de un movimiento encaminado a reintegrar a la arquitectura paisajista sus cualidades constructivas, perdidas en las décadas de los sesenta y setenta, época en la que abundaron las intervenciones sin sentido motivadas por un supuesto respeto a lo «natural». Schwartz y Walker prefieren las soluciones que asumen la artificiosidad de la intervención frente a criterios de naturalidad y supuesta espontaneidad. Con la convicción de un Le Nôtre pretenden doblegar la naturaleza o, si no, como Frank O. Gehry, sustituirla por materiales elaborados por el hombre y rechazados por la sociedad de consumo, que trascienden a los dominios del arte.

Martha Schwartz puede permitirse ser original, sin sentirse obligada a ser correcta o complaciente; puede investigar sin actuar de forma programada. En ocasiones se inspira en el minimalismo, pero, por encima de todo, mantiene una profunda convicción en la capacidad de mejorar las condiciones sociales a través de intervenciones públicas; sus reivindicaciones, a veces próximas a las de los artistas ecologistas, parten de la idea de que el paisajismo no sólo es un arte, sino también una ciencia al servicio del hombre.

En 1990, Martha Schwartz fundó su propia empresa, en la que se rodeó de un reducido grupo de jóvenes profesionales altamente cualificados e interesados por el paisajismo como expresión artística, capaces de replantearse los conceptos tradicionales del diseño y dispuestos a investigar las relaciones entre arte, cultura y paisaje.

Con bastante frecuencia, los trabajos de Martha Schwartz han chocado no sólo con la opinión del público en general, sino también con la de sus compañeros de profesión. Su gusto por los colores agresivos y los materiales insólitos, así como su sensibilidad cercana en ocasiones al *pop*, la convierten en polo catalizador de las polémicas e, incluso, en blanco de las iras. En 1979, Schwartz realizó **The Bagel Garden** (Back Bay, Boston), que fue la controvertida portada de la revista *Landscape Architecture* de enero de 1980. En esta obra aparecían formas y materiales realmente originales: ocho docenas de una especie de rosquillas recubiertas de poliuretano y gravilla de acuario color púrpura, todo ello organizado muy racionalmente al estilo de los tradicionales jardines franceses. El resultado no debaja de ser muy esteticista, con un arce japonés, un parterre sembrado de agératos y un seto perfectamente recortado, pero el toque irónico y humorístico sublevó a algunos.

Cuando en 1986 realizó **Splice Garden** (Whitehead Institute for Biomedical Research, Cambridge, Massachusetts), se le acusó de odiar la naturaleza, sin tener en cuenta que había tenido que adaptarse a unas limitaciones presupuestarias y físicas. Situado en la novena planta de un edificio cuya estructura no permitía un sobrepeso de tierra, plantas y ciertos materiales, creó un jardín a base de césped artificial, plantas de plástico, grava coloreada y láminas de acero. Visto desde el interior del edificio, este espacio, en el que se contraponen la rigurosa geometría del jardín clásico francés y la paz del jardín Zen japonés, parece estar dotado de una extraña forma de vida; realizado con materiales imperecederos, sirve como telón de fondo a las investigaciones en alta tecnología que se realizan en la llamada A-I Alley, calle de la inteligencia artificial, donde se halla situado el edificio.

Facing page, two photographs of the Becton Dickinson Atrium: one of the longest perspectives of the gardened interior passage: and a view of the row of palms framed between the geometric wooden lattice fences.

On this page, two views of the Dickinson Residence: a view of the rear terrace with swimming pool showing the view of the New Mexico landscape; and a nighttime view of the central garden, with the colourful lighting of the four quadrangular fountains.

En la página anterior, dos fotografías del Becton Dickinson Atrium: una de las perspectivas más largas del paseo interior ajardinado; y vista de la hilera de palmeras enmarcada entre los setos geométricos realizados con listones de madera.

En esta página, dos imágenes de la Dickinson Resindence: vista de la terraza posterior y la piscina que se abren hacia el paisaje de Nuevo México; y vista nocturna del jardín central, con las notas de luminotecnia colorista de las cuatro fuentes cuadrangulares.

A pesar de sus controvertidos inicios, la filosofía creativa de Martha Schwartz no tardó en ser reconocida por la crítica. Su trabajo en **Rio Shopping Center** (1988) recibió un galardón Asla en 1989. Para este centro comercial, Schwartz recurrió a un lenguaje constructivista en la línea pictórica tridimensional de El Lissitsky. Dos elementos destacan en el conjunto: una esfera geodésica de 12 m de altura, que pulveriza vapor a intervalos regulares, y un estanque negro con unas estrías de fibra óptica que emiten luz difusa de noche, sobre las que se han dispuesto ortogonalmente unas ranas de yeso doradas, en el más puro estilo *kitsch*.

Entre 1986 y 1988, la autora se ocupó del diseño del **Center for Innovative Technology** (Fairfax, Virginia), situado en la explanada en la que se alzan los insólitos volúmenes concebidos por Arquitectonica para construcciones como la torre del CIT o el edificio del SPC (Software Productivity Consortium). Desde cualquier perspectiva visual, se establecen sutiles paralelismos entre el grafismo volumétrico de los edificios y el trabajo realizado. Como ella misma dice: «*Todo mi trabajo gira en torno a las relaciones místicas que existen en la geometría.*» El paisaje constituye una respuesta a la arquitectura. Las amplias terrazas combinan zonas de arbolado con otras de pavimentación; un diseño geométrico de tonos y texturas diferentes contrasta con los muros de los edificios.

Ahondando en la misma línea, el **Becton Dickinson Atrium** (1989-1990), situado en la Becton Dickinson Immunocytrometry Division de San José (California), pertenece al breve periodo en el que Schwartz estuvo asociada con Ken Smith y David Meyer. Un atrio interior a modo de espina dorsal, ubicado en el piso central del edificio, fue el espacio escogido para realizar un jardín de hormigón que tiene tanto de arquitectónico como de paisajístico, de calle como de jardín. A lo largo de unos 145 m (475 pies) embaldosados en color verde y negro, se desplegó una especie de seto geométrico variable en altura y anchura y realizado con láminas de madera, en cuya base se plantaron enredaderas. En alternancia con el seto se situaron fuentes de azulejos azules, cuyos surtidores son unas formas esféricas de color amarillo anaranjado, y unos maceteros cilíndricos de color rojizo donde se plantaron sansevierias. Se completó el paseo con una hilera de palmeras en la zona central. Este trabajo le valió a Schwartz otro premio Asla en 1991.

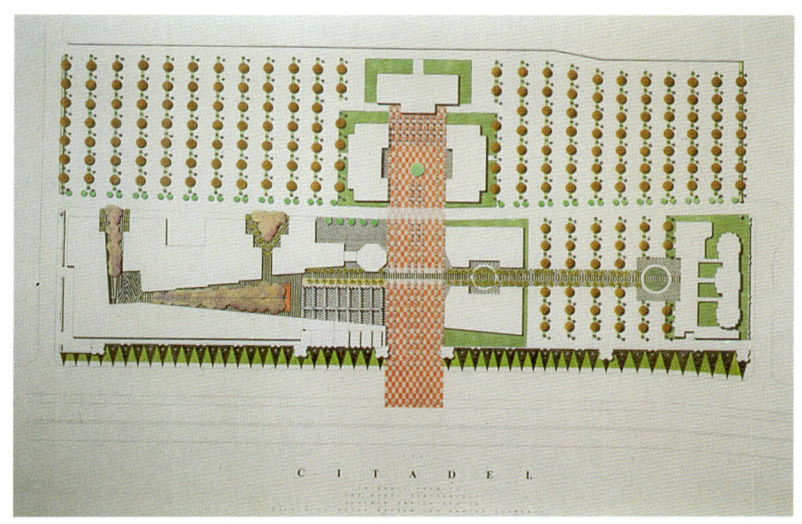

The Citadel: the photos show the geometric abstraction of the composition, with rows of palms planted in white water-retaining basins that look like the inner tube of a tyre. The Abyssinian references of the building in the background have greatly influenced the design.

General plan.

The Citadel: las fotografías evidencian la abstracción geométrica de la composición, con las hileras de palmeras plantadas en alcorques de resonancias neumáticas. Las referencias abisinias del edificio que se ve al fondo han influido notablemente en la concepción del diseño.

Planta general.

En la **Dickinson Residence**, en Santa Fe (Nuevo México, 1990-1991), Martha Schwartz intentó realizar un trabajo diferente, tratando de adaptarse a los espacios abiertos en que se sitúa la vivienda. Para no apartarse de la tradición local de las arquitecturas de adobe, escogió materiales como la gravilla, el ladrillo, la teja o el azulejo. Entre las especies vegetales, las autóctonas: olivos, pinos piñoneros, yucas, chopos y ciruelos rojos. Y como técnicas, el estucado, entre otras. El resultado fue un trabajo armónico con su entorno; los habituales colores vivos parecen aquí quemados por el sol. Sólo cuatro fuentes al iluminarse de noche concentran todo el color; el ruido del agua da vida al jardín y una red de acequias alimenta los árboles.

En **The Citadel** (City of Commerce, California, 1990-1991), el origen de la inspiración está en la forma de zigurat de la antigua factoría UniRoyal Tire and Rubber. Sobre un suelo pavimentado a modo de

Models for Baltimore Inner Harbor, the new seafront planned for the American city. The design works from the basic idea of a connection between the harbour and the city's inhabitants by means of distinct areas. The first model shows Blue Crab Park in the foreground, the second, the Natural History Spiral.

Maquetas del Baltimore Inner Harbor, la nueva fachada marítima proyectada para la ciudad estadounidense, cuya planificación se ha basado en la conexión entre el puerto y los ciudadanos a través de la creación de espacios distintivos: la primera maqueta muestra en primer plano el Blue Crab Park; la segunda, el Natural History Spiral.

damero en tonos grises, verdes y ocres, unas hileras de palmeras datileras plantadas en una especie de blanquísimos neumáticos convergen hacia una plaza que nos traslada a otro tiempo y lugar.

En 1994, Martha Schwartz abordó un nuevo reto: se trataba de dotar a la ciudad de Baltimore, Maryland, de una fachada marítima original. El proyecto es muy complejo, pues incluye un conjunto de espacios destinados a proporcionar paseos gratos a los vecinos, zonas para comer, puntos de información turística y una serie de lugares de referencia como el Blue Crab Park o el Natural History Spiral. Mármol, ladrillo, hormigón, granito y bronce, hábilmente combinados, juegos de luces y colores, y una vegetación a base de césped y árboles variados, completan el singular paisaje del **Baltimore Inner Harbor**.

Dani Karavan

Dani Karavan's calling to be a landscaper has led him from his craft as a sculptor to perform numerous interventions on nature. This vocation was probably because his father, a landscape engineer, revealed to him the fascinating relationship between the city and nature. He was born in Tel Aviv on December 7, 1930, and his artistic training was divided between the Israeli capital (with the painters Avni, Stematsky, Streichmann, and Marcel Janco) and the Bezalel Art Academy in Jerusalem (with Ardon). After living in a kibbutz, in 1955 he felt the need to broaden his horizons and experience and went to Florence and Paris, where he studied the new techniques in depth, especially al fresco painting, which later greatly influenced his pictorial phase. During his stay in Europe he became fascinated by the painting of the Renaissance in general, and the work of Piero della Francesca in particular, to such an extent that when he returned to Israel in 1957, he devoted himself entirely to painting, except for his interest for architecture and scenography.

Between 1963 and 1968 he created the Negev Monument, with which he inaugurated a new creative concept: monumental sculptural works integrated with their landscape, based on a minimalist conception of magnificent expression and symbolism. Until the mid 1970s he was little known in Europe, but his fame was consolidated by two monumental works in Italy. The first was the Environment for Peace in the Forte di Belvedere in Florence, and the second in the Castello dell'Imperatore in Prato, both in 1978. From then onwards Dani Karavan started to lay the bases for his later work, materialised in the concept of Makom (already employed by Itzhak Danziger); starting from what is suggested by the site's geography and cultural history, the artist seeks a dialogue between the natural features – water, sand, vegetation, and even sunlight – and artificial and sculptural components, with a

General view of the Negev Monument, *a commemorative and symbolic monument, the first of Karavan's monumental landscape sculptures.*

Vista general del Negev Monument, *obra simbólica y conmemorativa que inaugura en la obra de Karavan la vertiente de escultura monumental en el paisaje.*

75

marked preference for the use of white concrete as a contrast to the natural features. The elemental nature of his formal schemes accentuates his work's symbolic depth. Many of them use twelve components, using the symbology of this number as a rhythmic pattern people are submitted to; the twelve months of the year, the twelve hours of the day and of the night, the twelve tribes of Israel, his fatherland.

One might consider that his first public work was the interior courtyard of the Tel Aviv Criminal Courts, in which he was already using the characteristic combination of white concrete and vegetation. His first large creation, however, was the **Negev Monument**, a homage to the independence brigades of the Negev. To do this he chose a spot loaded with history and symbolism, a hill on the desert plain of Beer Sheba on which Abraham lived thousands of years ago. From the beginning he sought to integrate the sculpture into the physical and historical landscape, creating a monument in which people can take part, crossing it, touching it, listening to it, and even smelling it. It consists of organic forms, waves of reinforced concrete resembling the desert hills around it. Some enormous towers, installed by Gideon Shamir, filter the wind like flutes creating a natural melody. The natural features, like the water that flows from a split dome reminiscent of a broken heart, or three desert acacias planted in the central plaza, become an integral part of the monument.

Between 1977 and 1988 Karavan unfolded his personal concept of art once more, this time manifested in **Kikar Levana**, the White Square, which is very close to Tel Aviv. This is Israel's main economic centre and suffers the lack of order and even chaos characteristic of all cities of this type. This chaos invited Karavan to perform an intervention that seeks to create a contrasting harmony. Working on the basis of his respect for the Renaissance's artistic styles, he based Kikar Levana on the notion of the axis, expressed by means of a conceptualised style. He located a rectangular 30 x 50 m plaza that acts as the support for several geometric figures, arranged around the axis. The main point of the scheme is an olive tree planted on the centre of the hill, almost surrounded by a hemisphere that acquires a double value; in addition to its aesthetically pleasing appearance, it protects the olive, the symbol of the Mediterranean and Hebrew cultures from the destructive effects of the climate and its surroundings. To achieve greater integration of the plaza

On this double page, different views of the Negev Monument, *a work whose aesthetic and conceptual keys are to be found with respect to its external relationship to the landscape, and in its interpretation by the visitor.*

En esta doble página, distintas perspectivas del Negev Monument, *una obra que encuentra sus claves estéticas y conceptuales tanto en su relación exterior con el paisaje, como en la interiorización que de él puede hacer el visitante.*

into its surroundings, the hemisphere is grooved with a channel of the lawn growing around it, bringing nature into communication with artifice. This contrast can be extended to the other works of sculpture in the scheme, which go beyond the idea of functionalism to create an architectural group of uncommon beauty; the high tower, the stairs and the incomplete pyramid transcend their own beauty in benefit of the design as a whole.

Almost contemporary with Kikar Levana is his work **Ma'alot** (1979-1986), located in the area between the entrance to Cologne's Ludwig Museum and the city's cathedral. The plaza's location, with the cathedral to the east, the Rhine to the west and the railway station to the south, conditioned the design, conceived once more as a way to relate architecture to the natural environment. Karavan articulated the space

On this page, an aerial view and a closer view of Kikar Levana; white concrete, vegetation, sounds and light make up a group of simple volumes that are full of symbolism.

View of the Ma'alot sculpture in the plaza located between the Ludwig Museum and Cologne Cathedral; it is a focal point and a sundial, and as well as articulating the space, suggests a metaphor of the inversion of the numbers 6 and 9.

En esta página, una vista aérea y otra más cercana de Kikar Levana: hormigón blanco, vegetación, sonidos y luz conforman un conjunto de volúmenes simples cargados de simbología.

Vista de la escultura Ma'alot, en la plaza situada entre el Museo Ludwig y la catedral de Colonia: punto focalizador y reloj solar que, además de articular el espacio, sugiere una metáfora de la inversión de los números 6 y 9.

around an axial layout with a route 100 m long that starts at a steel plaque and continues in the form of granite slabs which have a single railway rail running along their centre. The route ends in a large vertical sculpture, *Ma'alot*, a name taken from the Psalms and which has been extended to refer to the entire area. This tower is more than 10 m high and consists of alternating blocks of granite and cast steel that form openings, without the structure losing its unity. The openings filter the light, making a remarkable sundial. The most open part of the plaza has an elliptical perimeter, formed by six concentric circles that, like the tower, use alternating granite and cast steel, making the design homogeneous in form.

In 1989, Karavan created one of his exemplary schemes, called **Dialogue**, opposite the Wilhelm-Lehmbruck Museum in Duisburg, based on an almost minimalist concept. On the green of the grass there is a square platform crossed by an axis, both in white concrete. Six cubes are arranged symmetrically around the axial layout, creating an image of dialogue. To strengthen the relationship between the natural features and the sculptural ones, the central axis ends in a pond in which the water suggests the sensation of calm, so necessary in any situation of dialogue.

An even more ambitious project is **Tzafon** (1989-1991), sited in the vicinity of the Düsseldorf Parliament Building, which contrasts the delicacy of water with the heaviness of cast iron, by using a large circular plaque that is diagonally crossed by a railway line. The work's originality lies in the elegant fusion of the many curves of the building with the iron circle forming the plaza.

Between 1990 and 1991, Karavan conceived the work **Ohel** for a site opposite the main entrance to the Shiba Hospital in Tel Hashomer near Tel Aviv. This is a group of sculptures of a utilitarian nature. He raised an irregular platform on the lawn, and on top of it he installed several benches. The benches are surrounded by four triangular elements, again in white concrete, that create an open pyramid which functions as a sort of protective tent as it shades the users and shelters them from the wind. At one end of the plaza, there is a vertical element more than 12 m tall, which is made of the same material. It has an opening near the top that allows the sun to shine through it, and acts as a sundial, a metaphor for the passing of time in the face of pain and happiness. An orange tree in the centre of the plaza becomes an inseparable feature, like the grass, the sunshine and the concrete volumes.

One of his most recent designs (1994-1995) is **Place for the Communication Center** in the Swiss City of Horgen, near Zurich. Once again, the site conditions the work; some old houses, built in the most traditional Alpine architectural style, have to coexist with the modern Communication Center. With his brilliance derived from his experience in this type of intervention, Karavan blends the natural features with the artificial concrete, including in this project new materials like neon, which replaces the water at night, creating a contrast between nature and artifice. The abundance of materials is counteracted by the simplicity of the lines, illuminated by day by the sunshine and by night by bluish neon lights.

Few architects who are not conventional landscape architects know how to combine natural features with sculptural ones as well as Dani Karavan, transforming the landscape into a fascinatingly unique symbolic and narrative reality.

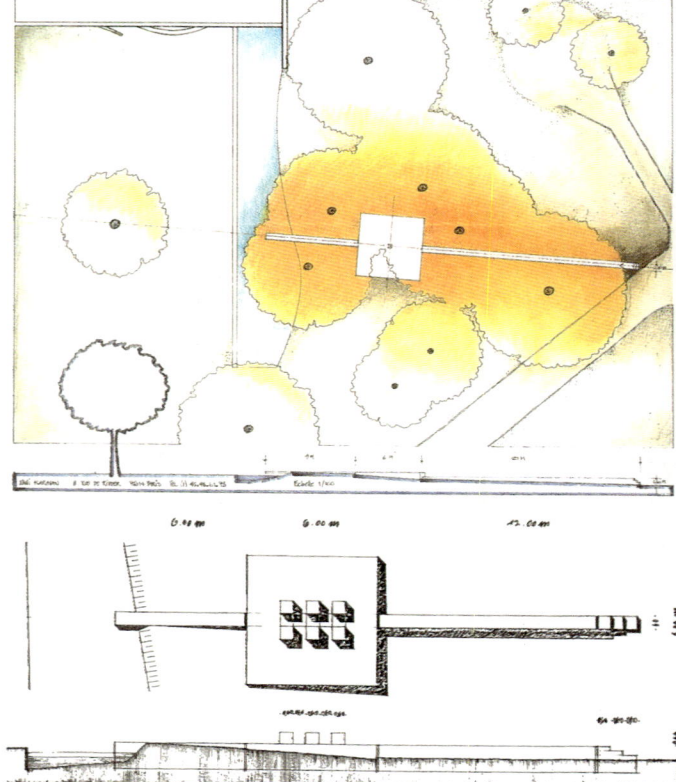

Location plan, ground plan and section of Dialogue (Wilhelm-Lehmbruck Museum, Duisburg, 1989).

This image of Dialogue *clearly shows the work's axial nature and its minimalist conception.*

The vertical sequence shows three images of Tzafon, *the iron circle crossed by a railway line that forms the access plaza to the parliament building in Düsseldorf.*

Plano de situación, planta y sección de la instalación Dialogue (Wilhelm-Lehmbruck Museum, Duisburg, 1989).

Esta imagen de Dialogue *permite apreciar la axialidad de la obra y su concepción minimalista.*

La secuencia vertical muestra tres imágenes de Tzafon, *el círculo de hierro atravesado por una vía de ferrocarril que conforma la plaza de acceso al Parlamento de Dusseldorf.*

La vocación paisajística de Dani Karavan, que le ha llevado desde su oficio de escultor a realizar numerosas intervenciones sobre la naturaleza, le viene sin duda por la profesión de su padre, ingeniero paisajista que descubrió a un joven Karavan las fascinantes relaciones entre ciudad y naturaleza. Nacido en Tel Aviv (Israel) el 7 de diciembre de 1930, su formación artística se reparte entre la capital israelí (con los pintores Avni, Stematsky, Streichmann y Marcel Janco) y la Academia de Arte Bezalel en Jerusalén (con Ardon). Tras una vida plenamente integrada en el *kibuttz*, en 1955 sintió la necesidad de ampliar fronteras y conocimientos, y marchó a Florencia y París, donde estudió en profundidad nuevas técnicas, muy especialmente la pintura al fresco, que le influiría posteriormente en su etapa pictórica. Durante su estancia en Europa quedó fascinado por la pintura del Renacimiento en general, y la de Piero della Francesca en particular, hasta el punto de que, cuando en 1957 regresó a Israel, se dedicó casi exclusivamente a pintar, con la única excepción de su interés por la arquitectura y la escenografía.

Entre 1963 y 1968 realizó el Negev Monument, con el que inauguró un nuevo concepto creativo: monumentales obras escultóricas integradas en el paisaje, basadas en un conceptualismo minimalista de expresión magnificiente y simbólica. Hasta bien entrada la década de los setenta no alcanzaría la fama en Europa, consolidando su prestigio con dos instalaciones monumentales en Italia: los Environment for Peace en el Forte di Belvedere de Florencia y en el Castello dell'Imperatore de Prato, ambas en 1978. A partir de ese momento, Dani Karavan sienta las bases de lo que será su obra posterior, materializada en el concepto de *Makom* (ya empleado por Itzhak Danziger): partiendo de lo que sugieren los rasgos geográficos, culturales e históricos del lugar, el autor busca un diálogo entre elementos naturales –agua, arena, vegetación, incluso rayos solares– y componentes artificiales y escultóricos, con una marcada preferencia en la utilización del hormigón blanco como contrapunto a los elementos de la naturaleza. La elementalidad de sus esquemas formales acentúa la enorme carga simbólica de sus obras; en muchas de ellas suelen aparecer doce componentes, materializando la simbología de dicho número como esquema rítmico al que se ve sometido el hombre: los doce meses del año, las doce horas del día y de la noche, y las doce tribus de Israel, su patria.

Aunque su primera obra pública puede considerarse un patio interior ubicado en el Palacio de Justicia de Tel Aviv, en la que emplea ya su característica combinación de hormigón blanco y vegetación, su primera gran creación es el **Negev Monument**, homenaje a las brigadas independentistas de Negev. Para ello eligió un lugar cargado de historia y simbolismo, una colina en la planicie desértica de Beer Sheba en la que Abraham vivió hace miles de años. Desde el primer momento se propuso integrar la escultura en el paisaje físico e histórico, creando un monumento en el que la gente pudiera tomar parte, atravesarlo, tocarlo, escucharlo, incluso olerlo. Está constituido por formas orgánicas, ondas de hormigón armado que se asemejan a las propias colinas del desierto en que se enclava. Unas enormes torres, instaladas por Gideon Shamir, filtran el viento a modo de flautas para crear una melodía natural. Los elementos naturales, como el agua que surge de una cúpula partida a modo de herido corazón, o tres acacias del desierto plantadas en la plaza central, se convierten en parte integrante del monumento.

Different images of Ohel, *at the entrance to the Shiba Hospital in Tel Hashomer (Israel, 1990-1991). The composition is dominated by a "folded" column 12 metres tall, providing shade and shelter. The orange tree in the centre is another of the historic symbols of Jewish culture.*

Distintas imágenes de Ohel, *en la entrada del Shiba Hospital de Tel Hashomer (Israel, 1990-1991). La composición, presidida por una columna de doce metros, tiende a replegarse sobre sí misma para procurar sombra y protección. El naranjo del centro es otro de los símbolos históricos de la cultura israelí.*

Entre 1977 y 1988, Karavan vuelve a materializar su singular concepto del arte realizando **Kikar Levana**, la Plaza Blanca, muy cerca de Tel Aviv, principal centro económico de Israel que padece la falta de orden y el caos característico de toda ciudad de su tipología. Ese caos invita a Karavan a realizar una intervención que persigue, a todas luces, crear un contrapunto de armonía. Por eso, recordando su veneración por los cánones renacentistas, articula la Kikar Levana en torno a la noción básica de eje, expresada a través de un lenguaje conceptualizado. Sobre una vasta extensión de hierba, sitúa una plaza rectangular de 35 x 50 m que sirve de sustento a diferentes figuras geométricas, ordenadas en torno a dicho eje. El punto principal de la actuación se materializa en un olivo plantado en el centro de la colina, prácticamente envuelto por una semiesfera que adquiere un doble valor: además de su innegable carga estética, desempeña la labor de proteger el símbolo de las culturas mediterránea y hebrea de los efectos destructivos de los agentes atmosféricos. Para una mayor integración de la plaza en el entorno, este hemisferio está surcado por un canal del mismo césped que crece en el espacio circular que la rodea, a modo de comunicación entre naturaleza y artificio. Esta confrontación es extensible al resto de las construcciones escultóricas del conjunto, que rebasan el concepto de funcionalidad para crear un conjunto armónico de inusitada belleza: la alta torre, las escaleras o la incompleta pirámide trascienden su belleza propia en beneficio del conjunto.

Prácticamente contemporánea de Kikar Levana es su intervención **Ma'alot** (1979-1986), situada en la plaza existente entre la entrada al Museo Ludwig de Colonia y la catedral de la ciudad alemana. La situa-

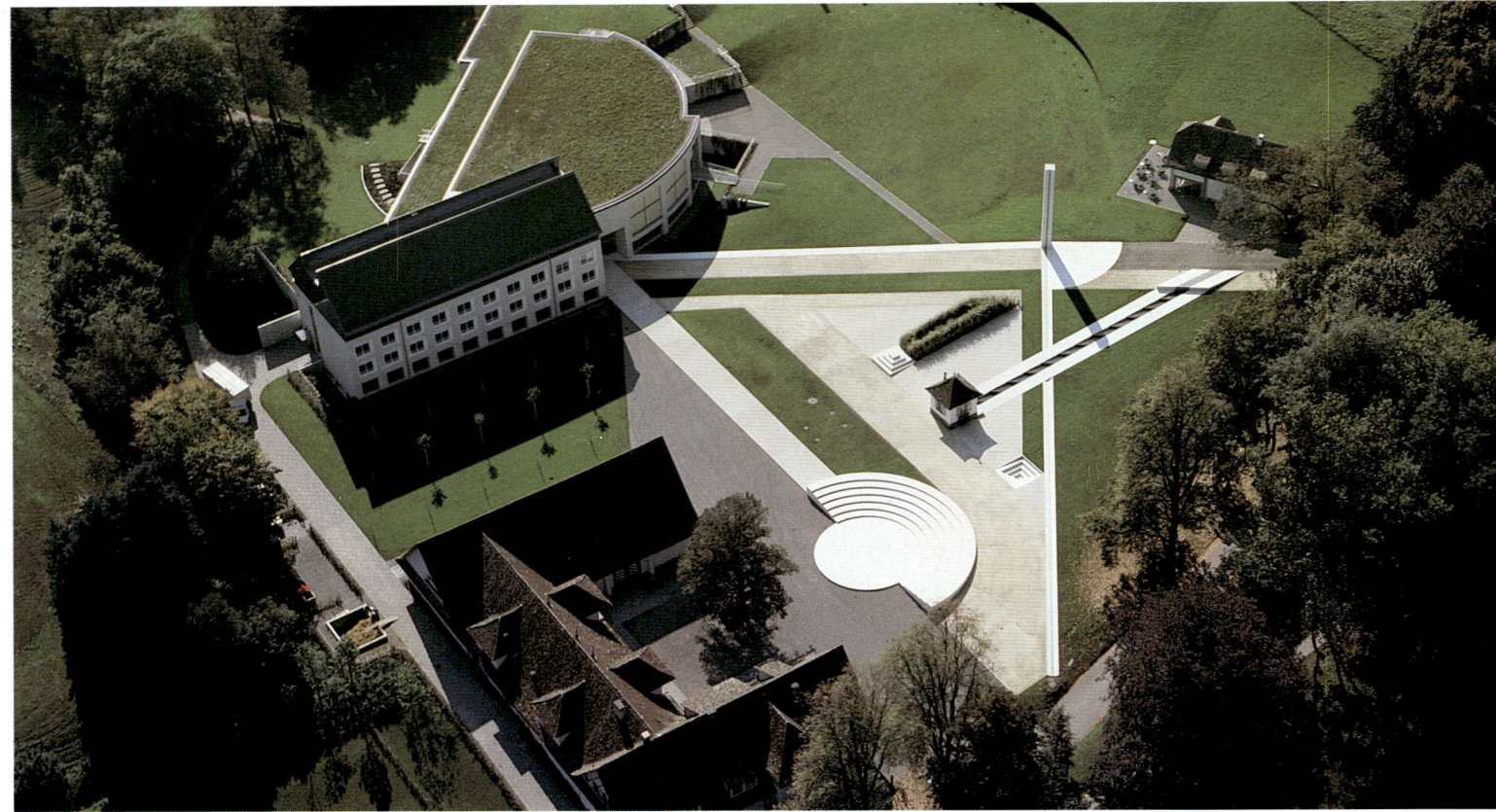

ción de la plaza, con la catedral al este, el Rin hacia el oeste y la estación ferroviaria en la parte meridional, condicionó la actuación, concebida una vez más como una relación entre arquitectura y entorno natural. Karavan articuló el espacio en torno a un trazo axial, con un recorrido de unos 100 m, que parte de una placa de acero fundido y se extiende en losas de granito, atravesadas en su parte central por una vía férrea. El recorrido acaba en una gran escultura vertical, *Ma'alot*, nombre extraído de los Salmos y que se ha hecho extensivo a toda la plaza. Esta torre de más de 10 m de altura está compuesta por bloques alternos de granito y acero fundido que presentan morfologías abiertas, sin perder por ello la unidad. Estas aberturas, al tamizar la luz, conforman un singular reloj de sol. La parte más abierta de la plaza presenta un perímetro elíptico, formado por seis círculos concéntricos que, como la torre, alternan el granito y el acero, proporcionado una gran homogeneidad material.

En 1989, Karavan realiza frente al Wilhelm-Lehmbruck Museum de Duisburg otra de sus características intervenciones, basada en un concepto casi minimalista: **Dialogue**. Sobre el verde del césped se dispone una plataforma cuadrada atravesada por un eje, ambos de hormigón blanco. Seis cubos se distribuyen simétricamente en torno al trazo axial, propiciando la imagen del diálogo. Para una mayor identificación entre elementos naturales y escultóricos, el eje central acaba en un estanque en el que el agua sugiere la sensación de calma, necesaria en toda situación dialogante.

Más ambiciosa es su obra **Tzafon** (1989-1991), situada en los alrededores del edificio del Parlamento de Dusseldorf, junto al Rin, en la

que contrapone a la ligereza del agua la pesadez del hierro fundido, utilizando una gran placa circular que es atravesada diametralmente por una vía de ferrocarril. La originalidad de esta obra radica en la elegancia con que se conjuntan la profusión de líneas curvas del edificio con el círculo férreo que conforma la plaza.

Entre 1990 y 1991, frente a la entrada principal del hospital Shiba en Tel Hashomer, cerca de Tel Aviv, Karavan concibe **Ohel**, un conjunto escultórico de carácter utilitario. Sobre el césped, erige una plataforma irregular sobre la que dispone varios bancos. Éstos están rodeados por cuatro elementos triangulares, nuevamente de hormigón blanco, que conforman una pirámide abierta a manera de tienda protectora, función que cumple al proporcionar sombra y abrigar del viento a los usuarios. En un extremo de la plaza, un elemento vertical de más de 12 m de altura, realizado con el mismo material, presenta una abertura en la parte superior que, al dejar pasar la luz solar, se convierte en un reloj de sol como metáfora del paso del tiempo ante el dolor y la felicidad. Un naranjo en el centro de la plaza se convierte en elemento indisociable, como lo son la hierba, los rayos solares o los volúmenes de hormigón.

Una de sus más recientes intervenciones (1994-1995) es la **Place for the Communication Center** en la ciudad suiza de Horgen, cerca de Zúrich. Una vez más, el lugar condiciona la obra: unas casas antiguas, de la más tradicional arquitectura alpina, han de convivir con el moderno centro de comunicación. Con la brillantez que le da su experiencia en este tipo de intervenciones, Karavan conjunta los elementos naturales con la artificiosidad del hormigón, incluyendo en este proyecto materiales nuevos como el neón, que sustituye por la noche al agua y crea un contrapunto natural-artificial. La abundancia de materiales se contrarresta con la simplicidad de líneas, iluminada de día por los rayos del sol y de noche por las azuladas luces del neón.

Hay pocos artistas que, como Dani Karavan, sin ser un arquitecto paisajista convencional, sepan compaginar tan bien los elementos naturales con los escultóricos, transformando el paisaje en una realidad simbólica y narrativa que es, al mismo tiempo, fascinante y única.

Aerial view of Place for the Communication Center, in the Swiss city of Horgen, near Zurich. The architectural and landscape context of the Alps influenced the work.

The two vertical images show a series of conceptual dichotomies: day-night, water-neon, natural-artificial, etc..

Vista aérea de la Place for the Communication Center, en la ciudad suiza de Horgen, cerca de Zúrich. El contexto arquitectónico y paisajístico de los Alpes ha influido en la concepción de la obra.

Las dos imágenes verticales muestran una serie de dicotomías conceptuales: día-noche, agua-neón, natural-artificial...

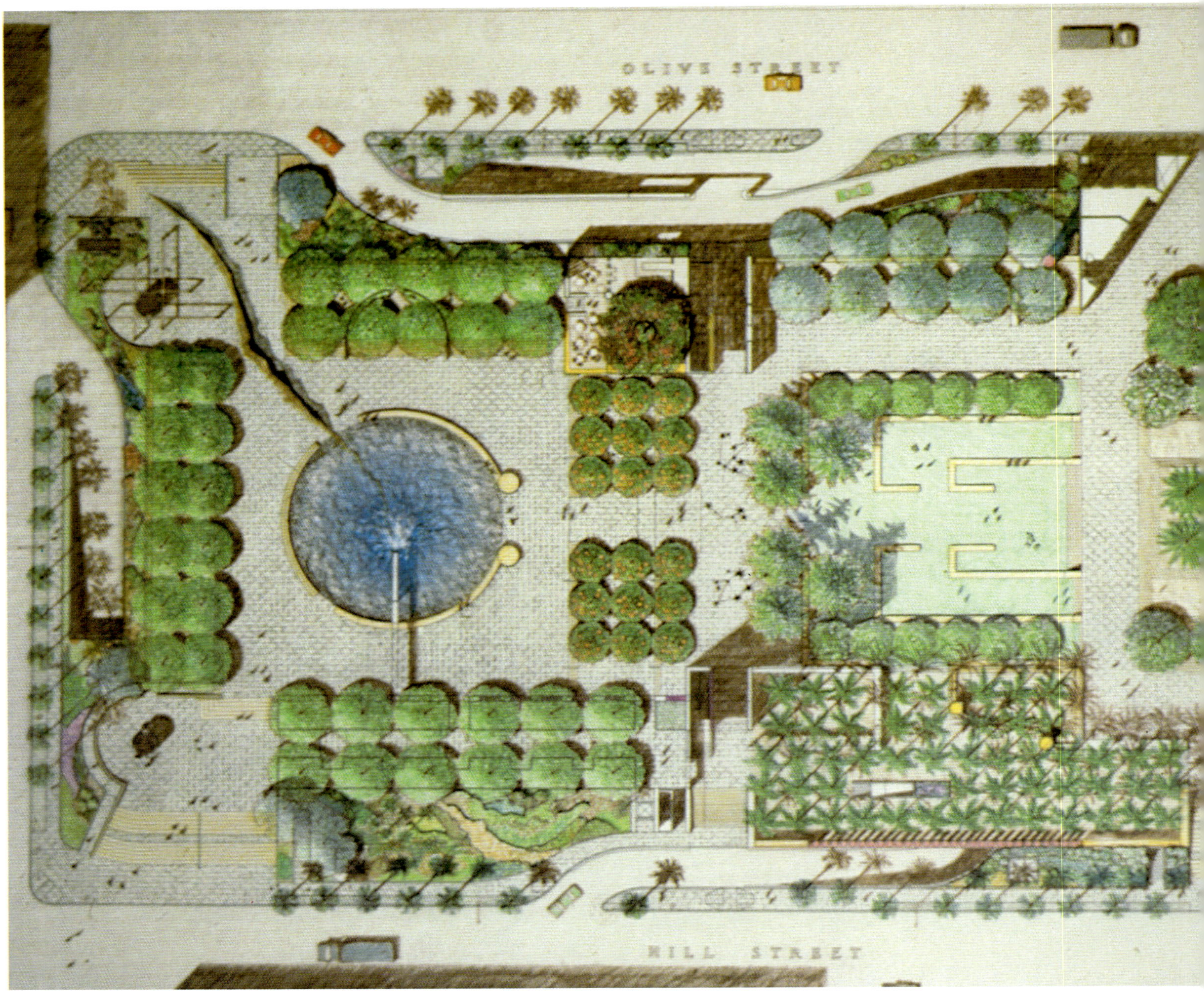
OLIVE STREET
HILL STREET

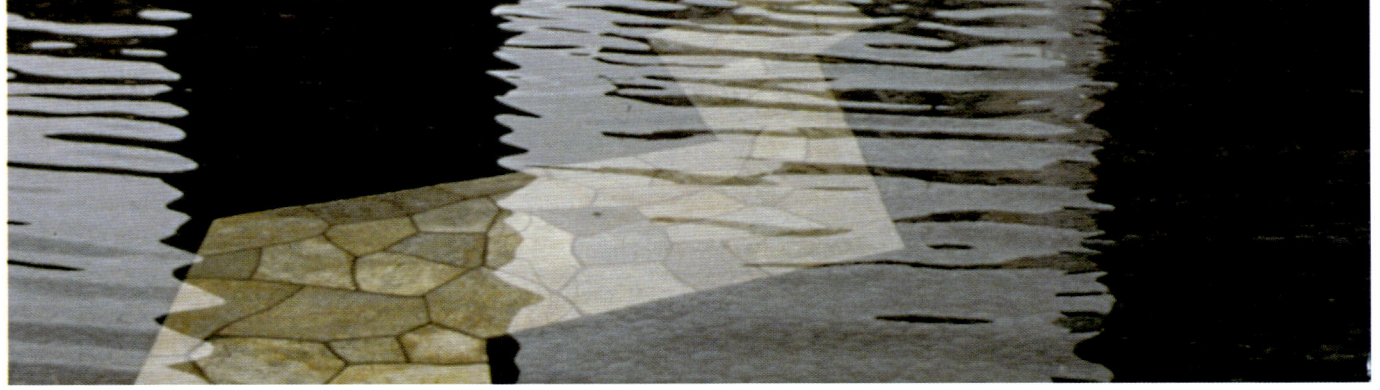

Hanna/Olin

Someone once correctly pointed out that the basis of Hanna/Olin's work was "*inventing the unusual to perfect the ordinary.*" Hanna/Olin use a balanced mixture of poetry and rationality to create beautiful spaces without ever forgetting something that for them is of great importance, that landscape architecture should actually be useful. Their work seeks to fulfil its functional requirements, to be symbolically meaningful and to be aesthetically pleasing; these three independent but inseparable concepts underlie all their work.

Hanna/Olin Ltd. was founded in Philadelphia in 1976 by Robert Hanna and Laurie Olin, both architecture graduates from the University of Washington. After working individually for several years, they decided to join together and create the firm, progressing on the ideas of their mentors Richard Haag and Ian McHarg. Two years later they were joined by Dennis McGlade, who became the third partner in Hanna/Olin in 1984. The company, supported by its highly qualified team, has an excellent reputation, impressive clients and a large collection of prizes.

Their works include many projects to rebuild and rehabilitate spaces. This is the case of **Pershing Square** (Los Angeles, California), performed in collaboration with Legorreta Arquitectos. Planned to play a key role in revitalising the city centre, the design sought to solve Pershing Square's physical and social problems; it was thoroughly researched and subject to public process. This XIX-century park was maimed by the motor car when it was dug up in the 1950s to make a 3-level underground car park. As a result the garage's access ramps totally isolated the park from the life of the city. In line with Hanna/Olin's concern that their landscapes should actually be useful, one of their basic objectives was to recreate the connection between the park and the city. By redesigning the ramps they created new sidewalks and new entrances, each one customised with specific features, such as a 125-foot-tall (38 m) campanile, a cafe, a station or a kiosk. The park was divided into two different plazas, differentiated by a grade

General plan of Pershing Square.

Detail of the main pool.

Planta general de la Pershing Square.

Detalle del estanque principal.

change. The lower square contains a large pool, fed by an aqueduct, that imitates the rise and fall of the tides. Small tree plantings around the pool cast some shade. The upper square consists of an amphitheatre and a stage; when they are not in use the amphitheatre can be turned into a lawn for rest and sports, and the stage into a meeting point. Between the two plazas rows of queen palms form a series of quiet spots.

A project of a very different nature, but equally attentive to the well-being of its animal users, is the **World of Primates** at Philadelphia Zoo. The site is a green oasis of 4,450 m² (1.1 acres), displaying the animals in surroundings very similar to their natural habitat. The site is at the centre of the zoo, and is modelled into several islands, each one inhabited by different animals and with plantings specially chosen to meet their requirements. Discreet moats with climbing and aquatic plants separate the islands and mark the limits to the animal's territories. The paths between the lush foliage take the visitors close to the animals, following routes carefully designed so that the humans can watch the primates without seeing other groups of humans watching the animals. This makes the visitors feel like a part of the habitat and helps them to relate more positively to the animals. The animals' "houses" are also designed to be as similar as possible to their natural surroundings, and try to ensure the animals' welfare by providing things like ropes, natural light and climbing structures. The use of almost unnoticeable glass structures lets people enter the animal world.

Another feature of Hanna/Olin's work is improving urban spaces by using a landscaping style grounded in ecological awareness. A good example of this is their landscaping of **Canary Wharf** on the banks of the Thames in London. Hanna/Olin participated in the interdisciplinary team involved in the project to develop this area of London's docklands. More than two thirds of the almost 29 ha (71 acres) revitalised were put aside for public use. In what its designers call "*the largest roof garden with trees and flowers in the world*", they designed city squares, courtyards, boulevards and esplanades over living space, requiring several important innovations. The exhaustive analysis carried out before these landscapes were created included selecting the trees and plantings, the points bearing the load and the arrangement of the plantings. To sum up, this has created a landscape that forms part of the architectural design and of the infrastructure.

Westlake Park in Seattle and Bryant Park in New York are two text-book examples of Hanna/Olin's ability to transform and regenerate spaces. In the Westlake Park design, Hanna/Olin headed a team that changed a tiny abandoned monorail stop into an attractive park. They introduced elaborate pavements based on Native American patterns, shady tree plantings, fountains to drown out the bustle of the city and a large open space dominated by a central arch that acts as a stage for civic events. The benches, planters and the range of decorative stonework used in the water features were all custom-designed to respond to the city's needs and to reflect aspects of Seattle's cultural history.

There has been widespread praise for the major social change that resulted from the reconstruction of **Bryant Park**. The starting point was a park in the French style, isolated from the city and unsafe due to its poor visibility. The new design opened up the park by creating a large entrance halfway along its side on 42nd Street, in addition to the pre-existing corner entrances. The former entrances were widened and the

Above: two sketches of Pershing Square.

The square focusses the urban dynamics of this area in central Los Angeles.

The pool imitates the ebb and flow of the tide.

Aerial view of Pershing Square, where the colourful volumes created by Legorreta Arquitectos combine with urban landscaping by Hanna/Olin.

View of the pool and the lower aqueduct.

Arriba: dos bocetos de la Pershing Square.

La plaza focaliza la dinámica urbana de esta zona del centro de Los Ángeles.

El estanque imita las fluctuaciones de la marea.

Vista aérea de la Pershing Square, en la que los volúmenes coloristas de Legorreta Arquitectos se combinan con el paisajismo urbano de Hanna/Olin.

Vista del estanque y el acueducto del nivel inferior.

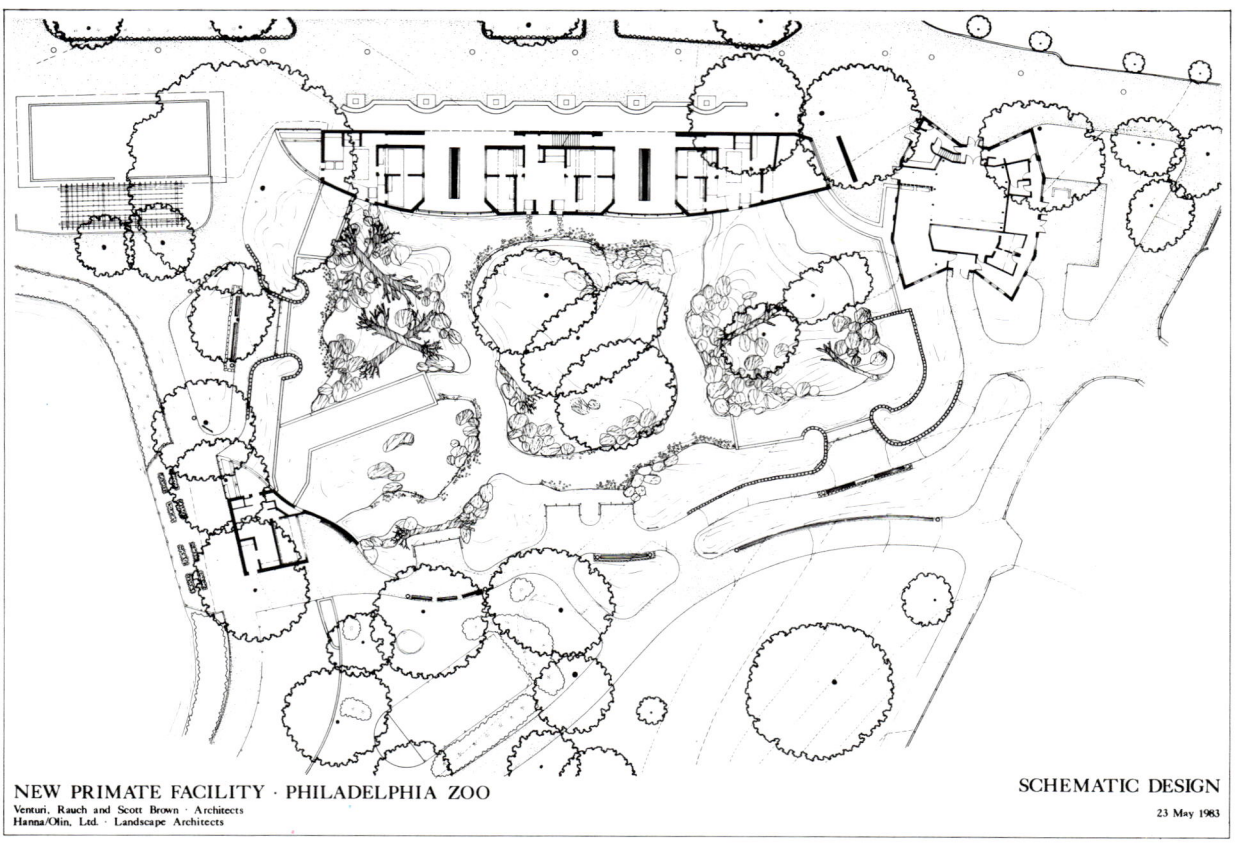

NEW PRIMATE FACILITY · PHILADELPHIA ZOO
Venturi, Rauch and Scott Brown · Architects
Hanna/Olin, Ltd. · Landscape Architects

SCHEMATIC DESIGN
23 May 1983

slope of the access stairs was reduced to increase visibility. The existing vegetation was rehabilitated and supplemented with new plantings. Concession kiosks, a stage, public restrooms and 2,000 removable seats are essential features in the definition of this "useful" landscape.

Truly public spaces, spaces that are good for the city, spaces that say "*enjoy me*"; these are just some of the things that have been said about Hanna/Olin's work, making clear that their work is not merely being aesthetically pleasing but actually has a positive social impact. Someone said, "*the park has been brought back to life.*"

Alguien dijo, con acierto, que la base del trabajo de Hanna/Olin consistía en «*inventar lo inusual para perfeccionar lo ordinario*». En una equilibrada mezcla de poética y racionalidad, Hanna/Olin crean hermosos espacios sin olvidar en ningún momento la para ellos obligatoria utilidad práctica de la arquitectura paisajística. Acomodación funcional, significado simbólico y riqueza estética: éstos son los tres elementos fundamentales de su obra, independientes e indisolubles a la vez.

Hanna/Olin Ltd. fue fundada en Filadelfia en 1976 por Robert Hanna y Laurie Olin, ambos arquitectos por la Universidad de Washington. Tras varios años trabajando por separado decidieron crear esta firma, sintetizando las ideas de sus célebres mentores: Richard Haag e Ian McHarg. Dos años después se incorporó Dennis McGlade, que llegaría a ser el tercer socio de Hanna/Olin en 1984. La firma, respaldada por un selecto equipo, goza de una excelente reputación, con prestigiosos clientes y numerosos premios.

NEW PRIMATE FACILITY · PHILADELPHIA ZOO
Venturi, Rauch and Scott Brown · Architects
Hanna/Olin, Ltd. · Landscape Architects

SECTIONS · SCHEMATIC DESIGN

23 May 1983

Sequence of plans: general plan and various cross-sections of the World of Primates at Philadelphia Zoo.

The photos show one of the points designed to observe the animals in their habitat, and the pergola at the entrance to the World of Primates.

En la secuencia de planos, planta general de instalaciones y diversas secciones del World of Primates del zoológico de Filadelfia.

Las imágenes fotográficas muestran uno de los privilegiados puntos de observación del hábitat animal y el espacio apergolado que da acceso al World of Primates.

Entre sus trabajos abundan los proyectos de reconstrucción y rehabilitación de espacios. Éste es el caso de la **Pershing Square** (Los Ángeles, California), realizada en colaboración con Legorreta Arquitectos.
Concebida como elemento clave para la revitalización del centro de la
ciudad, la Pershing Square fue sometida a un detallado análisis con el fin
de solucionar tanto los problemas físicos como los problemas sociales
de la plaza. Víctima de la era del automóvil, este parque del s XIX fue
levantado en los años cincuenta para construir un garaje subterráneo de
tres pisos. El resultado fue un aislamiento total del parque, separado
de la vida urbana por las rampas de acceso al garaje. Su reconexión con
la ciudad fue uno de los objetivos primordiales de Hanna/Olin, en consonancia con la citada preocupación por la utilidad práctica de sus
paisajes. Rediseñando las rampas, se crearon nuevas aceras y nuevas
entradas, cada una de ellas identificada por elementos específicos: un
campanario de 38 m (125 pies), un café, una estación y quioscos. El parque se dividió en dos plazas distintas, diferenciadas por un cambio de
inclinación. La plaza inferior contiene un amplio estanque, alimentado
por un acueducto, que imita las fluctuaciones de la marea. Alrededor del
mismo, pequeños bosques con árboles confieren sombra al lugar. La
plaza superior tiene un anfiteatro y un escenario que, cuando no se usan
para representaciones, se convierten en zona para el descanso y el
deporte y en un lugar de encuentro, respectivamente. Entre ambas plazas, hileras de palmas reales configuran una serie de espacios tranquilos
y de reposo.

Un trabajo de muy distinto signo, pero con el mismo cuidado por
el bienestar de sus usuarios, en este caso animales, es el **World of
Primates** del zoológico de Filadelfia. El lugar consiste en un oasis verde
de unos 4.450 m² (1,1 acres), que muestra a los animales en un hábitat
muy parecido al natural. Situado en el centro del zoo, el espacio se configura mediante varias islas, cada una habitada por distintos animales y
con plantas especialmente adaptadas a las necesidades de cada grupo.
Discretos fosos con enredaderas y plantas acuáticas separan las islas y
delimitan el territorio de los animales. Senderos rodeados por un frondoso follaje permiten el acercamiento de las personas a los animales, en
cuidados recorridos diseñados expresamente para que la gente pueda
mirar los animales sin ver a otros grupos de gente haciendo lo mismo.
Así, los visitantes se sienten como una parte más del hábitat, en conexión con los animales. Las «viviendas» están también diseñadas buscando el máximo parecido con las naturales, y atendiendo al desarrollo
locomotor de los primates con elementos como cuerdas, claraboyas o
estructuras para escalar. A través de estructuras de vidrio casi imperceptibles, el hombre puede sumergirse en el mundo animal.

General plan of Canary Wharf, showing the axial design.

The photos show some of the solutions the landscapers adopted for Canary Wharf's many urban spaces; they differ but form part of an overall whole.

Top: graphic representation of the proposal for Canary Wharf.

Plan general del Canary Wharf, en el que se aprecia su desarrollo axial.

Las fotografías muestran algunas de las variadas soluciones que, dentro de un principio de homogeneidad, los paisajistas dan a los múltiples espacios urbanos del Canary Wharf.

Arriba: representación gráfica de la propuesta para el Canary Wharf.

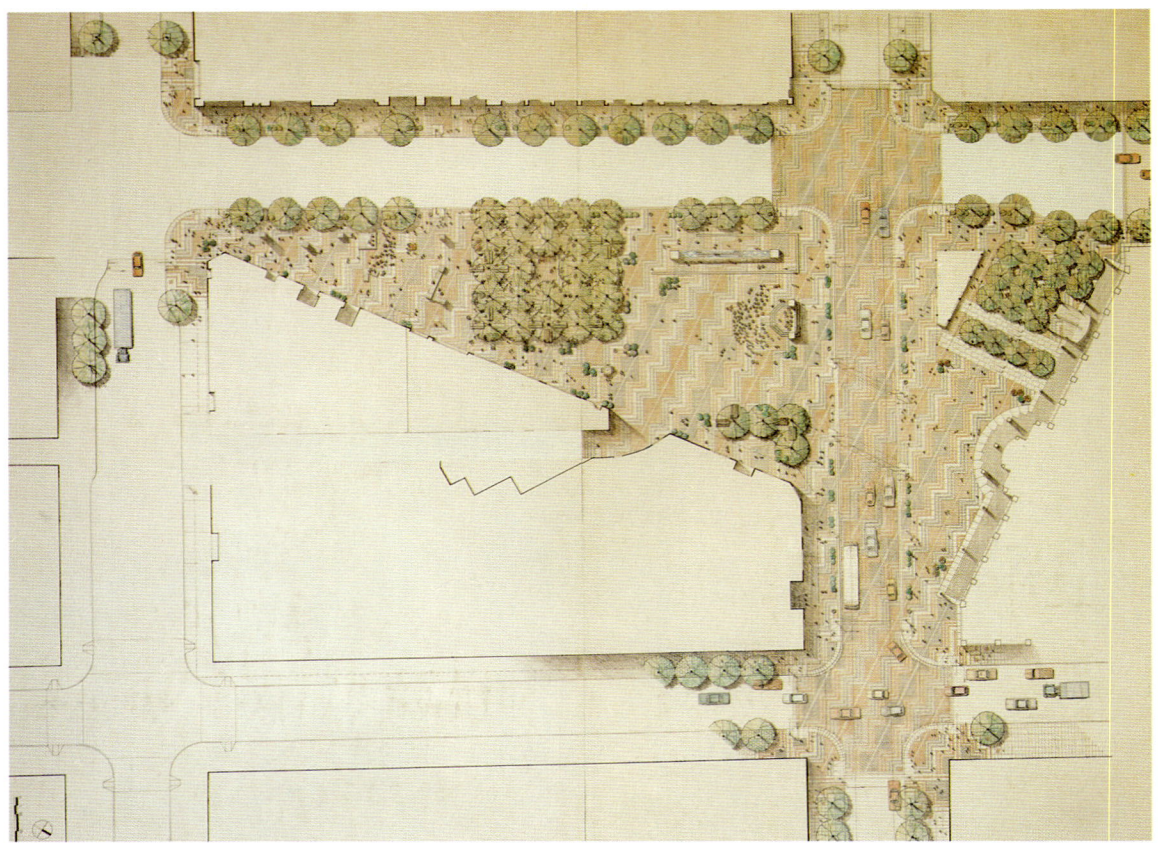

La dignificación de espacios urbanos a través de un lenguaje paisajístico de tintes ecológicos es otra de las características básicas de la firma Hanna/Olin. Buena muestra de ello es su trabajo en el **Canary Wharf**, en el río Támesis de Londres. Como parte de un equipo multidisciplinar, Hanna/Olin participó en el proyecto de urbanización de esta zona portuaria: se revitalizaron casi 29 Ha (71 acres), de los que más de dos tercios fueron destinados a espacios públicos. En lo que ellos mismos definen como *«la mayor cubierta de árboles y flores del mundo»*, diseñaron plazas urbanas, patios, bulevares y explanadas sobre espacios habitados, hecho que les llevó a aplicar importantes innovaciones. Un exhaustivo análisis precedió a la realización de estos paisajes: selección de árboles y plantas, sus puntos de soporte y su disposición. En definitiva, un trabajo que ha permitido crear un paisaje integrado en el proyecto arquitectónico y en la infraestructura.

Dos ejemplos paradigmáticos de la capacidad de Hanna/Olin para transformar y regenerar espacios son el **Westlake Park**, de Seattle, y el Bryant Park, en New York. Hanna/Olin encabezó un equipo de diseño que transformó una minúscula parada de monocarril abandonada en un espacio atractivo, el Westlake Park, con elaborados pavimentos, bosques con sombra, una fuente para amortiguar el ruido del tráfico y un amplio espacio abierto presidido por un arco central que sirve de escenario para actos públicos. La pavimentación, basada en antiguos patrones de los americanos nativos, bancos, plantadores y una decorativa obra de mampostería en la instalación acuática fueron diseñados en respuesta a las demandas de la ciudad y para reflejar aspectos de la historia cultural de Seattle.

General plan of Westlake Park. The paving design visually unifies the pedestrian and traffic areas.

Detail of the complex paving design, modelled on Native American patterns.

Fragment of the waterfall and water features in the proscenium arch on the more public esplanade.

General view of the square, dominated by the large arch forming the scenario for public events and gatherings.

Planta general del Westlake Park: las zonas peatonales y de tráfico rodado se unifican visualmente a través de la pavimentación.

Detalle de la elaborada pavimentación, que sigue el patrón de las técnicas nativas.

Fragmento de la cascada y los juegos acuáticos de la estructura arcada situada en la explanada de carácter más público.

Vista general de la plaza, presidida por el gran arco que enmarca el escenario destinado a actos públicos.

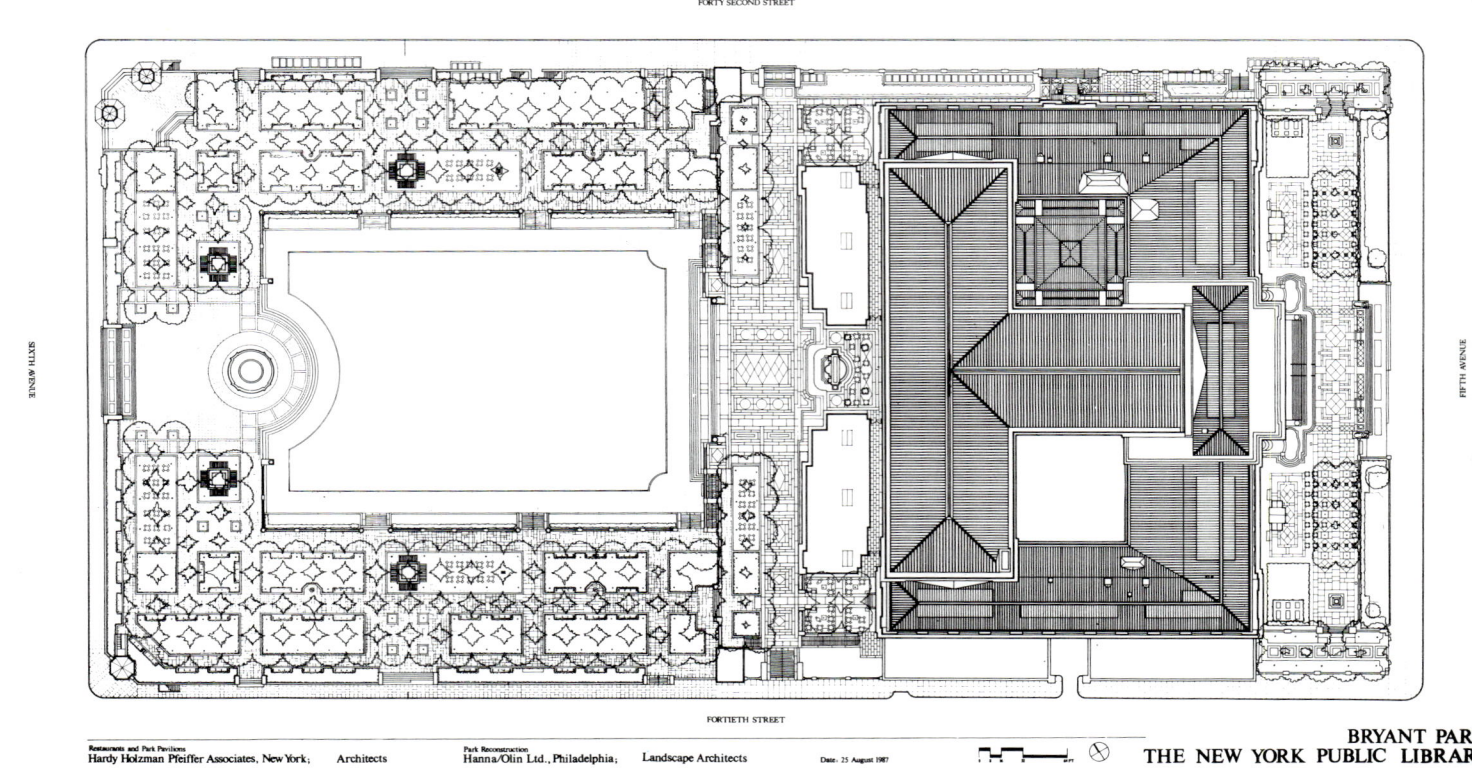

FORTY SECOND STREET

SIXTH AVENUE

FIFTH AVENUE

FORTIETH STREET

Restaurant and Park Pavilions
Hardy Holzman Pfeiffer Associates, New York;   Architects   Park Reconstruction
Hanna/Olin Ltd., Philadelphia;   Landscape Architects   Date: 25 August 1987

BRYANT PARK
THE NEW YORK PUBLIC LIBRARY

De otro lado, nadie duda en alabar la importante transformación social que acompañó a la reconstrucción del **Bryant Park**. El punto de partida era un parque de estilo francés, aislado de la ciudad por problemas de visibilidad y seguridad. Su rediseño permitió su abertura, mediante una amplia entrada a lo largo de la 42nd Street, en medio del parque, que se añadió a las entradas originales en las esquinas. Las antiguas entradas fueron ensanchadas y las escaleras de acceso se reestructuraron para facilitar el acceso de los minusválidos. La amplia selección vegetal se ha visto considerablemente incrementada con nuevas especies. Quioscos, un escenario, lavabos, lugares de reposo y unos 2.000 asientos movibles se comportan como elementos imprescindibles para definir un paisaje «útil».

Espacios públicos de verdad, espacios buenos para la ciudad, espacios que dicen «disfrútame», son algunas de las expresiones que han sido empleadas para elogiar la obra de Hanna/Olin, loando su indudable y demostrada trascendencia estética y, sobre todo, social. Alguien dijo, con acierto, «el parque ha vuelto a la vida».

JOHNSON & JOHNSON HEADQUARTERS

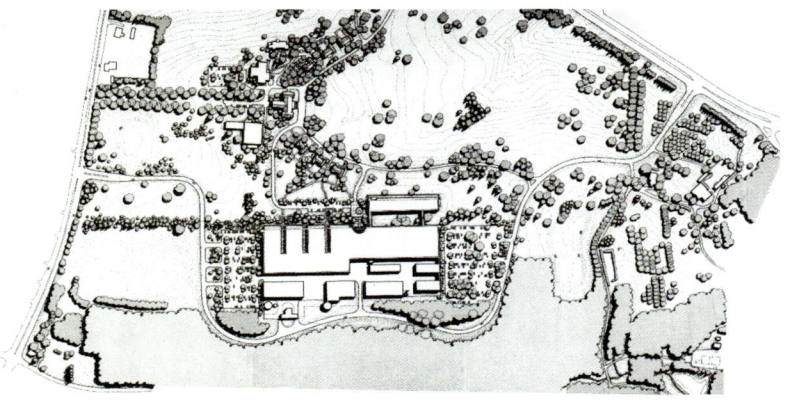

General plan of the restructuring of Bryant Park, which is behind the New York Public Library.

The new design allows New York's citizens to enjoy the park to the full.

On this page: general plans of Johnson & Jonhson Headquarters (New Jersey, 1981), Johnson & Johnson Baby Products (New Jersey, 1981) and ARCO Research and Development (Pennsylvania, 1981).

Planta general de la reestructuración del Bryant Park, situado detrás de la Biblioteca Pública de Nueva York.

El nuevo diseño del parque ha permitido que pueda ser disfrutado plenamente por los neoyorquinos.

En esta página: planos generales de Johnson & Johnson Headquarters (Nueva Jersey, 1981), Johnson & Johnson Baby Products (Nueva Jersey, 1981) y ARCO Research and Development (Pensilvania, 1981).

Jacques Wirtz and sons

Since he finished studies in horticulture and landscaping in Vilvoorde in the 1950s and settled in Schoten, Jacques Wirtz has designed more than a hundred gardens, including projects in his native Belgium, as well as France, Switzerland, Portugal and Spain. These include private gardens around private villas, public gardens around unusual buildings and competition entries that have lead to his creating major public gardens, such as the garden for the Belgian Pavilion at Expo '70 in Osaka, and the Jardin du Carrousel, opposite the Louvre. His wide-ranging work has all been within his two companies, Wirtz Landscape Architecture and Wirtz International, where his two sons Martin and Peter have been working since the end of the 1980s.

Wirtz's gardens are not linked to any previous style, but are developed intuitively, almost musically, in a style that uses nature architecturally, and blends architecture with natural rhythms, seasons and forms. These gardens adapt to the visitor, as they were designed on the basis of the routes followed by visitors and seek to create views to greet them as they enter the open spaces, surrounded by carefully shaped vegetation that gradually loses this order until it appears natural.

At the end of the 1960s work started on the new **Antwerp University Campus** in Antwerp, next to the motorway to Brussels and in a large flat area of pasture with virtually no buildings, except for a XIX-century fortress with moat. This neglected area was already home to a very wide range of plants and animals.

The architects built an urban campus, based on regular blocks of modern buildings, arranged in a rhythm that did not fit in with the landscape, and so Wirtz sought to reconcile architecture with nature by minimising the motorway's impact and integrating the parking areas, at the same time creating an agreeable landscape conducive to study.

He recovered the old moat's atmosphere by separating the campus from the traffic and car parks by the use of stretches of water, thus forc-

View of one of the promenades in the Campus of the University of Antwerp (U.I.A.).

Vista de uno de los paseos del campus de la Universidad de Amberes (U.I.A.).

ing the visitors to enter the campus over a bridge and making them note the unusual beauty of these new spaces.

The earth movements led to the creation of different routes, altering the perception of the building, now seen between the surrounding foliage, while the car parks were hidden between the dense vegetation. Wirtz ensured that the design blended open spaces (a regular grass amphitheatre) and shady areas with dense vegetation, creating a rolling landscape with flat leisure areas planted with fruit trees. These increase the range of colour effects and favoured the appearance of new animal species. The stretches of water also increased the ecological variation, by creating a garden full of contrasts.

In 1990, Wirtz designed a series of gardens around a **Private Residence in Schoten**. Each one has a clearly different atmosphere and vegetation; one garden uses screens of plants, while another is inspired by the aesthetics of the East yet uses only local plants. The third garden, the star-shaped main garden with large triangular lawns, is dominated by isolated trees, running to the property's boundaries, where a perimeter pool isolates and protects the house.

The **Gardens of the Banque de Luxembourg** (1991) were intended to surround a building designed by the American group Arquitectonica that was already a landmark in the city because of its unusual form mixing straight and curved lines, its contrasting materials and colours, and especially its location on a corner on the Boulevard Royal facing a splendid XIX-century villa, the Villa Amélie. This meant the garden's design had to be subordinated to the architecture, not in competition with it.

The facade's curved lines are echoed by the circular form of the French staircase and the three concentric lines of hedging running right up to the facade. The southern garage entrance is located among highly decorative plantings on both sides and opposite some very large trees. An oak-lined path leads to the western terrace, whose form is a reference to the staircase at the entrance, forming a staircase that leads up to a garden consisting of walls of hedging planted in rolling lines, forming a small maze.

At the same time as the restoration of the Louvre and the Tuileries Gardens, Wirtz was commissioned to landscape the space left over between the palace's wings, the area known as the **Jardin du Carrousel** (1990-1997). This space lacked pre-existing features, except for a small, isolated triumphal arch opposite the Louvre's forceful facade and a few isolated trees. The U-shaped space is dominated by the central axis of the Champs Élysées and the Tuileries, suggesting a design based on perfect symmetry, but unreality contrasting with the asymetry of the courtyard. A series of emergency exits, garage ventilation structures, the glass roofs of underground laboratories, etc., all had to be fitted into the design. The stone-paved surface in front of the plaza housing the pyramid was kept in the Carrousel area, so that the whole site might in fact be considered as a 3.6 ha roof garden.

Wirtz turned the arch into the garden's main feature, linking it to the axis of the Tuileries. Both pedestrian transit and viewlines are concentrated here, arranged in a series of lines radiating out from the arch formed by strips of stone in the gravel. When they reach the garden a half metre below they turn into lineal hedges that then widen and get higher. The lawn they are planted in descends a little until it meets a circular slope at the site of the former Tuileries castle between the pavilions of the house.

Vertical sequence: the trees are strategically planted so the buildings are only partially seen. The campus buildings were built at the end of the 1960s and have strikingly regular shapes.

Plan of U.I.A.

Water is one of the features generating the project.

Secuencia vertical: los árboles están plantados estratégicamente para permitir tan sólo vistas parciales de los edificios. Los edificios del campus, construidos a finales de los años sesenta, se caracterizan por sus formas rotundas y regulares.

Plano de la U.I.A.

El agua es uno de los elementos que generan el proyecto.

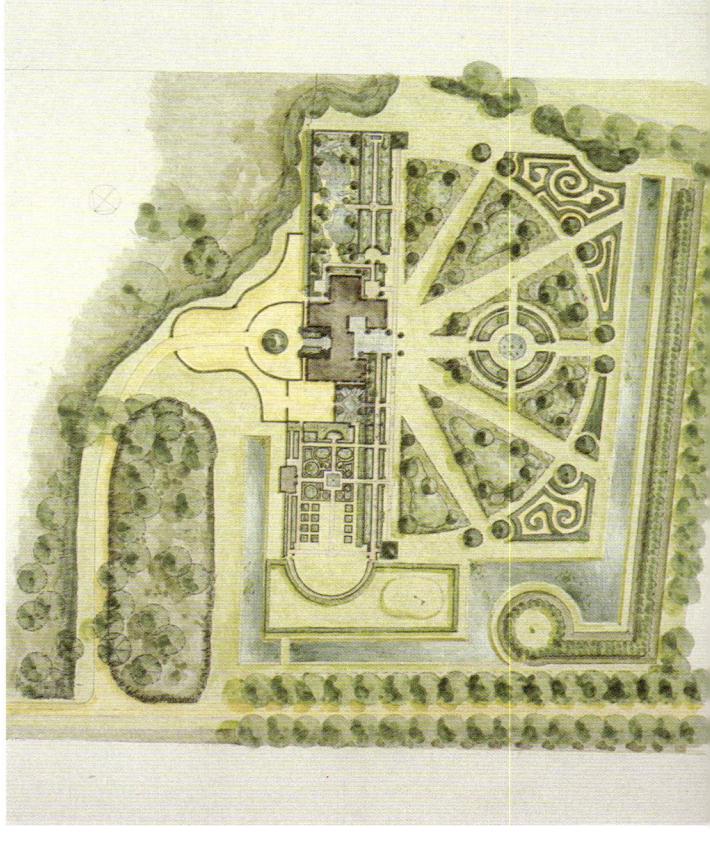

Upper photos: the perimeter pool isolating the villa.

Plan of the private residence in Schoten.

On the following page: Wirtz created an Oriental garden with local plants.

Fotografías superiores: estanque perimetral que separa la villa.

Plano de la residencia privada de Schoten.

En la página siguiente: utilizando plantas propias de la región, Wirtz consigue diseñar un jardín de estética oriental.

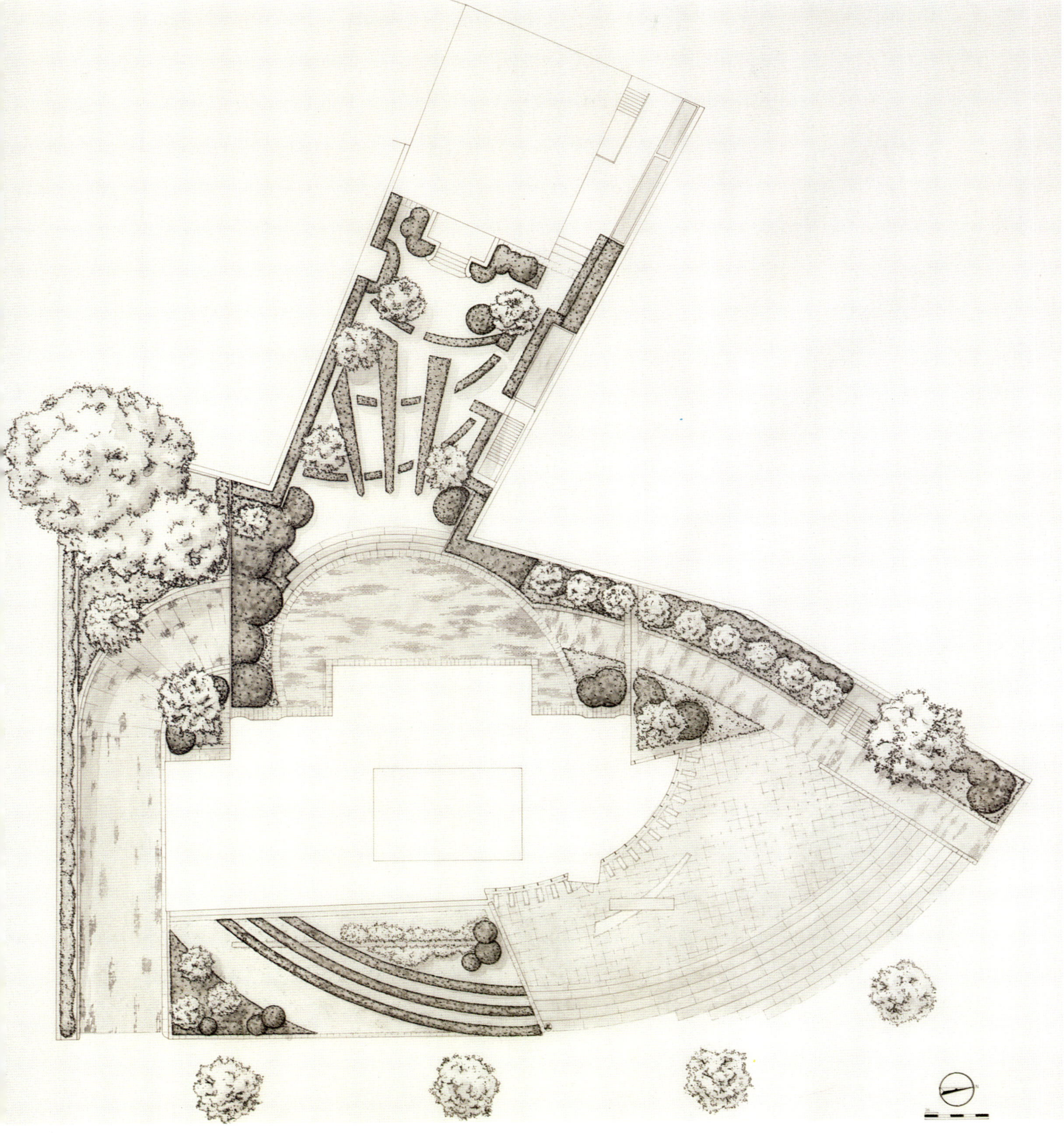

On both sides of the arch there are dense plantings of trees which contrast with the open paved area, to the east, and their isolation from traffic allows the visitor to observe from under the shade of the trees the palace and gardens in which 20 sculptures by Maillol have been strategically sited.

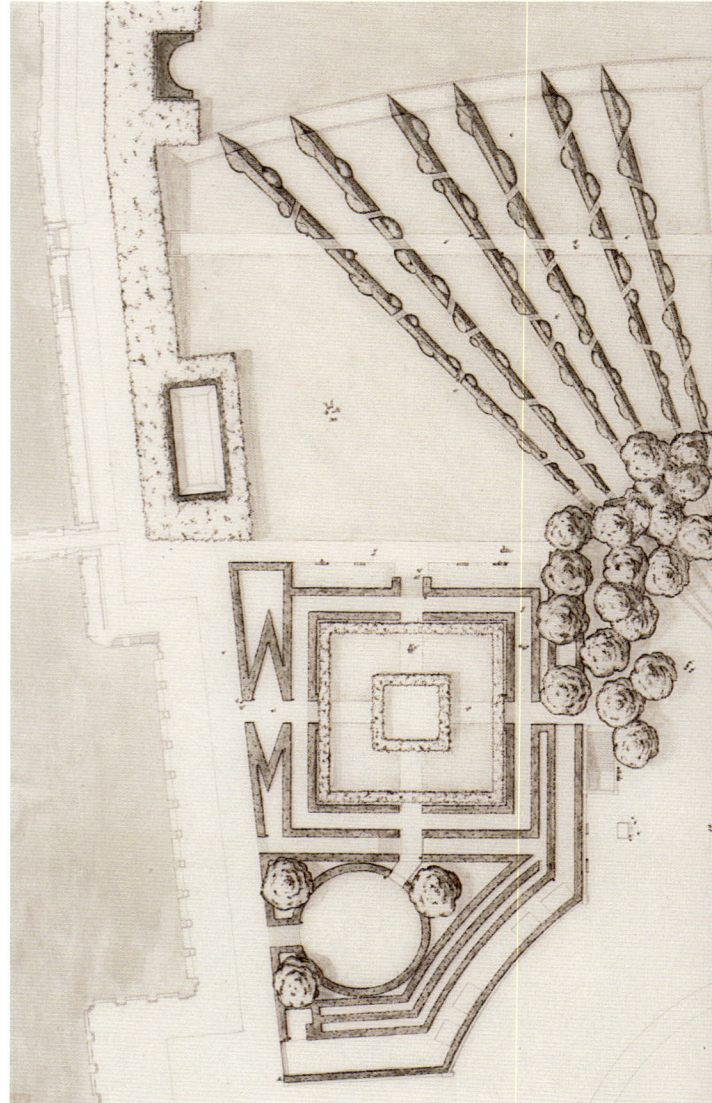

Desde los años cincuenta, acabados sus estudios de paisajismo y horticultura en Vilvoorde y establecido en Schoten, Jacques Wirtz ha diseñado más de un centenar de jardines tanto en su país natal, Bélgica, como en Francia, Suiza, Portugal o España: jardines privados rodeando villas aisladas, jardines públicos alrededor de edificios singulares y concursos que le han permitido realizar jardines emblemáticos, como el del pabellón belga de la Expo 70 de Osaka o el Jardin du Carrousel, frente al Louvre; en conjunto, una extensa labor llevada a cabo por sus dos compañías, la Wirtz Landscape Architecture y la Wirtz International, de las que también forman parte, desde finales de los ochenta, sus hijos Martin y Peter.

Los jardines de Wirtz no están ligados a un estilo previo, sino que se desarrollan de una manera intuitiva, casi musical, en la que la naturaleza se conjuga arquitectónicamente y la arquitectura se confunde con los ciclos, los ritmos y las formas naturales. Los jardines se adaptan a los paseantes, se proyectan desde sus trayectos y sus miradas, los acogen en espacios abiertos, pero rodeados de una vegetación recortada según formas precisas, que gradualmente van perdiendo el orden, para confundirse definitivamente con la naturaleza.

A finales de los años sesenta, se emprendió el proyecto para el nuevo **campus universitario de Amberes**, en Amberes, al lado de la autopista de Bruselas, en una zona de pastos, extensa y plana, sin apenas construcciones, salvo una fortaleza y un foso del s XIX ocupados por el olvido y enriquecidos por una multiplicidad de especies animales y vegetales.

Los arquitectos construyeron un campus urbano, con bloques de edificios modernos, dispuestos regularmente, según un ritmo ajeno al paisaje y Wirtz hizo un ejercicio de reconciliación de aquella arquitectura con la naturaleza, intentó minimizar el impacto de la autopista e integrar las zonas de aparcamiento, al tiempo que configuraba un paisaje propicio y agradable para el estudio.

Recuperó la atmósfera del viejo foso, separando el campus del tráfico automovilístico y de los aparcamientos con lenguas de agua, que obligaban a los visitantes a acceder al campus a través de puentes, haciéndoles así testigos ineludibles de la belleza singular de los nuevos espacios.

Los movimientos de tierra originaron recorridos diferentes que alteraron la percepción de los edificios, vistos ahora entre el follaje de los árboles plantados en torno a ellos y los aparcamientos quedaron escondidos entre la densa vegetación. Wirtz procuró que en el proyecto se mezclasen espacios abiertos (un anfiteatro regular de hierba) y zonas en sombra con vegetación densa, ondulaciones del paisaje y áreas planas para el esparcimiento, árboles frutales, que multiplicaban el colorido y favorecían la aparición de especies animales, y brazos de agua que duplicaban el ecosistema, creando así un jardín lleno de contrastes.

En 1990, Wirtz proyectó alrededor de una **residencia privada en Schoten** una serie de jardines diferenciados, cada uno de ellos con una

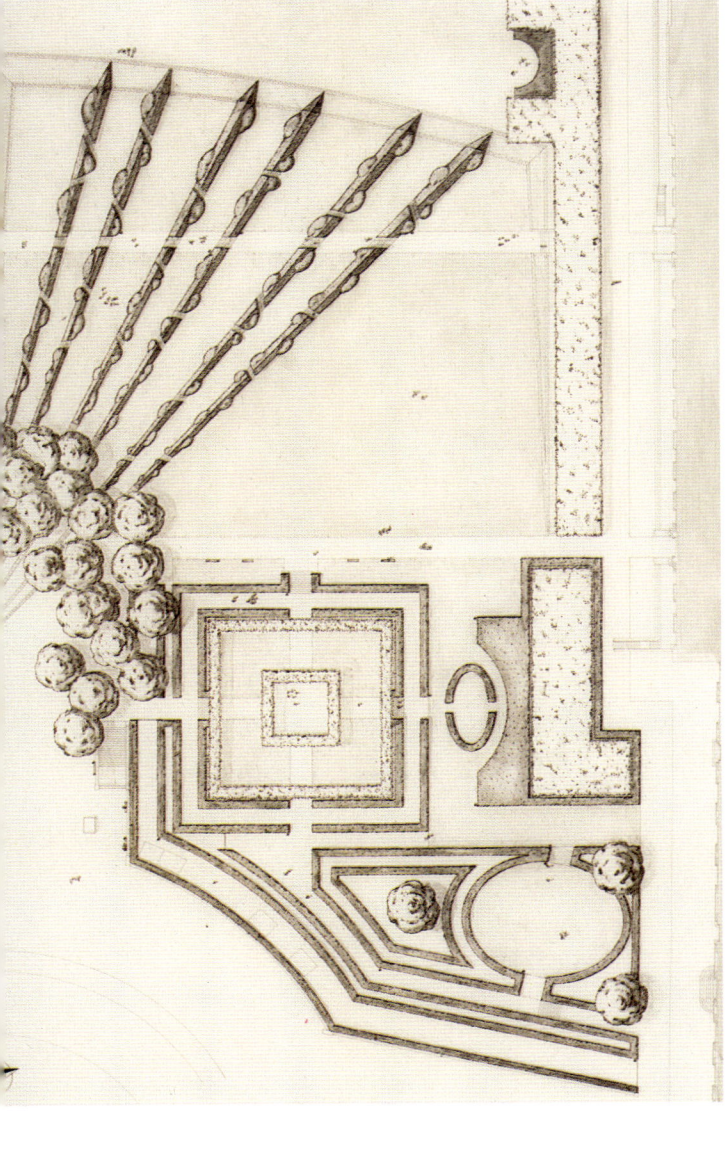

The preceding double page shows, a views of the Banque de Luxembourg, opposite the emblematic Villa Amélie; and general plan.

Plan of the Jardin du Carrousel.

A set of hedges radiates out from the triumphal arch located between the two wings of the Louvre.

The radial form obscures the false symmetry of the U-shape opposite the Louvre.

En la doble página anterior, vista de los jardines de la Banque de Luxembourg, frente a la emblemática Villa Amélie; y plano general.

Plano del Jardin du Carrousel.

Un haz de setos parte del arco de triunfo situado entre las dos alas del Louvre.

La forma radial permite disimular !a falsa simetría del espacio en U frente al Louvre.

atmósfera y una vegetación propias: una jardín de muros vegetales, otro de estética oriental, que Wirtz supo diseñar empleando únicamente las especies de la región, y un tercero, el jardín principal, en forma de estrella, con grandes superficies triangulares de césped que, dominadas por árboles solitarios, se extendían hasta el final de la propiedad, en el que un estanque perimetral separaba y protegía la casa.

Los **jardines para la Banque de Luxembourg** (1991) debían rodear un edificio proyectado por el grupo americano Arquitectonica que, por su forma singular, mezcla de curvas y rectas, por el contraste de materiales y de colores, por su emplazamiento, dominando una esquina del Boulevard Royal y enfrentado a una villa singular del s XIX, la Villa Amélie, era ya un edificio emblemático de la ciudad. Así pues, el diseño de los jardines debía subordinarse a la arquitectura y no competir con ella.

Las líneas curvas de la fachada se reflejan en la forma circular de la escalinata frente a la entrada principal y en las tres hileras concéntricas de setos que se extienden a continuación y que acaban chocando contra la fachada. La entrada al garaje, en el extremo sur, se hace entre una gran variedad de plantas, a ambos lados, y con la presencia, en frente, de algunos árboles de gran tamaño. Un camino bordeado de robles conduce al visitante a la terraza de poniente, cuya forma repite el mismo gesto de la escalera principal del interior de edificio, que se extiende hasta llegar a un jardín de muros de setos plantados en alineaciones ondulantes, formando un pequeño laberinto.

Paralelamente a la restauración del Louvre y las Tuileries, se encargó a Wirtz la resolución del espacio que quedaba entre las alas del palacio: la zona del **Jardin du Carrousel** (1990-1997), un espacio sin trazas históricas preexistentes, salvo la presencia de un arco de triunfo, pequeño y aislado, frente a las rotundas fachadas del Louvre, y unos cuantos árboles dispersos. El espacio en forma de U, dominado por el eje central de los Champs-Élysées y las Tuileries, sugería una perfecta simetría, pero revelaba, a su vez, otros posibles problemas de composición. Una serie de salidas de emergencia, elementos de ventilación de garajes, cubiertas acristaladas de laboratorios subterráneos..., se debían integrar en el diseño. La superficie pavimentada de piedra de la plaza de la pirámide se mantenía en el espacio del Carrousel, de modo que el lugar, de hecho, podía considerarse como una cubierta-jardín de 3,6 Ha.

Wirtz convirtió el mencionado arco en el elemento generador del jardín, a la vez que en el puente de unión con el eje de las Tuileries. Tanto las vistas como los flujos peatonales se concentran en ese punto, según un haz de radios que, en la plaza alrededor del arco, son tan sólo unas bandas de piedra sobre la grava y, al descender al jardín, hundido un metro y medio, se convierten en setos lineales que, a su vez, van ensanchándose y creciendo. El césped en el que están plantados los setos desciende un poco hasta interrumpirse en un talud circular que, situado al final del eje de los Champs-Élysées, se abre entregándose a los pabellones del Louvre.

A uno y otro lado del arco, una espesa arboleda, que contrasta con la zona pavimentada y despejada, al este, aísla del tráfico y permite observar, bajo la sombra de los árboles, el palacio y los jardines, en los que se han colocado estratégicamente veinte esculturas de Maillol.

From the shade under the trees there is a panoramic view of the gardens and the palace.

Some paths cross the hedging "walls" at right angles.

An area with trees near the arch.

The lines radiating from the arch at the beginning are no more than strips of stone set between the plaza's gravel surface.

Bajo la sombra de los árboles se tiene una visión panorámica de los jardines y el palacio.

Algunos caminos cruzan transversalmente los muros de seto.

Zona arbolada cercana al arco.

Los radios que parten del arco al principio no son más que bandas de piedra sobre la superficie de grava de la plaza.

Steve Martino

Behind the apparent simplicity of Steve Martino's work lies a careful and complex blend of ecological, artistic and social design. This creates beauty, cultural content, social awareness and a thriving ecology, all within a landscape committed to the desert and a triumphant success.

Steve Martino was born in Phoenix in 1947 and studied art and architecture at the State University of Arizona. He worked for several firms in Phoenix, until he established his own studio in 1977. His professional career has been shaped by his campaign in favour of the desert landscape. His approach was truly innovative in the context of Arizona, where most landscapes are "imported" and require large amounts of water. Martino says *"I've gone from heretic to hero"* to sum up his long struggle for recognition for his work's aesthetic value and understanding of the ecological needs of the American South-West.

The projects discussed in this article are some of Martino's major works in the 1990s. **Papago Park**, sited at the boundary between Phoenix and Scottsdale, was conceived and performed in collaboration with the New York artist Jody Pinto. The structure consists of a 650-foot-long aqueduct with seven channels, built using granite extracted from nearby quarries. Based on the techniques of the Hohokam indians, the central channel is fed by the water flowing down the slope of the mountain and subsequently distributes it. The work is full of symbolism, both for the overall form of the tree of life, and for its tribute to the seven cultures that lived in this desert landscape. Five of the seven towers along the aqueduct are aligned with the dawn on the day of the summer solstice, a link that also allows the revitalisation of the local ecology. As Martino explains, this project shows how people can work with natural phenomena and ecological processes to regenerate the landscape.

Martino's work has introduced the desert into the most varied sites. An exceptionally interesting example, because it is a public building, is the **New Times Building**, where Martino redesigned the three-acre garden to bring the best of the desert back to the City of Phoenix.

Aerial view of Papago Park, bordered by two major highways.

Vista aérea del Papago Park, acotado por dos grandes autopistas.

Starting from a C-shaped building, the design created a courtyard whose focal point is a fountain with a rattlesnake sculpture. As is typical of Martino's work, the plantings use a wide palette of local plants adapted to the desert, and irrigated using drip systems. The rainwater that falls is collected and distributed to supply the open plantings of mesquite. The garden celebrates the unique beauty of the desert plants and flowers, without ignoring the site's function as a meeting place and site for activities, which is solved by paying special attention to the need for shade.

Much of Martino's work consists of landscaping private architecture. The **Hawkinson Residence** is a good representative of this type of work, more intimate but with equally significant values. Located in an urban development with lush Mediterranean influences, a low wall hides the sidewalk but does not block the view of the external landscape. The stairs on the patio lead physically and psychologically up to this new open space, which is isolated from the bustle of the city by a small fountain. Here Martino also works with the shapes of the built constructions, in this case creating an anthropomorphic figure with the line of the patio's walls and fountain. The curved shape of the water channel (the body) is aligned with the summer solstice, and the walls (the extremities), painted in different colours and at different heights, focus the sound of the water towards the patio. The water flows into a small semi-circular pool which is sunken with respect to the general level. The searing desert sunlight is used as an architectural material to activate the space, by creating a diversity of forms and colours in combination with the plants, the classic desert plants typical of his work. Another major focal feature is the blue pyramid that acts as the axis of the hall and contrasts with the curved forms.

The **Greenberg Residence** involved solving some additional problems, such as the relatively narrow, irregular layout and local restrictions on the construction of high walls. To resolve this, the swimming pool is sited in the front patio, hidden from the house, to which it is connected by a series of descending terraces that our glance naturally follows. Tiles, brick and cement are the materials used in the external paving, exemplifying the characteristic simplicity and elegance of this architect's gardens. Large plants naturally and colourfully screen the property, and also serve as sculptural features to complement the house's striking geometry. Again, Martino pays special attention to the economical use of water; most of the plants, such as acacia, palo verde and mesquite only need watering until they are established. To improve the view from the living room and patio, Martino also created a series of hedges using perennial species partially hiding the neighbour's garage. The patio is thickly planted, as if it were a lush riverside environment in the parched desert.

Another example of this integration of the desert landscape into daily life is the **Douglas Residence**. The house is like an outpost in the heart of the Sonora desert, where temperatures frequently exceed 100°F. A pioneering model for landscaping in arid areas, this five-acre space is considered "typical" of Martino's work. It is difficult to discern exactly where nature finishes and design begins. Perhaps this is Martino's most successful design in terms of fulfilling his aim of creating a design that "disappears", as it fits in so well with the natural landscape. Once again it is local plants, such as salvia, desert willow and mesquite,

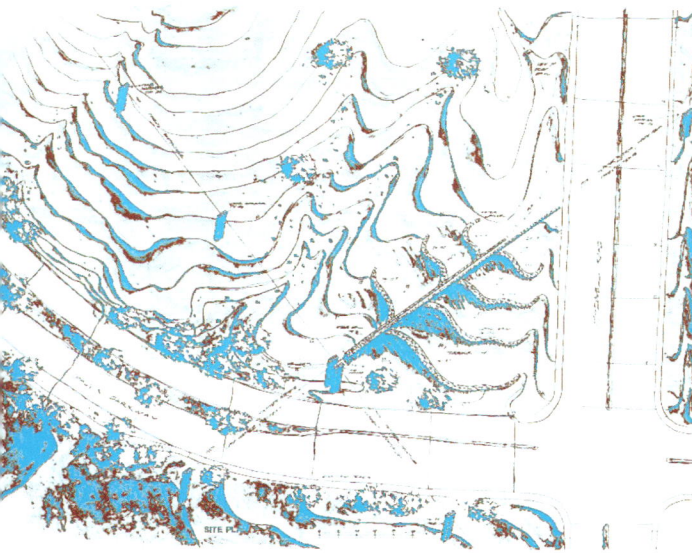

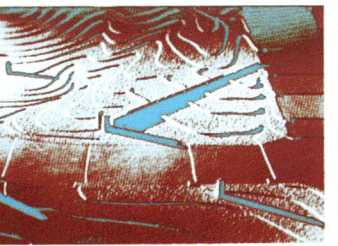

Facing page: views of the two towers forming the base of the "Tree of Life".

The water channelling system, based on ancient local techniques, in operation.

General plan and models of Papago Park showing the axial lines and the modelling of the site.

Revitalising the ecosystem favours a wide range of local species.

Página anterior: vistas de las dos torres que conforman la base del «árbol de la vida».

La canalización hidráulica, basada en primitivas técnicas autóctonas, en pleno funcionamiento.

Plano general y maquetas .del Papago Park, con sus trazos axiales y su modelación del terreno.

La revitalización del ecosistema favorece la variedad de especies autóctonas.

that are used in bold plantings, well integrated with the permanent features, such as walls and a small plaza. Martino also frequently uses highly drought resistant flowering species to add colour and flowing curves to the highly linear desert landscape.

A commission of a very different nature was **Arid Zone Trees**, a 400 acre nursery specialising in the raising of desert tree species. Cliff Douglas, the client, wanted to turn the site into a showcase to display his products. Martino went even further, converting the house into an impressive sculptural work celebrating the local desert ecosystem. The structure, defining the spaces the desert occupies, adds a touch of human organisation to the ecosystem. Plants from the Sonora desert are again used to show the virtues of the desert flora. There are relatively few features but their siting and juxtaposition make them very striking.

Martino's enthusiasm has been successful. The former popular rejection of the desert has turned into respect. Beauty and landscaping common-sense have won the day.

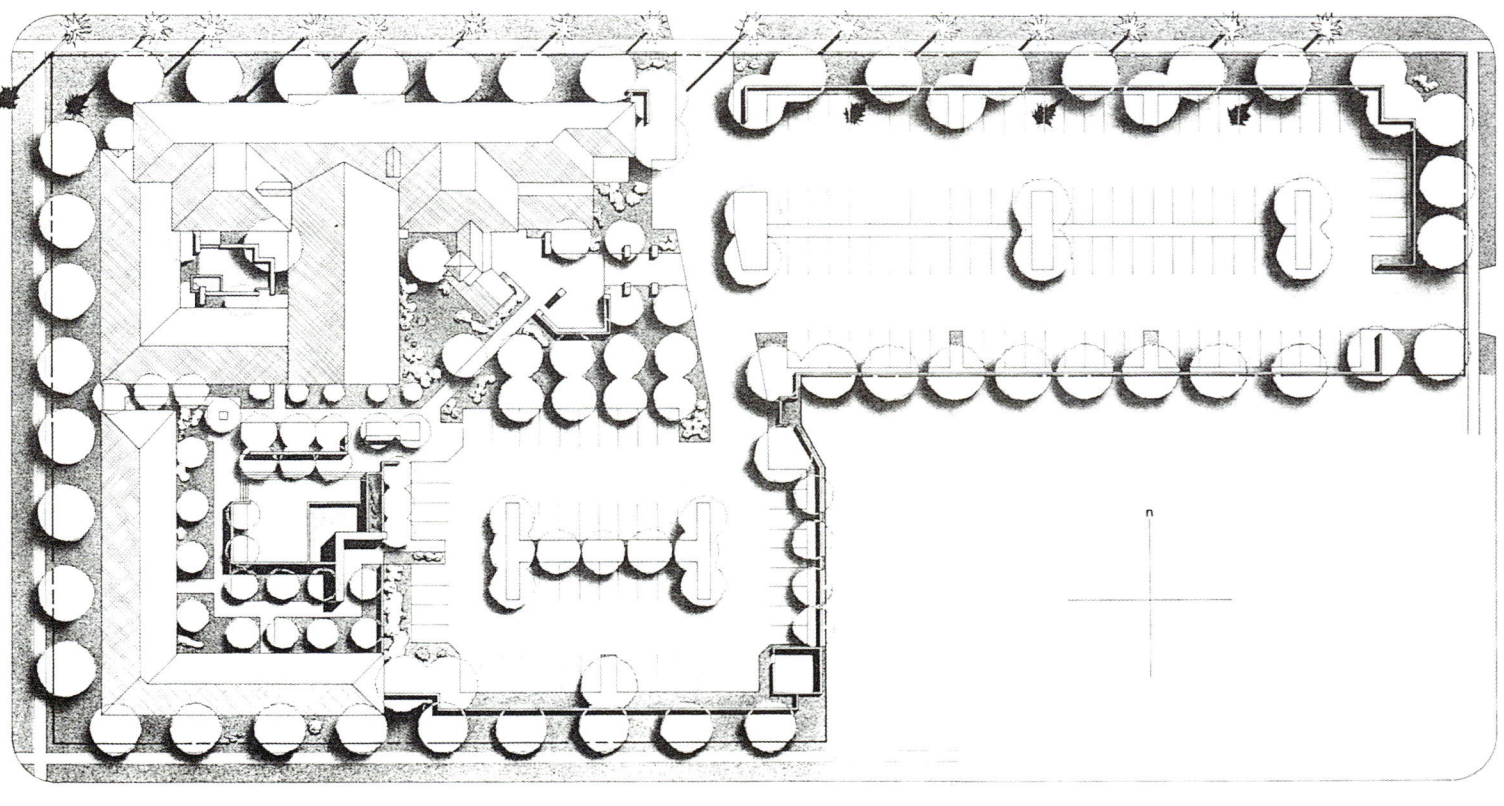

The New Times Building uses a wide range of local species.

Detail of the fountain in the New Times Building.

General plan of the New Times Building.

The plants give colour and cast shade in this public space.

El New Times Building consta de una gran variedad de plantas nativas.

Detalle de la fuente del New Times Building.

Plano general del New Times Building.

Las plantas confieren colorido y sombra a este espacio público.

Detrás de la aparente simplicidad de los trabajos de Steve Martino se esconde una cuidada y compleja interrelación entre el diseño ecológico, el artístico y el social. De este modo, belleza, contenido cultural, conciencia social y riqueza ecológica se integran indisolublemente en un paisaje que apuesta por el desierto, y gana.

Nacido en Phoenix en 1947, Steve Martino estudió arte y arquitectura en la State University of Arizona. Trabajó para diversas firmas en Phoenix hasta establecer la suya propia en 1977. Su trayectoria profesional está profundamente marcada por su cruzada a favor del paisaje desértico. Su postura era realmente innovadora en el contexto de Arizona, donde la mayoría de los paisajes son «importados» y necesitan grandes cantidades de agua. «He pasado de hereje a héroe.» Así resume Martino el arduo camino que ha recorrido hasta alcanzar el reconocimiento a su trabajo, tanto por su valor estético como por su comprensión de las necesidades ecológicas del sudoeste americano.

Los proyectos presentados en este artículo son algunos de los trabajos más representativos de Martino durante la década de los noventa. El **Papago Park,** situado en la frontera entre Phoenix y Scottsdale, fue concebido y realizado en estrecha colaboración con la artista neoyorquina Jody Pinto. Su estructura consiste en un largo acueducto de casi 200 m (650 pies) con siete ramificaciones, construido con piedras graníticas extraídas de canteras cercanas. Basado en las técnicas de los indios Hohokam, el canal central se alimenta de las aguas que descienden por la pendiente de la montaña, para después distribuirlas. La obra está a su vez cargada de simbolismo, tanto por la forma de árbol de la vida del conjunto, como por el homenaje que rinde a las siete culturas que sobrevivieron en este paraje desértico. A su vez, cinco de las siete torres que jalonan el acueducto están alineadas con el momento del solsticio estival, vinculación que permite, al mismo tiempo, la revitalización del medio ecológico. Como el mismo Martino explica, este proyecto demuestra cómo puede el hombre trabajar con los fenómenos naturales y el proceso ecológico para regenerar el paisaje.

De la mano de Martino, el desierto se traslada a los espacios más dispares. Un ejemplo de especial atención, en tanto que espacio público, es el del **New Times Building,** donde Martino rediseñó sus tres acres de zona ajardinada para devolver el carácter desértico a la ciudad de Phoenix. Partiendo de un edificio en forma de C, el diseño dio forma a un patio cuyo punto focal es una fuente con una escultura de una serpiente de cascabel. Como es característico en el trabajo de Martino, la vegetación está formada por una gran variedad de plantas nativas del desierto, alimentadas por regadío. A su vez, el agua de la lluvia se recoge y distribuye para alimentar un pequeño bosque de mezquites. El jardín celebra la belleza propia de la flora del desierto, sin dejar de lado su funcionalidad espacial como lugar de encuentro y de actividades, a través de una expresa atención para solventar el problema de la sombra.

Una de las facetas creativas más frecuentadas por Martino es la del paisajismo ligado a la arquitectura privada. La **Hawkinson Residence** es un ejemplo representativo de esta vertiente, más intimista, pero dotada de valores igualmente trascendentes. Situada en un ambiente urbano de influencia mediterránea, un muro bajo tapa la vista de la calzada sin obstaculizar la visión del paisaje exterior. Las escaleras del patio conducen física y psicológicamente a este nuevo espacio abierto, aisla-

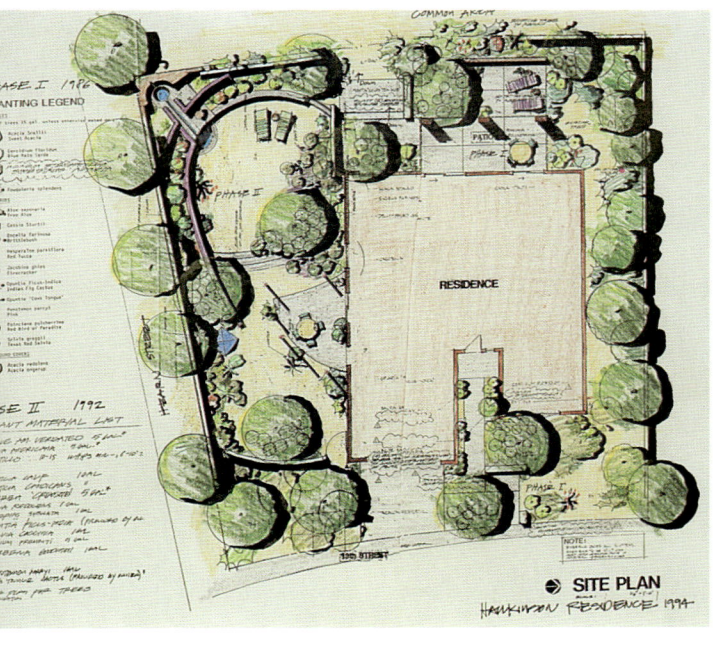

Detail of the water channel in the Hawkinson Residence.

General plan of the Hawkinson Residence with a list of the plants used.

Planes, volumes and colours create a sculptural effect.

The blue pyramid contrasts with the rounded forms of the walls.

Detalle del canal de circulación del agua de la Hawkinson Residence.

Plano general de la Hawkinson Residence, con la relación de las plantas utilizadas.

Planos, volúmenes y colores crean una atmósfera escultórica.

La pirámide azul se contrapone a las formas curvas de los muros.

do del ruido de la ciudad por una pequeña fuente. También aquí Martino juega con las formas de los elementos arquitectónicos, en este caso creando una figura antropomórfica esbozada por los muros y la fuente del patio. El canal del agua (cuerpo) se alinea con el solsticio estival, y las paredes (extremidades), pintadas de colores y con distintas alturas, dirigen el sonido del agua hacia el patio gracias a su forma curva. El canal desemboca en un pequeño estanque semicircular deprimido respecto al nivel general. La intensa luz del desierto se utiliza como materia arquitectónica y como un activador del espacio, creando diversidad de formas y colores en contacto con las plantas, como siempre desérticas. Otro punto cardinal de focalización es la pirámide de color azul, que hace de eje del vestíbulo y se contrapone a las formas curvas.

La **Greenberg Residence** contaba con algunos problemas añadidos, como el trazado relativamente estrecho e irregular del suelo y ciertos cánones restrictivos que impedían la construcción de muros altos. De acuerdo con esto, la piscina se emplazó en el patio delantero, fuera de la vista del interior de la casa, a la que se une mediante una sucesión de terrazas descendentes que conducen nuestra mirada. Terrazo, ladrillo y cemento son los materiales usados en la pavimentación exterior, en una muestra de la también característica simplicidad y elegancia de los jardines de este arquitecto. Grandes plantas ocultan de manera natural y colorista las vistas adyacentes, a la vez que se utilizan como elementos escultóricos para complementar la potente geometría de la casa. Tampoco aquí olvida Martino la necesidad de economizar el agua: la mayoría de plantas, como la acacia, el palo verde y el mezquite, sólo la necesitan en un primer periodo. Para mejorar la

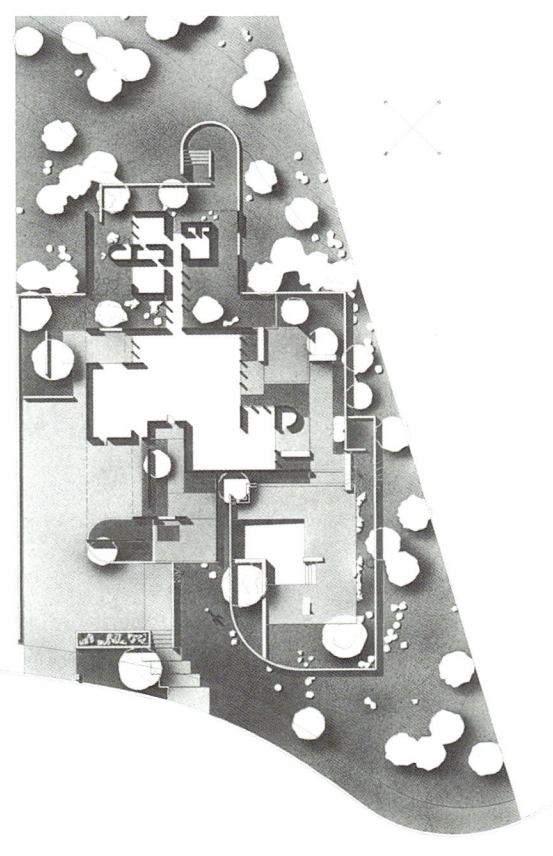

Facing page: in the Greenberg Residence, the desert plantings combine perfectly with the rather abstract architecture.

View of the entrance to the Greenberg Residence, with plants like Encelia farinosa, Opuntia ficus-indica, Aloe vera and Verbena gooddingii.

General plan of the Greenberg Residence.

Página anterior: en la Greenberg Residence, la vegetación desértica convive a la perfección con la abstracción arquitectónica.

Vista de la entrada de la Greenberg Residence, con plantas como Encelia farinosa, Opuntia ficus-indica, Aloe vera o Verbena gooddingii.

Plano general de la Greenberg Residence.

percepción visual del patio desde la sala de estar, Martino creó también una serie de setos con especies perennes, que ocultan parcialmente el garaje. El patio, en conjunto, aparece densamente poblado, como si fuera una zona ribereña del desierto.

Otro ejemplo de esta integración del paisaje autóctono del desierto a la vida cotidiana lo encontramos en la **Douglas Residence**. La vivienda se introduce decididamente en pleno desierto de Sonora, donde las temperaturas llegan a alcanzar los 100°F. Modelo pionero de paisajismo en las zonas áridas, este espacio de cinco acres puede ser considerado un proyecto «típico» de Martino, en el que se hace difícil precisar dónde empieza el diseño y dónde acaba el desierto. Podría decirse que, con este proyecto, Martino lleva a la máxima expresión su objetivo de hacer un diseño que pase «desapercibido», en total integración con el paisaje natural. De nuevo, diversas plantas autóctonas, la salvia de otoño, el sauce del desierto y el mezquite, se disponen con audacia y perfectamente integradas con otros elementos fijos, como paredes o plazoletas. También frecuentes en los trabajos de Martino, algunas plantas florales de gran resistencia a la sequedad añaden color y suavidad a la linealidad del desierto.

Un trabajo de signo muy distinto es el de **Arid Zone Trees**, un vivero de 400 acres especializado en la cría de árboles del desierto. La voluntad del cliente, Cliff Douglas, era la de convertir el lugar en vitrina de exposición de su producto. Steve Martino fue más allá, y lo convirtió en una imponente escultura que celebra una vez más la ecología local. La estructura define los espacios que ocupa el desierto y añade un elemento de organización humana a la ecología. Diversas plantas de Sonora rinden de nuevo culto a la flora desértica. Hay relativamente pocos elementos, pero su colocación y yuxtaposición les confieren fuerza.

La pasión de Martino ha dado sus frutos. El rechazo al paisaje desértico se ha convertido en admiración. La belleza y la más pura lógica paisajística han ganado la cruzada.

The plants used for their flowers add colour and curves to the site, as shown by this photo of the Douglas Residence.

The Douglas Residence's swimming pool seen from one of the terraces.

The Douglas Residence is a text-book example of landscaping in arid zones.

On the following page, two details of the Arid Zone Trees nursery, where the siting and juxtaposition give a special strength to the site's different features.

Las especies florales añaden colorido y suavidad al lugar, como se aprecia en esta toma de la Douglas Residence.

La piscina de la Douglas Residence, vista desde una de las terrazas.

La Douglas Residence es modelo pionero del paisajismo en las zonas áridas.

En la página siguiente, dos detalles del vivero de Arid Zone Trees, en el que la colocación y yuxtaposición confieren una fuerza especial a los distintos elementos del lugar.

Isamu Noguchi

When an artist is able to express thoughts, to combine cultures by means of sculptures that appear to have developed from the earth itself, a point is reached where the artist is also an architect, a philosopher, a designer, a poet and a stage designer; the artist is beginning to create spaces influenced by each place this "world citizen" has lived in, visited and been inspired by in their lifetime. It is no coincidence that stone is the element inspiring and defining Noguchi's work, as it contains the life of nature.

The son of a Japanese poet and an American woman writer, Noguchi was born in the city of Los Angeles in 1904 and spent his childhood in Japan and the United States. In 1923 he started to study medicine, but he soon abandoned it for sculpture, which gave him the opportunity to travel to Paris on a Guggenheim Scholarship; his main creative reference point in sculpture was the work of Constantin Brancusi. Noguchi travelled around the world and was influenced by different cultures (Greek, Egyptian, Japanese and American) and started to develop sculptural spaces such as the UNESCO Gardens in Paris (1956-1958), a children's garden for Riverside Park in New York in collaboration with Louis Kahn (1962, never built), the Kodomo No Kuni (Children's Land) in Tokyo (1964) and the fountains for the Osaka International Exposition (1970). In the 1980s he created one of his major landscape architecture projects, California Scenario (Costa Mesa, California), consisting of works like *The Spirit of the Lima Bean*. He died on December 30, 1988, leaving a design for a park in the city of Sapporo (Japan) that is still under construction.

At the beginning of the 1950s, Isamu Noguchi travelled to Japan, where he had the opportunity to collaborate with Japanese gardeners and to develop his ideas on the Zen garden. In 1956, the architect of the UNESCO headquarters in Paris, Marcel Breuer, commissioned him to design the building's courtyard. For the first time he had the opportu-

Aerial view of the Japanese Garden at the UNESCO headquarters (Paris).

Vista aérea del Jardín Japonés en la sede de la UNESCO (París).

nity to put what he had learnt into practice. Noguchi structured the **UNESCO Gardens** along biomorphic lines, and in his words created a space in which the rocks form the garden's "bones", as the plants come and go but the rocks continue to reveal the space's form and structure. The great importance of the stones chosen as the raw materials for the sculptures led Noguchi to the island of Shikoku, Kyoto and other parts of Japan. The combination of plants and sculptures creates a space that still offers a relaxing contrast to its surrounding modern buildings symbolising XX century technology and progress, and where people can find a quiet corner to sit and think.

Between 1980 and 1982 Noguchi designed **California Scenario** which, together with the Water Garden of the Domon Ken Museum in Sakata, is one of his greatest large open-air sculptural works. The C. J. Segerstrom & Sons family company's interest in this type of installation permitted the creation of a courtyard, surrounded by the American City Bank and Great Western Savings towers. The installation is divided into several different areas (Energy Fountain, The Forest Walk, Water Source and Water Use, and The Desert Land) which combine sculptures with water, stones or plants. Water springs from two triangular walls, flows through the courtyard, intermittently hiding under the paving, and finally vanishes under a small stone pyramid; next to the pyramid a circular space with cacti and other plants forms the area called The Desert Land.

Within the "California Scenario" and as a homage to the Segerstrom company's basic product, beans, Noguchi designed *The Spirit of the Lima Bean* (1981), a sculpture consisting of 15 large pieces of interconnected granite that combines references to the American Mid-West and to Japanese stone gardens.

"*If a stone is sculpture, so is the space between several stones, and the space between stone and man. And so is the communication between them, their reciprocal contemplation.*" This is how Noguchi expressed his synthesis of the dialogue between mankind and physical material, a relationship he studied in order to bring them into harmony.

Cuando un artista es capaz de expresar pensamientos, combinar culturas a través de esculturas que parecen nacidas de la misma tierra, no hay duda de que llega un punto en el que el artista se confunde con el arquitecto, con el filósofo, con el diseñador, con el poeta, con el escenógrafo; y empieza a crear espacios en los que se puede encontrar una pincelada de cada uno de los rincones en que vivió, visitó y se inspiró este «ciudadano del mundo» a lo largo de su vida. No es casualidad que la piedra sea el elemento esencial que inspira y define la obra de Noguchi, pues en ella se encuentra la vida de la naturaleza.

Hijo de poeta japonés y escritora americana, Noguchi nació en la ciudad de Los Ángeles en 1904, y su infancia transcurrió a caballo entre Japón y Estados Unidos. En 1923 empezó estudios de medicina, que pronto abandonaría para dedicarse a la escultura, disciplina que le brindaría la oportunidad de viajar a París con una beca Guggenheim y en la que encontraría su máxima referencia creativa en la obra de Constantin Brancusi. En sus viajes por el mundo, Noguchi se nutrió de distintas culturas (griega, egipcia, japonesa, americana) y empezó a desarrollar espa-

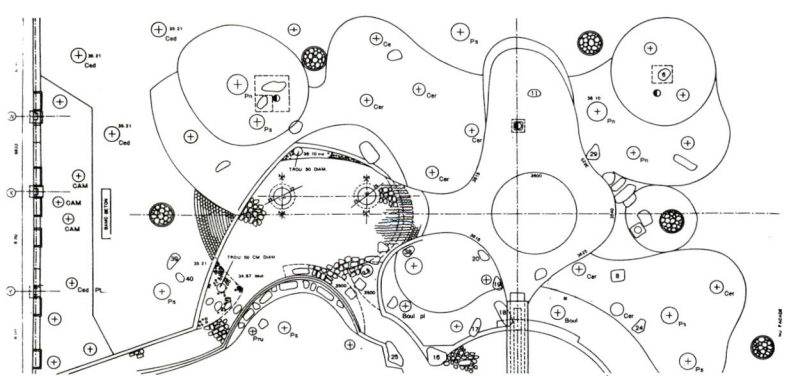

cios escultóricos como los Jardines de la UNESCO en París (1956-1958), un parque infantil para el Riverside Park de Nueva York, en colaboración con Louis Kahn (1962, no realizado), el Kodomo No Kuni (Tierra de niños) en Tokio (1964), las fuentes para la Exposición Internacional de Osaka (1970) o, ya en la década de los ochenta, uno de sus grandes proyectos de arquitectura del paisaje, California Scenario (Costa Mesa, California), compuesto por obras como *The Spirit of the Lima Bean*. La muerte sorprendería al artista el 30 de diciembre de 1988, dejando proyectado un parque en la ciudad de Sapporo (Japón) que todavía hoy continúa en proceso de construcción.

A principios de la década de los cincuenta, Isamu Noguchi viajó a Japón, donde tuvo la oportunidad de colaborar con jardineros japoneses y sentar las bases para desarrollar su teoría del jardín Zen. Cuando, en 1956, el arquitecto del edificio de la sede de la UNESCO en París, Marcel Breuer, le recomendó para el diseño de los patios del edificio, tuvo la oportunidad de aplicar por primera vez todo su aprendizaje en esta materia. Así, Noguchi estructuró los **Jardines de la UNESCO** mediante líneas biomórficas, creando un espacio en el que, como explicaba el propio artista, las rocas son consideradas el esqueleto del jardín, ya que, cuando todas las plantas mueren, ellas siguen mostrando la forma y estructura del espacio. La trascendencia en la elección de las piedras, materia prima de sus esculturas, hizo viajar a Noguchi hasta la isla de Shikoku, Kioto y otros lugares de Japón. La combinación de plantas y esculturas conforma un espacio que, aún en la actualidad, ofrece un relajante contraste con los modernos edificios que simbolizan el pro-

A corner of the garden covered in snow.

Water, plants and stones create a clearly sculptural space.

A composition using Japanese stone and shrubs, following Zen philosophy closely.

Partial view of the path connecting the two UNESCO buildings.

Small channel flowing into the main pool.

Plan of the garden.

Rincón del jardín cubierto por la nieve.

Agua, vegetación y piedra conforman un espacio netamente escultórico.

Composición con piedras y arbustos de origen japonés, en la línea de la filosofía del jardín Zen.

Vista parcial del camino que conecta los dos edificios de la UNESCO.

Pequeño canal que desemboca en el estanque principal.

Planta general del jardín.

greso y la tecnología del s XX, y en el que todo hombre puede hallar un rincón para la reflexión.

Entre 1980 y 1982, Noguchi diseñó **California Scenario** que, junto al Jardín Acuático del Domon Ken Museum de Sakata, constituyen dos de sus grandes obras de espacios escutóricos al aire libre. El interés por este tipo de instalaciones de la empresa familiar C. J. Segerstrom & Sons hizo posible la creación de este patio, rodeado por los altos edificios del American City Bank y el Great Western Savings. Está dividido en varias zonas distintivas (Fuente de energía, Paseo del bosque, Canal de agua, Tierra del desierto), en las que se van combinando elementos escultóricos con el agua, las piedras o diversos tipos de vegetación. El agua brota de dos paredes triangulares y recorre todo el patio, desapareciendo intermitentemente bajo el pavimento para desvanecerse bajo una pequeña pirámide de piedra; junto a ésta, un espacio circular, con cactus y otras plantas, configura la zona dedicada a la Tierra del desierto.

Dentro de ese mismo «escenario californiano», y como homenaje al producto básico de la empresa de Segerstrom, los frijoles, Noguchi diseñó *The Spirit of the Lima Bean* (1981), una escultura formada por 15 grandes piedras de granito interconectadas, que combina las referencias del mediooeste americano y los jardines de piedra japoneses.

«Si una piedra es escultura, lo es también el espacio entre varias piedras y el que existe entre la piedra y el hombre. También es escultura la comunicación entre ambos, su recíproca contemplación.» De esta manera expresaba el mismo Noguchi la síntesis del diálogo que se establece entre el hombre y la materia física, relación en la que el artista ahondó para lograr una armonía entre ambos.

In California Scenario, the water follows an irregular, intermittent route under the stone paving.

The small channel the water flows to where it disappears under the stone pyramid. There are some solitary stones that recall the typically Japanese stone gardens.

View of The Forest Walk, which is U-shaped. The many local pines planted around the paved path initially formed a miniature forest, but have now grown.

View of The Spirit of the Lima Bean, created by Noguchi in 1981 with stones whose forms are a reference to the Segerstrom family's business since the beginning of the century, the cultivation of beans.

En California Scenario, el agua va describiendo un recorrido irregular e intermitente bajo el pavimento de piedra.

El pequeño canal que conduce el agua a lo largo del jardín va a morir bajo una pirámide de piedra. Ocasionalmente, se pueden encontrar piedras solitarias que recuerdan los jardines de piedras típicamente japoneses.

Vista del Paseo del bosque (The Forest Walk), que describe una forma de U. Rodeando este paseo pavimentado, se plantaron numerosos pinos californianos que en la actualidad han alcanzado dimensiones considerables, pero que inicialmente formaban un bosque en miniatura.

Una imagen de The Spirit of the Lima Bean, realizada por Noguchi en 1981 con piedras cuyas formas hacen referencia a la actividad de la familia Segerstrom que, desde principios de siglo, se dedica al cultivo de frijoles.

Hargreaves Associates

Hargreaves Associates has followed one of the most consistently interesting paths in contemporary landscaping – brilliantly expressive, and the result of developing a coherent creative philosophy. Since its beginnings more than a decade ago this Californian firm has changed from a merely physical and material posture (understanding the basic elements, i.e., earth, air and water) towards a more cultural and narrative conception of outdoor spaces.

Susan Rademacher Frey pointed out in *Progressive Architecture* (July 1989) the double influences in the ideas of George Hargreaves and his associates (Mary Margaret Jones, Peter Geraghty, Dennis Taniguchi and Glenn Allen): interest in environmental art (especially the works of Robert Smithson) and a post-modern taste for narrative content in his proposals. The four projects included in this article, due to their relative closeness in time, can be taken to represent a decisive moment in the theoretical development of this landscaping company, when both influences converge.

Together with these influences, one of the positions that defines Hargreaves' work is his rejection of the idea that landscape design is just a setting for architecture, and should be subordinated to it, whether in size or by contrast. For him, "*the truths that are uncovered in the analysis of environmental phenomena should be the fodder – the subject – of design.*" Landscape architecture not only has to solve the site's social and environmental problems, but also has to establish a connection between people and the landscape, to create "*an environmental aesthetic that makes you think.*"

Villa Zapu was conceived by the British group Powell-Tuck, Connor & Orefelt and is one of the most disconcerting examples of recent private architecture, as it subverts the classicist connotations of a Palladian-style mansion, without resorting to the habitual forms of transgression. The distribution of volumes in the open hilly space and

Aerial view of the "Palladian" Villa Zapu.

Vista aérea de la «palladiana» Villa Zapu.

the location of the outbuildings transmit this feeling of infringement, most clearly in the silent, monolithic guest house.

Around this vertical prismatic volume a series of concentric circles stretch into grassy strips expressing the guideline for the landscape design; the plantings are in the form of alternating, sinuous bands of herbaceous plants varying in height, texture and colour. These strips of highly drought-resistant local species snake over the rolling hill and change from season to season. The bands of low vegetation include quaking grass (*Briza maxima*) and flaxes (*Linum lewsii*). The taller bands include Californian poppies (*Eschscholzia californica*) and grasses like *Poa annua* and *Festuca meglura*. This vivid, changing alternation of vegetation is reinforced by its symbolic link to the Napa Valley wine-growing area's agricultural context.

The expressive freedom and licence shown in the Villa Zapu residence are limited in the San Jose **Plaza Park**. Its role as a focal point for its urban context makes this 1.42 ha park one of the city's most representative spaces. Its design is firmly based on physical and historical coordinates. Physically, the Plaza Park acts as a nexus joining the recent art museum extension, the new conference centre, the Fairmont Hotel and the office and commercial areas. Historically, the park is located in San Jose's most emblematic open space, with its axis along Monterey Road, the road leading from the city to the former Spanish missions.

This double urban and historical dimension conditions Plaza Park's spatial organisation. The design was based on the concept of cultural narrative, articulated into a series of stratified metaphorical features reflecting the past. The grid plantings of jacaranda evoke the region's

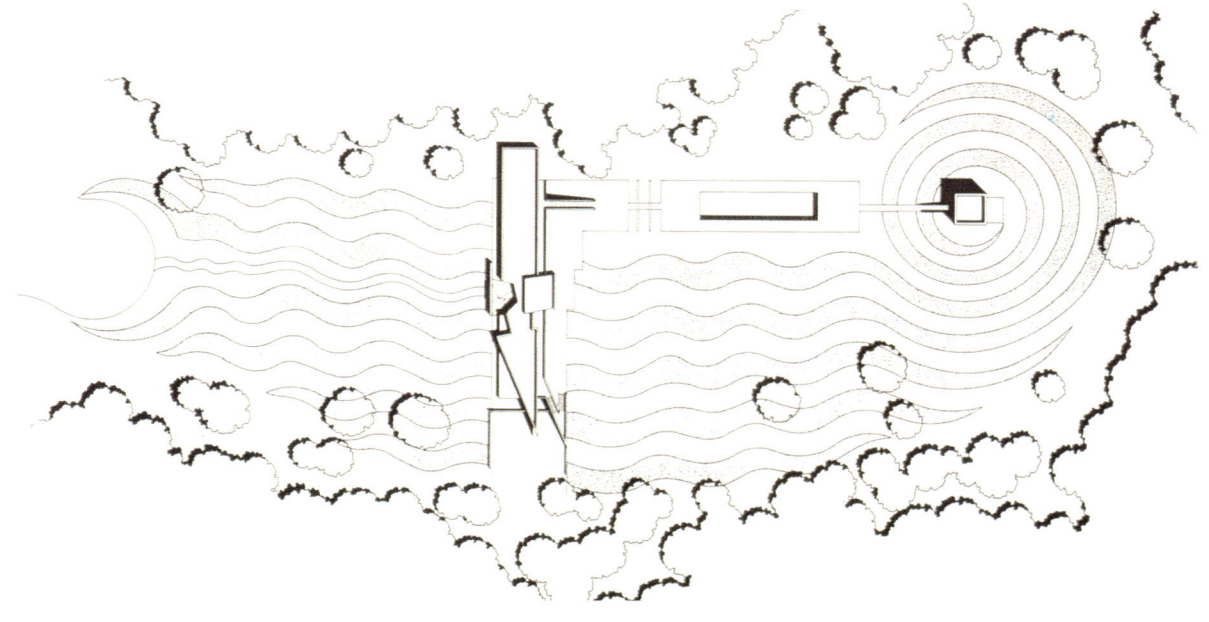

On the previous page: acces path; and detail of transition between herbaceous borders.

On this page general plan of Villa Zapu and aerial view.

Página anterior: sendero de acceso; y detalle de la transición entre franjas herbáceas.

En esta página: plano general de la Villa Zapu y vista aérea.

agricultural past, while at the northern end the main promenade turns into a triangular plaza presided by a granite platform. The central space is set among ancient sycamores, oaks and redwoods, creating an open-air amphitheatre.

Even so, the most representative feature is the central water installation linking the city's past to its future. The grid of fountains within a circular section, inspired by the region's former artesian wells, narrates a single day's water cycle. The progressive transition from mist to rain is emphasised at night by imaginative lighting. The innovative technology used is a reference to the city's glittering future, as shown by Silicon Valley.

Bixbee Park (1988-1991) is an exercise in recovering and improving a landfill site through landscaping and art. The industrial area of Palo Alto in the south of San Francisco Bay was transformed by a series of original solutions in which land art plays a role that is both functional and abstract (with specially noteworthy sculptural works by Peter Richards and Michael Oppenheimer). The landfill is hidden and sealed by a 30 cm layer of clay, creating a rolling landform with sinuous hills up to 20 m high; the necessary methane burner is disguised and produces shimmering waves of heat that distort the senses; at the north-east corner there is an installation consisting of 72 posts of different heights, showing the sun's cycle, and finally, low, stepped concrete chevrons point towards nearby Palo Alto municipal airport.

These elements are set in a sculpted landform, part of a new concept of landscape that swings between naturalness and abstraction. Grasses, easily maintained local drought-resistant herbaceous plants and crushed oyster shell paths form the living cover of this brilliant technical and artistic exercise, whose main aim is to sketch out a cultural landscape based on the rhythms of nature.

To finish, the design for the **Guadalupe River Park** (1985-1994) in San Jose (California) has served to reestablish the visual and physical relation between the city and the river. The strategy underlying the design was articulated around the different levels of infrastructure and superstructure. In terms of infrastructure, the concrete channels initially planned to contain surges of water have been replaced by winding terraced benches that resemble the results of erosion. This stratification has encouraged the creation of a riverside promenade, with natural episodes whose dense vegetation helps the riverside ecosystem to recover. On the level of superstructure, open spaces for public use have been created, with spaces like the semi-elliptical pool in the garden of the Children's Discovery Museum, an amphitheatre facing the river with several attractive cascades. There is also a park that acts as a focal cen-

Model of Plaza Park.

Vertical sequence: the water installation narrates a simple day's water cycle.

Children playing during the rain phase.

Maqueta del Plaza Park.

Secuencia vertical: la instalación acuática describe el ciclo natural del agua durante un día solar.

Niños jugando durante la fase de surtidores.

tre and is located at the confluence of Los Gatos creek and the river. It has three main features: an amphitheatre over a triangular plaza for public events, a large area with pyramidal outlines and a lake parallel to the Guadalupe River.

La trayectoria de Hargreaves Associates puede ser considerada como una de las más sólidas e interesantes del paisajismo contemporáneo, no sólo por la brillantez y expresividad de sus obras, sino también por la coherente evolución de su filosofía creativa. Desde sus inicios, hace más de una década, la firma californiana ha derivado desde una postura meramente física y matérica (el conocimiento de los elementos fundamentales, a saber, tierra, agua y aire) hasta una concepción más cultural y narrativa de los espacios exteriores.

Susan Rademacher Frey pone de relieve en *Progressive Architecture* (julio de 1989) esta doble herencia en los presupuestos teóricos de George Hargreaves y sus asociados (Mary Margaret Jones, Peter Geraghty, Dennis Taniguchi y Glenn Allen, entre otros): el interés por el *environmental art* (especialmente los trabajos de Robert Smithson) y un gusto posmoderno por el contenido narrativo en sus propuestas. Los cuatro proyectos que componen este artículo, por su relativa proximidad en el tiempo, pueden considerarse como significativos de un momento decisivo de la trayectoria de la firma paisajística, en el que convergen ambas influencias.

Junto a éstas, una de las posturas que define la obra de Hargreaves es el rechazo de la noción de que el diseño del paisaje ha de ser un marco de la arquitectura, subordinado a ella, ya sea en extensión o en contraste. Para él, «*la verdad que subyace en el análisis del medio ambiente debe ser el alimento –el tema– del diseño*». La arquitectura del paisaje no sólo tiene que solucionar problemas sociales o ambientales ligados al lugar donde se interviene, sino que sirve para establecer una conexión entre la gente y el paisaje para buscar «*una estética medioambiental que nos haga pensar*».

Sin lugar a dudas, la **Villa Zapu** concebida en 1988 por el grupo británico Powell-Tuck, Connor & Orefelt es uno de los ejemplos más inquietantes de la arquitectura privada reciente ya que, sin necesidad de acudir a los habituales lenguajes transgresores, consigue subvertir el sentido clasicista de la villa palladiana. La distribución de los volúmenes sobre el claro de la colina y el emplazamiento de las instalaciones exteriores consiguen transmitir este sentimiento de transgresión, que encuentra su elemento más destacado en la verticalidad, silente y monolítica, de la casa de invitados.

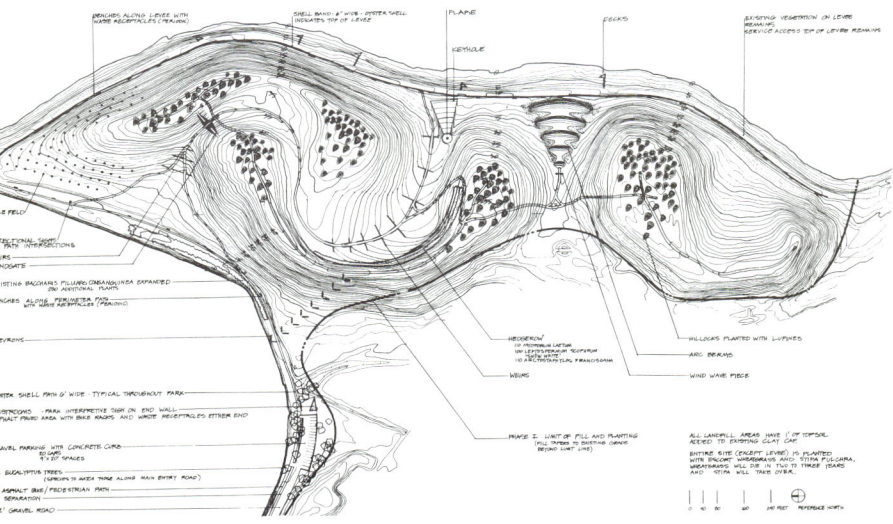

Upper sequence: detail of local vegetation; view of landfill hills; and general plan of Bixbee Park.

Central photos: Bixbee Park's posts constitute one of its most unusual and symbolic features.

Bottom photos: the stepped concrete chevrons perform a practical function, yet also express the feeling of a sculptural vocation.

Detail: locally grasses are used throughout and change with the seasons.

Secuencia superior: detalle de la vegetación autóctona; perfil de las colinas de detritus; y plano general del Bixbee Park.

Fotografías centrales: la instalación de los postes es una de las más insólitas y simbólicas del Bixbee Park.

Fotografías inferiores: los bancales de hormigón conjugan la función pragmática con un sentimiento de vocación escultórica.

Detalle: la gran variedad de hierbas autóctonas refleja los cambios estacionales.

En torno a este volumen prismático se despliegan una serie de círculos concéntricos que se prolongan en franjas herbáceas que expresan el principio rector del diseño paisajístico: bandas alternas y sinuosas de hierbas, de distinta altura, textura y color, definen la composición vegetal del terreno. Estas franjas, que recorren serpenteantes la superficie ondulada de la colina, están plantadas con especies autóctonas de gran resistencia a la sequía y caracterizadas por un notable grado de variedad estacional: en las bandas de vegetación baja, tembladeras (*Briza maxima*) y linos (*Linium lewsii*); en las de vegetación alta, amapolas californianas (*Eschscholzia californica*) y gramináceas como *Poa annua* y *Festuca meglura*. La expresiva plasticidad de esta alternancia vegetal encuentra un refuerzo narrativo en su simbología dentro del contexto agrícola del Napa Valley, de carácter eminentemente vinícola.

Las libertades y licencias expresivas que se aprecian en el proyecto residencial de la Villa Zapu se ven seriamente condicionadas en la siguiente obra: el **Plaza Park** de San José (1988-1989). Su papel focalizador en el contexto urbano y su funcionalidad pública convierten este parque de 1,42 Ha en uno de los espacios más representativos de la ciudad californiana. Su diseño se ha fundamentado en coordenadas físicas e históricas: en el primer sentido, el Plaza Park actúa como nexo de unión entre la reciente ampliación del museo de arte, el Hotel Fairmont, el nuevo centro de congresos y las zonas de oficinas y comercios; en el segundo aspecto, el parque se sitúa en el espacio abierto más emblemático de San José y su eje axial ocupa el Monterey Road, el Camino Real que comunicaba la ciudad con las antiguas misiones españolas.

Esta doble dimensión, la urbanística y la histórica, es la que condiciona la organización espacial del Plaza Park. Por esta razón, el diseño se ha basado en el concepto de narrativa cultural, articulado en una serie de elementos metafóricos que, de manera estratificada, reflejan el pasado, el presente y el futuro de la ciudad. Así, la plantación reticular de jacarandas evoca el pasado agrario de la región, mientras que en el extremo septentrional el paseo principal se transforma en una plaza triangular presidida por un estrado de granito. Los antiguos sicomoros, encinas y secoyas enmarcan este espacio nuclear, que actúa a manera de anfiteatro al aire libre.

No obstante, el episodio más representativo es el constituido por la instalación acuática que ocupa la parte central del parque y que constituye un nexo entre el pasado y el futuro de la ciudad. Los surtidores, inscritos en disposición reticular dentro de una sección circular, están inspirados en los antiguos pozos artesianos de la región y describen, siguiendo un proceso de narrativa geológica, el ciclo natural del agua durante un día solar. La progresiva transición desde la niebla hasta el chorro se enfatiza, durante la noche, con un imaginativo juego luminotécnico. La innovadora tecnología utilizada para ello hace referencia al brillante futuro de la ciudad, que tiene su máximo exponente en el Silicon Valley.

El **Bixbee Park** (1988-1991) constituye un ejercicio de recuperación y dignificación de unos terrenos residuales a través del paisajismo y el arte. El entorno industrial de Palo Alto, en el sector meridional de la bahía de San Francisco, ha sido transformado a partir de una serie de originales soluciones en las que el *land art* (especial mención para las obras escultóricas de Peter Richards y Michael Oppenheimer) desempeña un papel que oscila entre lo funcional y lo abstracto: los escom-

bros y basuras se han ocultado bajo una espesa capa de 30 cm de arcilla estanca, modelando un perfil panorámico de sinuosas colinas de unos 20 m de altura; el indispensable quemador de metano se oculta para crear olas de calor que distorsionan las percepciones; en la vertiente nordeste, una instalación de 72 postes de distintas alturas refleja las variaciones del ciclo solar; y, por último, el escalonamiento de bancales bajos de hormigón señala la proximidad del aeropuerto municipal de Palo Alto.

Todos estos elementos, insertos en una orografía de vocación escultórica, se integran en un nuevo concepto de paisaje que bascula entre lo natural y lo abstracto. Gramíneas y hierbas autóctonas de gran resistencia y fácil mantenimiento, junto a senderos de conchas de ostras machacadas, se encargan de dar cobertura vital a este brillante ejercicio técnico y artístico, cuyo principal objetivo es el de esbozar un paisaje cultural articulado sobre los ritmos de la naturaleza.

Por último, el proyecto del **Guadalupe River Park** (1985-1994) de San José (California) ha servido para restablecer la relación visual y física entre la ciudad y el curso fluvial. La estrategia de intervención se ha articulado en los niveles de infraestructura y superestructura. En el primero, los canales de hormigón previstos inicialmente para la contención de riadas han sido sustituidos por bancos aterrazados y sinuosos que recuerdan los efectos de una erosión tectónica. Esta estratificación ha facilitado la creación de un paseo fluvial, con episodios naturalistas en los que la densa vegetación permite regenerar el hábitat ecológico del lugar. En el nivel de superestructura, se han creado espacios abiertos para el uso público, con espacios representativos como el estanque semielíptico en el jardín del Children's Discovery Museum, un anfiteatro abocado hacia el río y enriquecido con cascadas, y un parque focalizador en la confluencia entre los Gatos Creek y el río, caracterizado por tres elementos: un anfiteatro sobre una plaza triangular para actos públicos; una vasta superficie con perfiles piramidales; y un lago paralelo al cauce del Guadalupe.

Previous page: two views across some of the wilder, more open parts of Guadalupe River Park, where the relief, the vegetation and the winding nature of the footpaths are hallmarks of the landscape design.

Model revealing the stratified profile, a symbolic reference to natural erosion and at the same time a solution to problems caused by flooding.

Graphic representation of one of the access points to the riverbank.

En la página anterior, dos vistas de los espacios más abiertos y naturalistas del Guadalupe River Park, en los que el perfilado topográfico, la vegetación y la sinuosidad de los trazados peatonales caracterizan el diseño paisajístico.

En la maqueta se aprecia el perfil estratificado que, con las referencias simbólicas de una erosión natural, soluciona los problemas derivados de las riadas.

Representación gráfica de una de las soluciones de acceso al cauce fluvial.

Dan Kiley

"*I understand landscape design as if it were a walk through nature.*" This sentence of Dan Kiley's sums up his work's basic philosophy, deeply marked by what the architect considers the main function of design – to try and reconnect people to their space, their natural environment; space and nature which he often arranges on the basis of an orthodox geometric structure, in a paradoxical return to the classical roots of a leading light of the modernist revolution in art.

Dan Urban Kiley was born in Boston (Massachusetts) in 1912, and when he was 20 he entered Warren H. Manning's landscape studio. Between 1936 and 1938 he studied at the Harvard University Graduate School of Design, and he later served in the US Army Engineers Corps, designing the courtrooms for the Nuremberg trials, for which he received the Legion Order of Merit. Later he worked for the US Housing Authority in Washington, but he finally settled in Vermont (New England) where he has his studio and where he continues to live with his family.

One of his prize-winning works exemplifies his orderly structuring of nature, perfectly adapted to the space it must occupy. His now-classic 1960s design for the **Oakland Museum** perfectly integrated architecture and landscape. The mainly underground building consists of regular storeys with each storey's roof acting as the terrace-garden for the storey above. On each level the cement terraces and roofs recede, thus giving views of lake Merritt and the city. The museum's plantings' botanical diversity make it one of the museum's collections in its own right. This is shown by the submerged pool on the lowest level which contains many fish and aquatic plants. A little over 2 ha (5 acres) of widely varying plantings smooth and complement the structure's orderly geometry. The 38,000 trees and shrubs are grouped together on the basis of their requirements, but also take advantage of contrasts in size, texture and forms, partially disrupting the rigid basic structure and creating new rhythms within the space.

Aerial plan of Oakland Museum, clearly showing the geometric arrangement of the roof-terraces.

Plano aéreo del Oakland Museum, donde se aprecia claramente el juego de techos-terrazas, en una geométrica disposición.

In Chicago (Illinois), the urban garden of the **Chicago Institute of Art**, another project of the sixties, creates an attractive and quiet place in the centre of a bustling city. Five rows of honey locusts planted on two elevated bases manage to greatly reduce the noise of the traffic on Michigan Avenue, and help to give the garden a feeling of enclosure. A long rectangular pool creates a vigorous central axis that reaches up to the fountain at the centre of the white facade of the Morton Wing. Dense plantings of trees border the fountain as well as decorating and giving a touch of colour to the facade. On both sides of the fountain, and two feet below street level, is a geometric bed of hawthorns. This is a further example of the garden's adaptation to its setting, in this case a geometric garden for a clearly classical building and an urban context.

The new **North Carolina National Bank Plaza** (1985-1987) occupies a wedge-shaped site of 4.5 acres (18,000 m²) next to the Hillsborough River in the heart of downtown Tampa (Florida). It's a geometric plaid of grass and pre-cast concrete shapes, interlaced with an elaborate system of canals and pools. The landscape design does not merely respond to the architecture of the buildings, designed by Harry Wolf, but takes its proportions, geometry and material inspiration from them. Garden and building alike use repetitions of architectural modules, in-spired by the Golden Mean (or Golden Section) and the Fibonacci Sequence, to achieve spatial clarity and elegance of form.

The plaza is basically divided into two levels. The lower plaza contains six large rectangular pools running parallel to a 400-foot-long canal (122 m). The bottom of the canal is glass, and so the six entrances to the underground car park below it are lit by the shimmering patterns of the water flowing overhead. Nine water channels issue forth from the canal, flow across a grid of grass squares and pre-cast concrete walkway on the upper level of the plaza. Finally, a *children's secret garden* occupies one corner of the plaza. It consists of a green chequerboard of five-foot (1.5 m) squares alternating with water squares. Its counterpart fronts the Tampa Museum at the plaza's other end, featuring squares that are separated by 60-cm-wide channels.

Considered as the largest water garden built since the Renaissance, **Fountain Place** (1987), is sited in the heart of downtown Dallas. Seventy percent of the 2.4 ha (6 acre) site is occupied by water gardens, which offer a wide range of forms and experiences, ranging from dark, still pools to geometric cascades. Fountain Place is dominated by a large fountain with 160 individually programmed jets that rise and fall in a seemingly limitless aquatic exhibition. The paving and water are on the same level, creating a uniform plane that includes 263 fountains and 440 bald cypresses planted at intervals of 15 metres. The lines of trees in individual planters raised above the water or paving run alongside the black-and-green slate paths and appear to float on a smooth sheet of water.

An example of a private garden is **Miller House** in Columbus (Indiana). The garden's design in fact begins within the house, designed by Eero Saarinen and Kevin Roche. Located on the highest point to the east of the 10-acre site, the house is built on a raised stone podium. The overall ground plan uses simple lines and spaces to arrange the site into squares and rectangles, as does the house's interior ground plan. For Kiley, the use of classic geometric structures is no more than the result of searching for the simplest and most direct ways of organising space.

The wide diversity of vegetation complements and softens the orderly geometry of the Oakland Museum Building's structure.

Left: the garden of the Chicago Institute of Art creates a calm, relaxing space in the centre of a bustling city.

La gran diversidad de vegetación complementa y suaviza la ordenada geometría de la estructura del Oakland Museum.

Junto a estas líneas: el jardín del Chicago Institute of Art configura un espacio tranquilo y relajante en el centro de una ajetreada ciudad.

A double row of false acacias runs parallel to the house and leads to a fountain to the south, and to a magnificent Henry Moore sculpture to the north. Around the entire perimeter, spaced thuja hedging gives the site privacy without provoking a feeling of confinement. The same segments are repeated every twenty feet, in a way reminiscent of theatrical backdrops.

The **Henry Moore Sculpture Garden** in Kansas City (Missouri) combines its majestic collection of twelve sculptures by Henry Moore with the garden's classical and methodical organisation. The orderly succession of spaces departs from the building's symmetrical southern facade to create a large panoramic view, framed to the east and west by woodlands of ginkgos and rows of lindens. Starting from the central portico, a broad perron runs down through the green carpet lawn bordered on both sides by flower beds. The five terraces of rectilinear lawn, planted with ten rows of ginkgos, divide the site into orderly lines and lead to a stone promenade. This methodical organisation is enriched by the patterns of the grass, the plantings and the path system, as well as the changes in light and shade.

Over a career lasting more than half a century, Dan Kiley has worked in some of the most important commissions in the country and with some of America's most prestigious architects. Dan Kiley has won many prizes and awards, and his work has been widely recognised for its ability to raise people's awareness of humanity's relationship with nature.

«Yo entiendo el diseño paisajístico como si fuera un paseo por la naturaleza.» Esta frase de Dan Kiley resume la filosofía básica de su obra, profundamente marcada por la que el autor considera la principal función del diseño: intentar reconectar al hombre con su espacio, con su medio natural. Un espacio y una naturaleza que, en bastantes ocasiones, ordena en base a una ortodoxa estructura geométrica, en un paradójico retorno a las raíces clásicas de quien abandera la revolución modernista del arte.

Daniel Urban Kiley nació en Boston en 1912, y con 20 años entró a trabajar en el estudio del paisajista Warren H. Manning. Entre 1936 y 1938 estudió en la Graduate School of Design de la Universidad de Harvard y, más tarde, sirvió en el Cuerpo de Ingenieros del Ejército de Estados Unidos y planificó el diseño de la sala de justicia de Nuremberg, por la que recibió la Orden del Mérito de la Legión. Finalizada la guerra trabajó para la U.S. Housing Authority en Washington, pero finalmente se estableció en Vermont (Nueva Inglaterra), donde está su estudio y donde sigue viviendo con su familia.

Uno de sus más premiados trabajos ejemplifica esta ordenada estructuración de la naturaleza, en perfecta adaptación al espacio que debe ocupar. En el **Oakland Museum**, proyecto de los años sesenta elevado al rango de clásico, la arquitectura y el paisaje están totalmente integrados. El edificio, en gran parte subterráneo, se alza en pisos regulares, y el techo de cada uno se convierte en la terraza–jardín del piso superior. Las terrazas y techos de cemento retroceden a cada nivel, proporcionando vistas del lago Merritt y de la ciudad californiana. Se dice que la diversidad botánica de este jardín configura en sí misma otra de las colecciones del museo. Buena muestra de ello la encontramos en el estanque sumergido del piso inferior, con un gran número de peces y plantas acuáticas. Poco más de 2 Ha (5 acres) de vegetación muy diversa suavizan y comple-

Previous page: detail of the Fountain Place project.

En la página anterior, detalle del proyecto Fountain Place.

Various pictures of the North Carolina National Bank Plaza, designed according to a modular structure with an arithmetic and logarithmic foundation which provides the whole scheme with great spatial clarity.

Distintas imágenes de la North Carolina National Bank Plaza, diseñada según una estructura modular de base aritmética y logarítmica, que proporciona gran claridad espacial al conjunto.

mentan la ordenada geometría de la estructura. Los 38.000 árboles y arbustos se agrupan por requerimientos comunes, pero jugando a la vez con contrastes de tamaño, texturas y formas, lo que en cierto modo rompe la rígida estructura básica y confiere nuevos ritmos al espacio.

En Chicago, Illinois, el jardín urbano del **Chicago Institute of Art**, otro proyecto de la década de los sesenta, configura un espacio tranquilo y atractivo en el centro de una ajetreada ciudad. Cinco hileras de acacias falsas plantadas sobre dos bases elevadas se convierten en un fuerte amortiguador del ruido del tráfico de la Michigan Avenue, y ayudan a dar un sentido de cerramiento al jardín. Un largo estanque rectangular crea un fuerte eje central que llega hasta la fuente centrada en la fachada blanca de Morton Wing. Densas arboledas flanquean la fuente, a la vez que adornan y dan colorido a la fachada. A cada lado del estanque, y a dos pies por debajo del nivel de la calle, se localiza un geométrico huerto de espinos blancos. Se trata de una muestra más de la adaptación del jardín a su espacio, en este caso un jardín geométrico para un contexto urbano y un edificio netamente clásico.

La **North Carolina National Bank Plaza** (NCNB, 1985-1987) es una superficie trapezoidal superior a los 18.000 m² de extensión situada al borde del río Hillsborough, en pleno centro urbano de Tampa (Florida). Su trazado es una especie de tejido escocés delineado mediante hierba y elementos prefabricados de hormigón que se entrelazan con un elaborado sistema de canales y estanques. Se trata de un diseño paisajístico que no se limita a responder a la arquitectura de los edificios proyectados por Harry Wolf, sino que también toma de ellos sus proporciones y geometría, así como inspiración para la elección de mate-

A sculpture by Henry Moore forms the northern end of the double row of acacias in Miller House.

The arrangement of the trees creates a sensation of privacy without creating a sensation of confinement.

Una escultura de Henry Moore limita al norte con una doble hilera de acacias en la Miller House.

La disposición de los árboles crea una sensación de privacidad sin provocar un sentido de confinamiento.

riales. Jardín y edificio emplean repetidamente módulos arquitectónicos basados en la Sección Aurea y en las series logarítmicas de Fibonacci, en aras de una mayor claridad espacial y elegancia en las formas.

Se distinguen dos niveles básicos en el conjunto de la plaza. El inferior contiene seis grandes estanques rectangulares, dispuestos paralelamente a un canal de 122 m de largo. Al ser de vidrio el fondo de este canal, las seis entradas al aparcamiento subterráneo que se abren bajo él se encuentran iluminadas por los temblorosos reflejos provocados por el agua al fluir. En el nivel superior de la plaza, nueve canales menores rematados por fuentes circulares van a desembocar en el gran canal inferior. Por último, el *jardín secreto de los niños* ocupa una esquina de la plaza. Lo constituye un damero de cuadrados de hierba de 1,5 m de lado, que alternan con cuadrados de agua. Su complementario se enfrenta al Museo de Tampa, en el extremo opuesto de la plaza. En este segundo caso, todos los cuadrados están separados por canales de agua de 60 cm de ancho.

Definida como el mayor jardín acuático construido desde el Renacimiento, la **Fountain Place** (finalizada en 1987) se alza majestuosa en el centro urbano de Dallas. De las 2,4 Ha (6 acres del solar), un 70% está destinado a jardines acuáticos, que ofrecen una gran variedad de formas y experiencias, desde oscuros y tranquilos estanques hasta geométricas hileras de cascadas. La plaza está dominada por una gran fuente, con 160 surtidores individualmente programados para configurar un aparentemente ilimitado número de exhibiciones acuáticas. Pavimento y agua están a un mismo nivel, creando un plano uniforme en el que se ordenan 263 fuentes y 440 cipreses calvos plantados a intervalos de

15 m. Los árboles se alinean en bases individuales sobre el agua o el pavimento, a lo largo de los caminos de pizarra negra y verde, y parecen flotar en una extensión lisa de agua.

Un ejemplo de jardín privado sería la **Miller House**, en Columbus, Indiana. El diseño de este jardín empieza de hecho en la misma casa, diseñada por Eero Saarinen y Kevin Roche. Situada en el punto más alto al este del solar de 10 acres, la casa se erige sobre un podio elevado de piedra. La disposición global de la planta usa líneas y espacios simples para organizar el terreno en cuadrados y rectángulos de forma muy similar a como lo hace el plano interior de la casa. Para Kiley, el uso de estructuras geométricas clásicas no es más que el resultado de buscar las formas más simples y directas de organización del espacio. Una doble hilera de acacias falsas corre paralela a la casa y queda limitada por una fuente, al sur, y por una magnífica escultura de Henry Moore, al norte. Alrededor de todo el perímetro, setos espaciados de tuyas confieren privacidad al lugar, sin provocar un sentido de confinamiento. Los mismos segmentos se repiten cada veinte pies, de manera parecida a la de los bastidores teatrales.

En el **Henry Moore Sculpture Garden**, en Kansas City (Missouri), la majestuosa colección de doce esculturas de Henry Moore se combina con una clásica y metódica organización del jardín. La ordenada sucesión de espacios parte desde la simétrica fachada sur del edificio para crear una gran perspectiva visual, encuadrada al este y al oeste por bosques de ginkgos e hileras de tilos. Partiendo del pórtico central, unas amplias escaleras descienden sobre el verde tapiz de césped, flanqueado en cada extremo por parterres de flores. Diez hileras de gink-

146

gos están contenidas dentro de cinco terrazas de césped rectilíneas. Éstas esculpen el terreno en ordenadas hileras y van a parar a un paseo de piedra. Esta metódica organización se enriquece con patrones de hierba, plantación y sistemas de caminos, y cambiantes matices de luz y sombra.

En una trayectoria de más de medio siglo, Dan Kiley ha trabajado en algunas de las más importantes comisiones del país y con los más prestigiosos arquitectos norteamericanos. Poseedor de numerosos premios y honores, el trabajo de Dan Kiley ha sido ampliamente reconocido por su capacidad de realzar la conciencia de la relación del hombre con la naturaleza.

In the Henry Moore Sculpture Garden we find an orderly succession of spaces, as shown in this plan.

On this page: the arrangement of the trees and the staircase are both key features in this sculpture garden.

El Henry Moore Sculpture Garden consiste en una ordenada sucesión de espacios, como se puede apreciar en este plano áreo.

En esta página: la ordenación de los árboles y la escalinata, dos elementos claves en este jardín escultórico.

Two general views, one daytime and the other nighttime, of the main pool in Olympic Plaza (Calgary, 1988).

Dos vistas generales, diurna y nocturna, del estanque principal de la Olympic Plaza (Calgary, 1988).

M. Paul Friedberg
& Partners

The word "solution" is unavoidable when discussing the work of Paul Friedberg. From the project's small, almost unnoticeable, details to its overall conception, Friedberg relies on originality and innovation, using new resources to meet each scheme's needs. This constant search for solutions (axiality, centrality, slope, etc.) gives rise to landscapes whose functionality both underlies and expresses a highly personal aesthetic approach.

Paul Friedberg was born in New York in 1931. He graduated from Cornell University in 1954, continued his studies at Columbia University, the New School for Social Research and the Pratt Institute. In 1958 he founded M. Paul Friedberg and Partners. He is a landscape architect, designer, educator and writer, and in 1983 he was awarded his Doctorate in Law from Ball University, three years after receiving the AIA Medal in recognition for his teaching and professional work.

A paradigmatic example of the search for solutions for the characteristics and needs of each project is his design for **Olympic Plaza**. This was for the Winter Olympic Games in 1988 in Calgary, and the commission required it to fulfil two different requirements: as the site for the Olympic medal presentation ceremony, and after the games as a public space for Calgary's citizens. The large pool in its centre space can be drained rapidly, meaning it can be used as a large open space to accommodate a large number of people. Overlooking the pool are stepped terraces forming a large amphitheatre. The turfed terraces are places to relax and can also be used as gradins when large public events are held. The design is arranged to allow entry to the plaza from 8th Street, with a diagonal view towards the ceremonial arcade where the medals were awarded. Fountains are used to camouflage the service

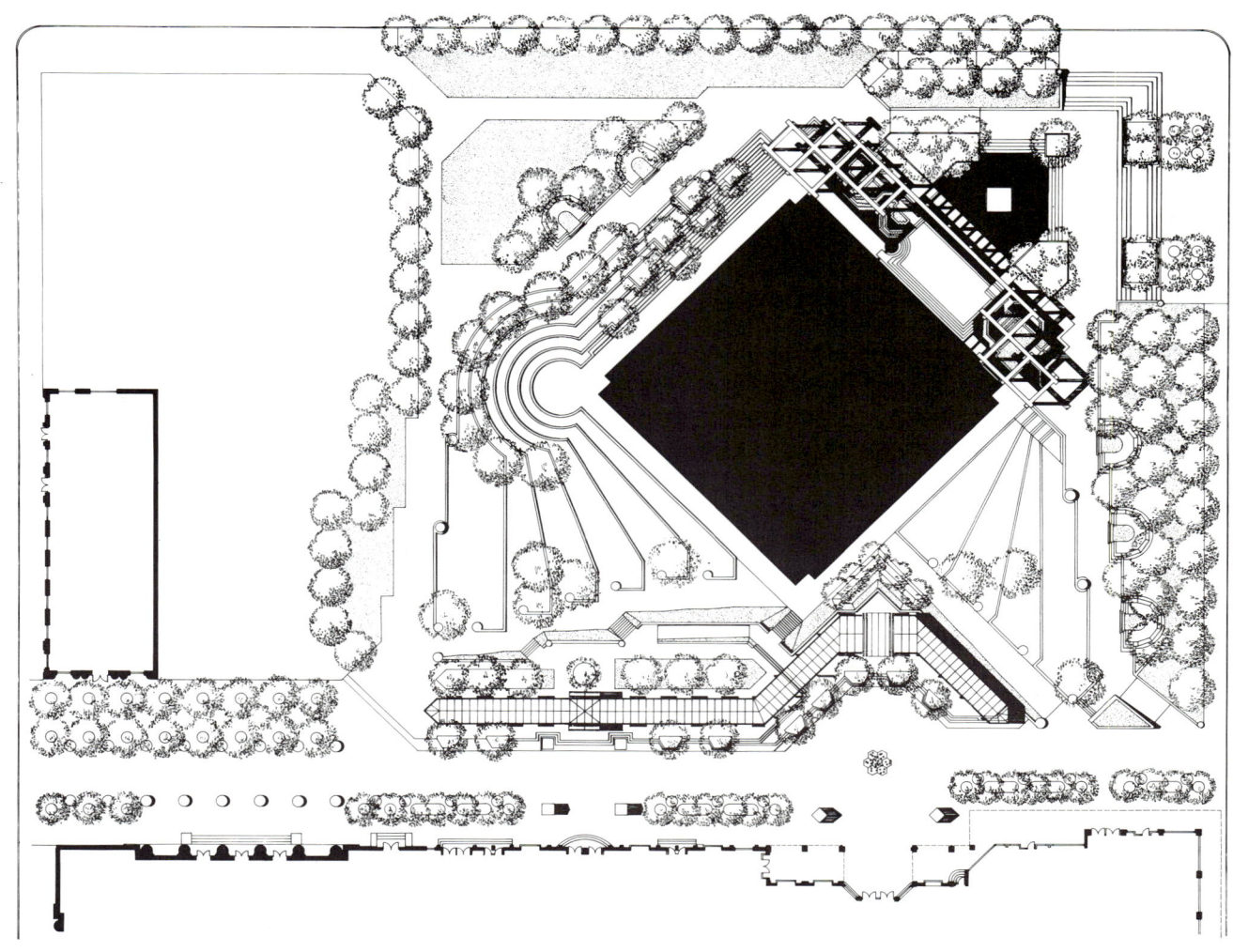

Olympic Plaza: the various photographs and sketches on this double spread are directly related with their position and distribution with regard to the upper plan.

Olympic Plaza: las distintas fotografías y bocetos de esta doble página están relacionados con su emplazamiento y distribución respecto al plano superior.

structures, as in many of his other works. The plants were carefully chosen for their ability to withstand the site conditions. Calgary experiences sharp temperature changes in winter with the arrival of a warm wind from the west, requiring resistant plants, such as birch and juniper. Thus, both sets of requirements were fulfilled: although the Games are just a memory, the plaza is still playing a fundamental role in the life of Calgary's citizens.

The design for the **A.C. Nielsen Company** (Chicago, 1972) occupies a 3.20 ha (8 acre) site in the city's suburbs, is the result of resolving the site's two inherent negative factors, its flat surface and clay soil. Because of these factors, the municipality insisted that the constructions had to retain water on-site in a pool for gradual release. The standard solution is to dig a hole for the water and then hide it with plants, but Friedberg chose a very different one. As he explains, "*water is a visual attraction and the excavation from the retention pond could be used to create interesting topography.*" He created a central alignment starting at the retention pond. As it collects from the entire water surface, the question of sludge and oil contamination was relevant: it was solved by a single detail, a projecting cement edge 30 cm high; around the pool that creates a line of shade to hide the dirt, as well as allowing the water to rise and fall within a range of 45 cm. The entrance is a garden with a geometric form and arrangement, and after crossing this, the visitor's eye is drawn to a pool with rectangular islands covered with sand and willows. Rows of cherries contrast with the informal arrangement of the willows. Three pyramidal fountains are distributed along the composition and recirculate the water to prevent it from stagnating.

The **Quincy Courtyard** of State Street Bank (Massachusetts, 1977) consists of a 61 x 61 m garden (200 x 200 feet). The composition uses three terraced levels, connected by a pyramidal fountain. The site was planned to be both a garden and a public space, and includes a food concession, a small amphitheatre and a children's centre. A brick berm is located on a dry extension with space to plant ivy, a detail conceived for this project for an already built site of walls and rigid structures. The ground cover of ivy on the sloping plane of brick creates an original juxtaposition between what is natural and what is artificial; a solution he has used in many other projects.

Pershing Park, in Pennsylvania Avenue (Washington, D.C., 1979) was intended to be the centre of activity on the avenue. To reduce the avenue's impact a grass berm was designed for planting with false acacias to create a leafy pavilion, a solution that creates a sense of enclosure. The park consists of three large spaces: the monument area; the entrance and eating area; and the amphitheatre, skating rink and pool. The steps on the waterfall in the amphitheatre continue under the water's surface, joining the two features and giving the impression that the steps go down for ever. The waterfall is a stark granite block rising above the steps, and contains the tunnel entrance to the park's underground service facilities. The arrangement of the steps in the amphitheatre creates spaces for a wide range of plantings. The integration of the vigorously geometric forms of the granite steps and the rounded vegetation creates a unique juxtaposition between architecture and horticulture. A large subterranean hall contains a kiosk, toilets, changing rooms and a warehouse for the park's services.

The **Transpotomac Canal Center**, on the shores of the Potomac River (Alexandria, Virginia, 1988) was an opportunity to connect urban planning, landscaping and art. The result was an avenue with classical overtones. At the entrance there is an informal planting of birch with large chunks of white marble lying around a 5.5 m (18 feet) bronze lance, the symbol of Zeus. The waterfalls start at the spear's base and terminate in a large marble obelisk more than 9 m (30 feet) tall. All along this *Promenade classique* there are sculptural fragments (the work of the French artists Anne and Patrick Poirier), consisting of mouths, eyes and columns that refer to the concepts of ruin and timelessness. At the end of the stone pool there is a horseshoe-shaped staircase bordering a cascade flowing over sculpture fragments and natural stone forms. Below this is the amphitheatre, dominated by the obelisk, which overlooks the River Potomac.

"Friedberg's work should be taken as a parameter for the future." These words, delivered when Friedberg collected one of the many prizes he has won, perfectly sum up the importance of his creative spirit and his search for solutions, on both large and small scales.

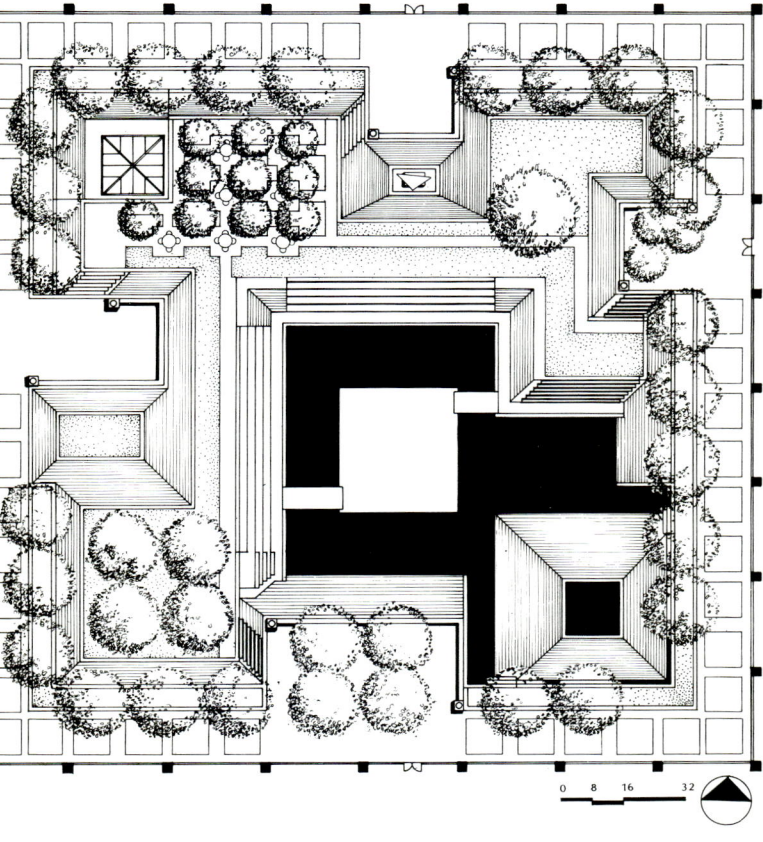

A projecting cement edge surrounds the pool at the A.C. Nielsen Company, creating a line of shade to hides the scum on the water.

The three pyramids form part of the pool's water circulation system.

Large willows are planted informally on the many islands in the pool.

General plan of the Quincy Courtyard, in the State Street Bank of Massachussets.

The ivy on the brick berms creates an unusual juxtaposition in the Quincy Courtyard.

Un bordillo de cemento rodea el estanque de la A. C. Nielsen Company, creando una línea de sombra que disimula los residuos del agua.

Las tres pirámides permiten la recirculación del agua en el estanque.

Grandes sauces se reparten informalmente en las múltiples islas del estanque.

Plano general del Quincy Courtyard, en el State Street Bank de Massachussets.

La hiedra sobre las bermas de ladrillo crean una peculiar yuxtaposición en el Quincy Courtyard.

La palabra «solución» es un término ineludible a la hora de hablar de los trabajos de Paul Friedberg. Desde pequeños detalles, casi imperceptibles, hasta la concepción de un proyecto en su totalidad, Friedberg apuesta por la originalidad y la innovación, buscando nuevos recursos para las necesidades de cada uno de sus trabajos. De esta constante búsqueda de soluciones (axialidad, centralidad, gradación...) nacen unos paisajes en los que la funcionalidad es a la vez causa y consecuencia de una estética muy característica.

Paul Friedberg nació en Nueva York en el año 1931. Se graduó en Ciencias por la Cornell University en 1954, y amplió su formación en la Universidad de Columbia, la New School for Social Research y el Pratt Institute. En 1958 fundó la firma M. Paul Friedberg and Partners. Arquitecto paisajista, diseñador, educador y escritor, en 1983 fue condecorado doctor en ley por la Ball University y, tres años antes, recibió la AIA Medal en reconocimiento a su trabajo profesional y docente.

Un ejemplo paradigmático de la búsqueda de soluciones a las características y necesidades de cada proyecto es el de la **Olympic Plaza**, creada con motivo de la celebración de los Juegos Olímpicos de Invierno de 1988 en Calgary. El encargo planteaba una doble funcionalidad: tenía que ser el lugar de concesión de las medallas olímpicas y un espacio público para los ciudadanos de Calgary, durante y una vez terminados los Juegos. Un gran estanque ocupa la parte central del espacio, con una característica fundamental: su rápido sistema de desagüe permite su transformación en un amplio espacio, capaz de albergar grandes multitudes. Delante de este estanque, el diseño del lugar se configura a través de terrazas escalonadas que forman un amplio anfiteatro. Las terrazas, plantadas con césped, pueden ser tanto un lugar de reposo como el emplazamiento del público, a modo de gradas, durante las celebraciones. El diseño está organizado para permitir al espectador entrar a la plaza por el paseo de la 8th Street, lo que permite disfrutar de una vista en diagonal hacia la arcada ceremonial de entrega de medallas. En un recurso frecuente en los trabajos de Friedberg, las fuentes camuflan las estructuras útiles y de servicios. También la selección vegetal responde a un minucioso estudio climatológico del lugar. Calgary experimenta fuertes alteraciones de temperatura causadas por un viento cálido del oeste, lo que llevó a elegir plantas que resistieran este clima, como el abedul o el enebro. La doble función fue así resuelta magistralmente: los Juegos terminaron, pero la plaza sigue siendo una parte fundamental de la vida ciudadana de Calgary.

El diseño de la **A. C. Nielsen Company** (Chicago, 1972), un solar de unas 3,20 Ha (8 acres) emplazado en los suburbios de la ciudad, es el resultado de resolver dos factores negativos inherentes al lugar: la superficie llana del solar y el terreno arcilloso. Dadas estas características, la municipalidad requería que todas las construcciones tuvieran un estanque de retención acuática. La solución tradicional era excavar un agujero para el agua, ocultándolo con plantas. Friedberg optó por una solución diferente. Como él mismo explica, «*el agua es una atracción visual, y la excavación para el estanque de retención podía usarse para crear una interesante topografía*». Se creó un alineamiento central, partiendo del estanque de retención. Como colector de toda la superficie del agua, la cuestión del lodo y de las manchas de aceite se solucionó con un único detalle: un bordillo de unos 30 cm de voladizo de cemento rodea el

estanque para crear un línea de sombra que disimula la suciedad, a la vez que permite que el agua fluctúe verticalmente unos 45 cm. En la entrada hay un jardín de formas y organización geométricas; una vez traspasado éste, la vista reposa sobre un estanque de islas rectilíneas tapizadas con arena y sauces. Organizadas hileras de cerezos sirven de contrapunto a la informal disposición de los sauces. Tres pirámides de agua jalonan la composición y hacen recircular el agua para prevenir su estancamiento.

El **Quincy Courtyard** del State Street Bank (Massachusetts, 1977) consiste en un jardín de 61 x 61 m (200 x 200 pies). La composición se sirve de tres niveles aterrazados, conectados por una fuente piramidal. El espacio, concebido a la vez como un jardín y como un lugar público, incluye una zona de servicio de comidas y un pequeño anfiteatro, así como un centro infantil. Una berma de ladrillos se emplaza en una extensión seca con espacio para plantar hiedra, un detalle concebido para este proyecto, que fue el resultado de un anterior emplazamiento de muros y rígidas estructuras. La acodadura de hiedra sobre el plano inclinado de ladrillo crea una original yuxtaposición entre lo natural y lo artificial: una solución ampliamente usada en otros tantos proyectos.

El **Pershing Park**, en la Pennsylvania Avenue (Washington, 1979), tenía que ser el centro de actividad de este paseo. Para amortiguar la presencia de la avenida se concibió una berma de césped con un frondoso pabellón de acacias falsas, solución que crea un sentido de cerramiento. El parque está configurado por tres grandes espacios: el área del monumento; la entrada y el comedor; y el anfiteatro, la pista de patina-

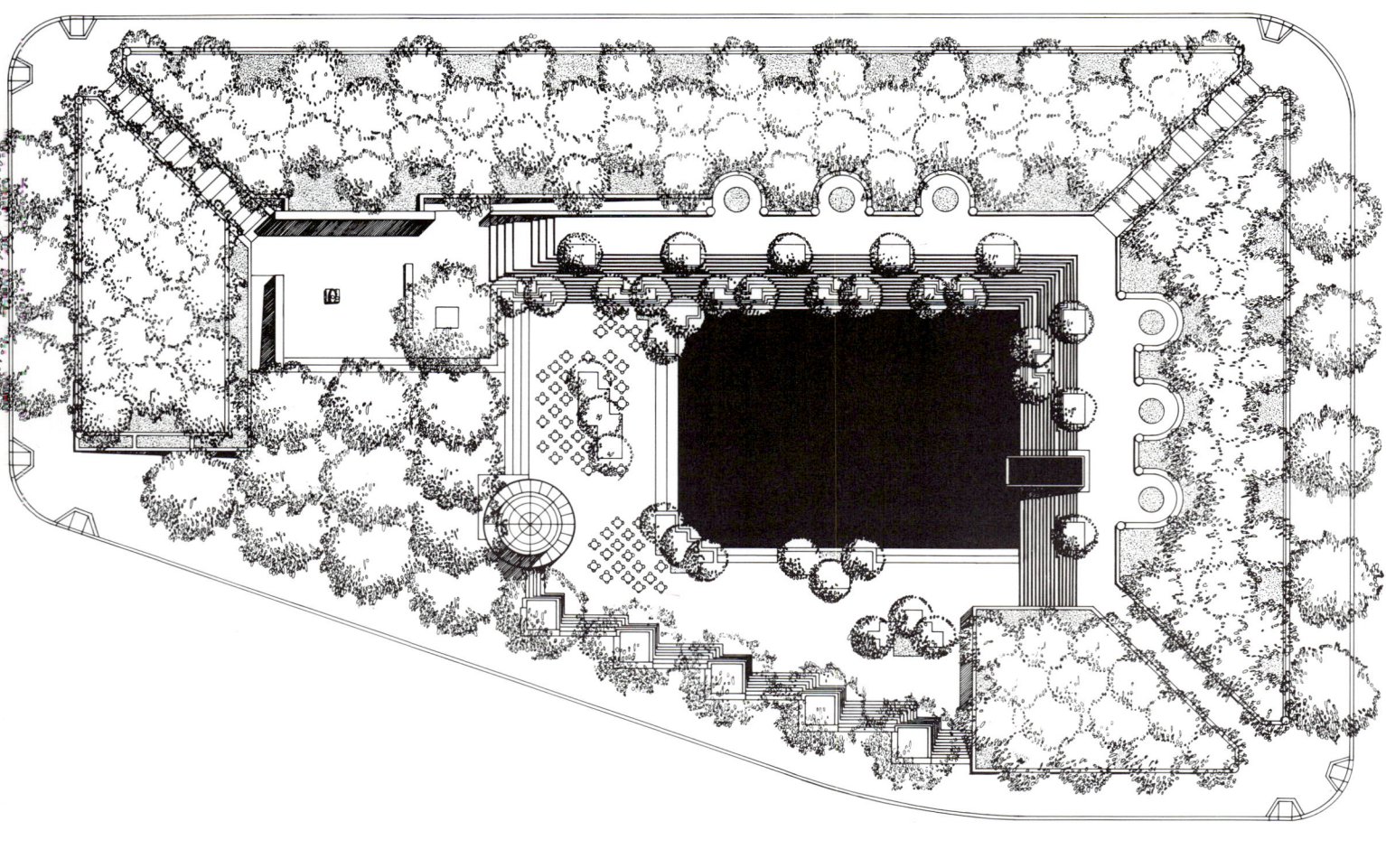

This photograph shows Pershing Park's waterfall, flowing from a wall of granitic rock.

The choice of vegetation for Pershing Park responds to very specific climatic characteristics.

General plan of Pershing Park, in Washington's Pennsylvania Avenue.

En esta fotografía se aprecia la cascada de agua del Pershing Park, surgiendo de un muro de roca granítica.

La selección vegetal del Pershing Park responde a unas características climáticas muy específicas.

Plano general del Pershing Park, en la Pennsylvania Avenue de Washington.

A marble obelisk more than 9 m tall marks the end of the promenade in the Transpotomac Canal Center.

Along the promenade there are figures of eyes, mouths and columns in a style with classical overtones.

The space's axial structure creates delightful views over the river.

View of the central pool. On the reverse of the marble fragments there are inscriptions in a clearly classical style.

Un obelisco de mármol de más de 9 m de altura indica el final del paseo del Transpotomac Canal Center.

A lo largo del paseo se pueden encontrar figuras de ojos, bocas y columnas de reminiscencias clasicistas.

La estructuración axial del espacio ofrece hermosas vistas sobre el río Potomac.

Vista del estanque central. Los fragmentos marmóreos presentan en su reverso inscripciones de clara inspiración grecolatina.

157

je y el estanque. Las escaleras en cascada del anfiteatro conducen directamente al agua del estanque, integrando ambos elementos y dando la impresión de que el descenso del escalonamiento se prolonga en el agua hasta una profundidad infinita. La cascada es un muro de granito de formas rectilíneas que sobresale de los escalones, creando a la vez un túnel que permite entrar en una dependencia subterránea para equipamiento del parque. Las escaleras del anfiteatro están articuladas para conferir espacios de plantación, con vegetación diversa. La integración de las fuertes formas geométricas de las escaleras de granito y la suavidad de las plantas crea una yuxtaposición única entre arquitectura y horticultura. Una amplia sala subterránea contiene un quiosco, lavabos, vestuarios y un almacén para el servicio del parque.

El **Transpotomac Canal Center**, al pie del río Potomac (Alexandria, Virginia, 1988) supuso una oportunidad para establecer una vinculación entre el urbanismo, el paisajismo y el arte. El resultado fue una avenida de tintes clásicos. En la entrada se emplazan una informal plantación de abedules y fragmentos de mármol blanco que anuncian una lanza de bronce de unos 5,50 m (18 pies), símbolo del arpón de Zeus. Las cascadas de agua que nacen al pie de la lanza descienden a través de los fragmentos de mármol. El eje esencial es un largo estanque que empieza con la lanza y acaba en un gran obelisco de mármol de más de 9 m (30 pies) de altura. A lo largo de esta *Promenade classique* se diseminan fragmentos escultóricos (obra de los artistas franceses Anne y Patrick Poirier), con figura de bocas, ojos y columnas que remiten a conceptos de ruina e intemporalidad. Al final del estanque de piedra hay una escalera en forma de herradura que circunda una cascada de agua sobre fragmentos esculpidos y formas naturales de piedra. Debajo está el anfiteatro, presidido por el obelisco, que mira hacia el río Potomac.

«El trabajo de Friedberg debería tomarse como parámetro para el futuro.» Estas palabras, que acompañaron a uno de los muchos premios recibidos por Friedberg, resumen a la perfección la importancia de su espíritu innovador y de su búsqueda de soluciones, tanto a grande como a pequeña escala.

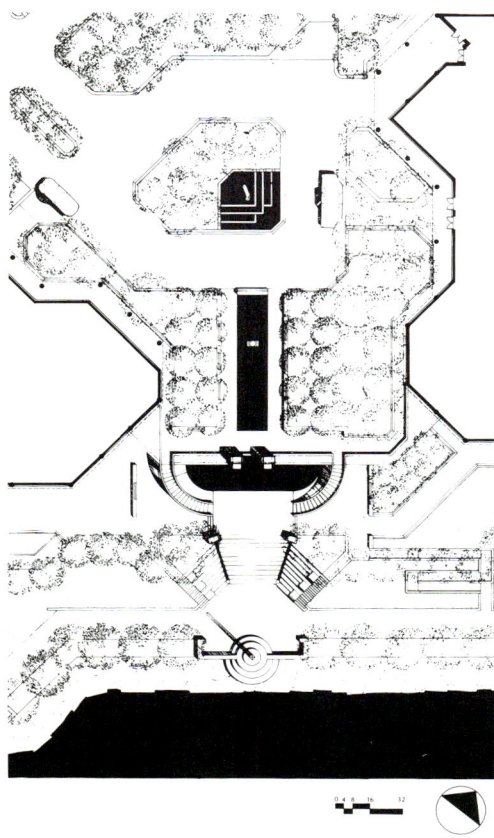

Linear view from the pool on the top terrace.

General plan of the Transpotomac Canal Center.

The horseshoe-shaped staircase leads to a small amphitheatre overlooking the River Potomac.

Larga perspectiva visual desde el estanque de la terraza superior.

Plano general del Transpotomac Canal Center.

La escalera en forma de herradura desemboca en un pequeño anfiteatro que mira hacia el río Potomac.

Ian Hamilton Finlay

Engraved in roman letters on a series of large stones opposite the lake in Stonypath Garden is the phrase THE PRESENT ORDER IS THE DISORDER OF THE FUTURE - SAINT-JUST. Near the shore is a polished black monolith, like a prehistoric monument or the prow of a Polaris nuclear submarine, under which is the inscription "Nuclear Sail". In Ian Hamilton Finlay's gardens and installations, trees have bases like classical columns with the name of a French revolutionary leader or a phrase hanging around its trunk, while Apollo carries a submachine gun and a path takes us beneath a guillotine. Finlay's gardens are a meeting point of meaning, routes full of historical and mythical references that blend into the landscape and modify our vision of nature, making it historical and adding to its meaning, a meaning that may seek to reassess or to be ironical, paradoxical or warlike, depending on the spectator's interpretation.

Finlay's work is generated on the basis of a personal system of references that is intimately linked to his personal experiences. Finlay was born in Nassau (the Bahamas) and went to Scotland as a child. From his adolescence onwards he was interested in cubism and surrealism, and attended the Glasgow School of Art for a time. When he was 17 he was conscripted and fought in the Second World War for three years, when he made friends with other artists. After the war, he worked as a shepherd in the Orkneys, where he started to write short stories and rhythmic poems. In 1961 he and Jessie McGuffie founded Edinburgh's Wild Hawthorn Press, and a year later, the magazine *Poor. Old. Tired. Horse.*, which spread contemporary poetry in Scotland and brought together a circle of poets and artists. Finlay's poems abandoned syntax and rhythm in search of greater purity. Finlay was one of the creators of concrete poetry, and its Scottish representative in close touch with its practitioners in Switzerland and Brazil. Later, Finlay began to put poetry into the landscape, when in 1966 he and his wife settled in Stonypath.

This site in the highlands of southern Scotland, initially little more

Apollon Terroriste *(Upper Pool, Stony-path, 1988). Resin and gold leaf, with Alexander Stoddart.*

Apollon Terroriste *(Upper Pool, Stony-path, 1988). Resina y hoja dorada, con Alexander Stoddart.*

than four acres of desolate land and some agricultural buildings, immediately became the focus of his work and the site for exhibitions of his work and that of his collaborators. This artist's personal garden is his own recreation of the idea of nature. The classical myth of Arcadia and Poussin's and Watteau's landscapes are all blended together with strategically located examples of his poems.

A walk around Stonypath reveals some of the many aspects of this complex, ever-changing work that combines references to antiquity, the French Revolution and modern weaponry. This single space brings together all his recurrent themes and the different stages of his career, as well as his conflicts and struggles. In 1978 Finlay initiaded a dispute with Strathclyde Regional Council, when he refused to pay taxes on the Stonypath exhibition building, as he considered it to be a temple and not a trading space. This led to Finlay becoming highly critical of the authorities, and criticising that the paternalist state has become both cultural patron and artistic judge. He clearly marked out his territory from the surroundings in order to create his own space, and started a process of Hellenisation at Stonypath. This pugnacious return to Greek culture sought to rehabilitate its memory, taking as its myths armed versions of classical myths (Apollo as a terrorist, the Aphrodite of Terror) and the leaders of the French Revolution at the time of the Terror (Saint-Just, Robespierre), and symbolically renaming Stonypath **Little Sparta**.

The First Battle of Little Sparta took place in 1983: the local sheriff tried to confiscate some of Finlay's works, but some of his collaborators, the Saint-Just Vigilantes, prevented them before the astonished eyes of the cultural world and international media.

The many engravings, sculptures, installations in art galleries and landscape interventions that Finlay and his collaborators (Gary Hincks, Nicholas Sloan, Michael Harvey, John Andrews, etc.) have created since then in Europe, the US and Japan, mix the sublime with the frightening, pastoral scenes with revolutionary politics and neo-classical aesthetics with Dada.

His work **Sacred Grove** (1982) in the sculpture park in the Kröller-Muller Rijksmuseum (Otterlo, the Netherlands), a collaboration with Nicholas Sloan, refers to five of his emblematic figures, Lycurgus, Michelet, Robespierre, Rousseau and Corot, whose names are written on the bases of columns in front of the trees.

In his 1986 design for the **Monument to Jean-Jacques Rousseau**, drawn up with Gary Hincks, the landscape is framed within the empty outline of an enormous glass that stands out against a marble wall in a gesture that mixes together two intentions. As Alfred Cobban indicated in *Rousseau and the Modern*, for Rousseau, nature is the path to reach the ideal of human nature.

In he and Gary Hincks' design for the **Projet pour un Parc Républicain**, according to the engraving published in 1988 by Wild Hawthorn Press, an axe marks the axis and lays out a symbolic path between the trees to a classical folly beyond.

In **A Country Lane, A Proposal for the Glasgow Garden** (1988), two fences crossing a forest prevent transit, in a metaphorical allusion to the superficiality of styles, and the need to move beyond them.

The **Six Proposals for the Improvement of Stockwood Park Nurseries in the Borough of Luton** (1991) is a series of six point

Vertical sequence: Nuclear Sail *(Stony-path, 1974);* The Present Order *(Stony-path, 1983);* and Lochan Eck, Little Sparta.

Top: garden of Little Sparta: Island, with Silver Cloud; L'Idylle des Cerises; *and* Saint-Just Tree-Column Base.

Various pictures taken at Stonypath: photograph and drawing of Hypo-thetical Gateway to a Military Academy *(1991, with David Edwick);* Arrosoir; *and* Louvet Plaque *(1991, with Andrew Whittle).*

Secuencia vertical: Nuclear Sail *(Stony-path, 1974);* The Present Order *(Stony-path, 1983);* y Lochan Eck, Little Sparta.

Secuencia superior: jardín de Little Sparta; Island, with Silver Cloud; L'Idy-lle des Cerises; y Saint-Just Tree-Co-lumn Base.

Distintas imágenes de Stonypath: foto-grafía y dibujo de Hypothetical Gate-way to a Military Academy *(1991, con David Edwick);* Arrosoir; *y* Louvet Plaque *(1991, con Andrew Whittle).*

features that relocate the landscape within the world of ideas. A saying on a tree, a broken capital lying on the grass, a brick wall with texts by Finlay (*The Errata of Ovid*), like a poetic dyke in the middle of the forest.

Six Milestones (1992) consists of six milestones on which Finlay has inscribed some of his poems, which accompany the visitor as they walk along the lakeside. Nature and language are once more reunited in *Wild Flower, n. a wayside text*.

En el jardín de Stonypath, frente al lago y grabada en letras romanas sobre una serie de piedras ciclópeas figura la frase: THE PRESENT ORDER IS THE DISORDER OF THE FUTURE — SAINT-JUST. Cerca de la orilla se erige un monolito de piedra negra pulimentada, semejante a un monumento prehistórico o a la cabeza del submarino nuclear Polaris; debajo se lee la inscripción «*Nuclear Sail*». En los jardines o instalaciones de Ian Hamilton Finlay, los árboles tienen una base de columna clásica con el nombre de uno de los protagonistas de la Revolución Francesa o un aforismo colgado en el tronco, Apolo lleva una metralleta en la mano y un camino nos obliga a pasar por debajo de una guillotina. Los jardines de Finlay son encrucijadas de significados, recorridos a través de referencias históricas y míticas que se funden con el paisaje, que modifican la visión de la naturaleza, que le dan un carácter histórico y una significación añadida, que puede ser tanto irónica como reivindicativa, paradójica o bélica, según la propia interpretación del espectador.

La obra de Finlay se genera a partir de un sistema propio de referencias íntimamente ligado a su peripecia personal. Finlay, nacido en Nassau (Bahamas), regresó de niño a Escocia y desde la adolescencia se interesó por el cubismo y el surrealismo, asistiendo durante un tiempo a la Glasgow School of Art. Con diecisiete años fue movilizado por el ejército y luchó durante tres en la Segunda Guerra Mundial, trabando amistad en el frente con varios artistas. Acabada la guerra, trabajó como pastor en los Orkneys escoceses y allí empezó a escribir historias cortas y poemas rítmicos. En 1961, en Edimburgo, fundó junto a Jessie McGuffie la editorial The Wild Hawthorn Press y, un año después, la revista *Poor. Old. Tired. Horse.*, publicaciones que introdujeron la poesía contemporánea en Escocia y que aglutinaron un círculo de poetas y artistas a su alrededor. Los poemas de Finlay fueron abandonando la sintaxis y el ritmo, buscando una mayor pureza. Finlay se convirtió en uno de los creadores de la poesía concreta, el autor escocés más significativo, en estrecha relación con los representantes de este tipo de poesía en Suiza y Brasil. Más tarde, Finlay empezó a insertar poemas en el paisaje y, a partir de 1966, se estableció con su mujer definitivamente en Stonypath.

Ese lugar de la tierras altas del sur de Escocia, al principio apenas cuatro acres de terreno desolado y algunas construcciones agrícolas, se convierte inmediatamente en el centro de su trabajo y en el lugar escogido para la exhibición de su obra y de la obra de sus colaboradores. Un jardín personal en el que el artista recrea su propia idea de la naturaleza. El mito clásico de la Arcadia y los paisajes de Poussin y Watteau se conjugan con sus poemas situados estratégicamente.

Paseando por Stonypath se descubre una obra compleja y cambiante, referencias a la antigüedad clásica, a la Revolución Francesa y al armamento del s XX, una obra que reúne en un mismo espacio las diferentes etapas de su autor, sus temas recurrentes, sus conflictos y sus

Six Proposals for the Improvement of Stockwood Park Nurseries in the Borough of Luton *(completed in 1991). Drawings by Gary Hincks and garden installation by Bob Burgoyne:* Capital, *with John Sellman;* The Errata of Ovid; *and* Tree Plaque, *with Nicholas Sloan.*

Six Proposals for the Improvement of Stockwood Park Nurseries in the Borough of Luton *(completado en 1991). Dibujos de Gary Hincks e instalación de jardines de Bob Burgoyne:* Capital, *con John Sellman;* The Errata of Ovid; *y* Tree Plaque, *con Nicholas Sloan.*

guerras. A partir de 1978, como consecuencia de sus disputas con el Strathclyde Regional Council (Finlay se negaba a pagar los impuestos correspondientes al edificio de exposiciones de Stonypath, que consideraba un templo y no un espacio mercantil), Finlay radicalizará su postura frente a las autoridades, criticará al estado paternalista convertido en mecenas cultural y en juez de lo artístico, se desmarcará claramente de su entorno y creará su territorio propio, comenzando un proceso de helenización de Stonypath, una helenización beligerante y reivindicativa, adoptando como mitos a los líderes del período del Terror en la Revolución Francesa (Saint-Just, Robespierre...) y a los mitos clásicos armados (el Apolo terrorista, la Afrodita del Terror) y rebautizando Stonypath con el nombre simbólico de **Little Sparta**.

En 1983 tiene lugar la «Primera Batalla de *Little Sparta*»: el sheriff local intenta confiscar algunas obras de Finlay, pero algunos de sus colaboradores, los Saint-Just Vigilantes, lo impiden ante la mirada de la prensa, las cámaras televisivas y el mundo cultural internacional.

En los numerosos grabados, esculturas, instalaciones en galerías de arte o intervenciones en el paisaje que Finlay y sus colaboradores (Gary Hincks, Nicholas Sloan, Michael Harvey, John Andrews...) han realizado desde entonces en Europa, en Estados Unidos y en Japón, se mezcla lo sublime y lo terrorífico, lo bucólico y lo revolucionario, el neoclasicismo y el dadaísmo.

En el parque de esculturas del Kröller-Muller Rijksmuseum (Otterlo, Holanda), su obra **Sacred Grove** (1982), en colaboración con Nicholas Sloan, alude a cinco de sus personajes emblemáticos: Lycurgus, Michelet, Robespierre, Rousseau y Corot, cuyos nombres figuran inscritos en las bases de sendas columnas, colocadas justo delante de los árboles.

En la propuesta de 1986 para el **Monument to Jean-Jacques Rousseau**, realizado con Gary Hincks, el paisaje queda enmarcado en el perfil vacío de un copa enorme, recortada sobre un muro de mármol, en un gesto que fusiona una aspiración doble: como ha indicado Alfred Cobban en *Rousseau and the Modern*, para Rousseau la naturaleza es el camino para alcanzar el ideal de la naturaleza humana.

En el **Projet pour un Parc Républicain**, junto a Gary Hincks, según el grabado publicado en 1988 por The Wild Hawthorn Press, un hacha marca el eje y dibuja un camino simbólico, entre los árboles, hasta un templete clásico al fondo.

En **A Country Lane. A Proposal for the Glasgow Garden** (1988), dos vallas que atraviesan un bosque e impiden el paso aluden alegóricamente a los estilos, a su superficialidad y a la necesidad de superarlos.

En **Six Proposals for the Improvement of Stockwood Park Nurseries in the Borough of Luton** (1991), una serie de elementos puntuales trasladan el paisaje al mundo de las ideas: una frase en un árbol, un capitel roto sobre la hierba, un muro de ladrillo con inscripciones de Finlay (*The Errata of Ovid*), como un dique poético en medio del bosque...

Six Milestones (1992) son seis mojones o hitos kilométricos en los que Finlay inscribe algunos de sus poemas, que acompañan al paseante a través de un paseo frente a un lago. Naturaleza y lenguaje se unen nuevamente: *Wild Flower,n. a wayside text*.

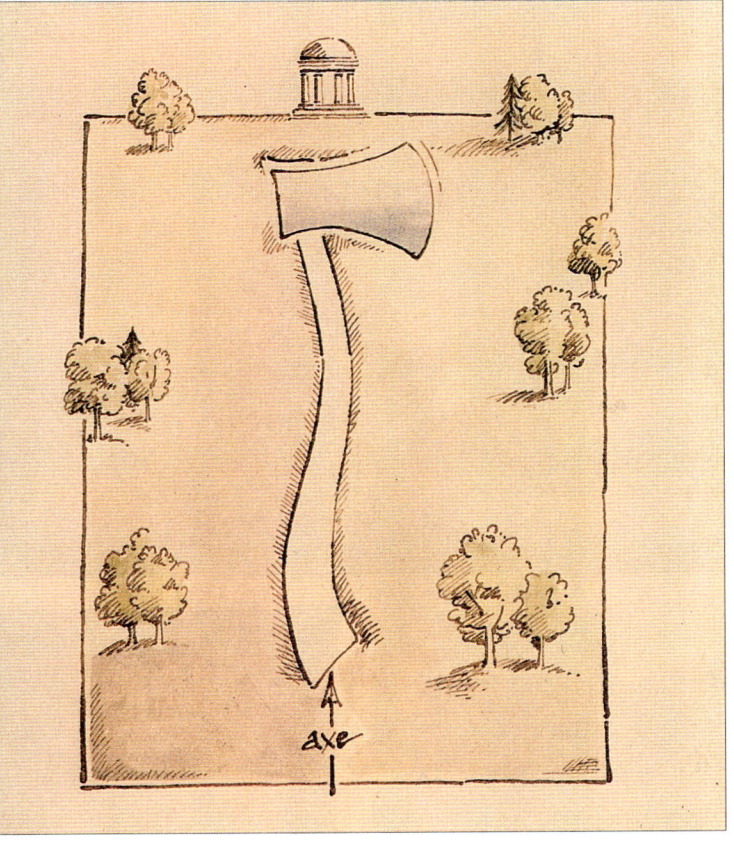

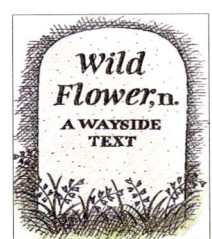

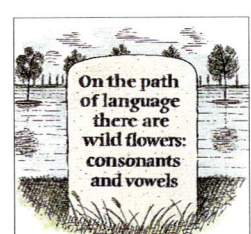
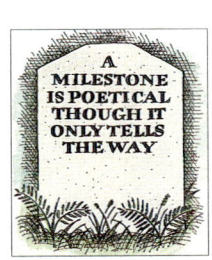

Facing page: Sacred Grove, *five columns for the Kröller-Muller Rijksmuseum (Otterlo, Netherlands, 1982).*

On this page: Projet pour un Parc Républicain, *with Gary Hincks (1988); two drawings of the proposal for the* Monument to Jean-Jacques Rousseau *(1986), with Gary Hincks; and drawings of* Six Milestones. A Proposal for Floriade, *with Michael Harvey (The Hague, Netherlands, 1992).*

Página anterior: Sacred Grove, *cinco columnas para el Kröller-Muller Rijksmuseum (Otterlo, Holanda, 1982).*

En esta página: Projet pour un Parc Républicain, *con Gary Hincks (1988); dos dibujos de la propuesta para el* Monument to Jean-Jacques Rousseau *(1986), con Gary Hincks; y dibujos de* Six Milestones. A Proposal for Floriade, *con Michael Harvey (La Haya, Holanda, 1992).*

Arup Associates

Over the last few decades, concern to reconcile technological advances with conservation of the environment has become a priority. Arup Associates shares this concern, and their projects, such as like Gateway House 1 & 2, the Festival Hall, Stockley Park and the Riyadh Diplomatic Quarter Sports Club, all seek to be functional in a way that combines harmoniously with the urban landscape, whether corporate or industrial. Their desire not to break nature's guidelines goes beyond a purely aesthetic approach, by ensuring minimal energy consumption and natural resource use without damage to the environment.

Arup Associates was established in London in 1963 to solve these problems, as well as those relating to the more technical aspects of planning, legislation, engineering, services, costs and contracting; it is a parallel partnership to the Ove Arup and Partners engineering company. This branch operates independently but takes advantage of the company's major global presence, and brings together different teams to ensure the highest levels of project quality, efficiency and rationality – all sensitively balanced with the landscape and the client's needs. Their professional growth has included an immense range of public and private constructions, including universities, factories, theatres, offices, residential developments and the restoration of ancient buildings.

One of the most interesting of the schemes designed in the 1970s by Arup Associates is **Gateway House I** (1973-1976), commissioned by Wiggins Teape for its headquarters in Basingstoke. These offices are on a south-facing slope terraced to form a structure with a garden on each of the five levels of terrace. The chromatic contrast between the plants and shrubs on these terraces and the anodised aluminium structure's bronze-coloured surfaces maintain the high light quality of the building's site.

Gateway House's atrium is the company employees' main meeting point, and it also generates a natural system of air circulation to ventilate

Gateway House 1: view of the central garden space and the structures built on levels that allow the presence of a terrace on each level.

Gateway House 1: vista del espacio central ajardinado y de las estructuras edificadas por niveles que permiten disponer una terraza en cada piso.

the offices. The relationship between the offices and the atrium is an elegant balance between enjoyment of the landscape and working privacy.

In 1982, the Merseyside Development Corporation commissioned **The Festival Hall** building from Arup Associates (completed in 1984). This project was to be completed in two phases with clearly differentiatedaims and functions. In the first stage the building was to act as the exhibition centre for Liverpool's International Garden Festival; to do this it had to create an environment for celebration, at the same time providing all the functions needed in a building of this type. Later, a second phase was to redirect the project to give its definitive structure by turning it into a regional sports centre.

In this building, Arup Associates designed a structure with an enormous vault, joined by two half domes clad in profiled aluminium sheet that insulates the interior from the heat and the noise of the traffic. The transparent central vault is covered in 16 mm polycarbonate sheet that was treated to prevent glare caused by refraction. The round shape seeks to fit in with its maritime setting; the definition of the accesses and services and the selection of the plants also contribute to the environmental balance.

Probably the most exemplary of all Arup Associates' schemes to recover natural spaces is **Stockley Park** in London. The project's duration (1984-1991) and the wide range of architects and landscapers involved shows its scope. The site, now a public facility, is near Heathrow Airport, and was formerly gravel workings and rubbish tips.

The general plan included a golf course, a geometrically-structured park open to the public and corporate buildings with contrasting circular and linear forms. This plan was performed in three phases. The first phase consisted of the construction of 36.5 ha occupied by seven zones of buildings, roads and a recreation centre. The second and third phases consisted of more office areas and a golf course. A total of more than 200,000 m² of buildings and more than 160 ha of green space were located on a site with a slight slope down to the Grand Union Canal. This large-scale landscaping improvement was performed in collaboration with Bernard Ede Associates, Charles Funke Landscape Consultants, Grontmij NV Reclamation Consultants and the expert on golf courses, Robert Trent-Jones.

One of the more recent projects performed by Arup Associates was the new office centre for the **Royal Insurance** company in Peterborough. This construction consists of a group of offices, computer services, a restaurant and a sports centre for all the staff. The offices are linearly structured with gentle rises in level and with a view of the natural landscape of the River Nene. The working areas face north to reduce direct sunlight.

The building's facade consists of three storeys whose glass walls create a trellis setting for the completely new gardens. A new wing has been designed on the south side, with a view over an artificial lake, to locate the restaurant and other services.

The construction of company headquarters intended to fit in with their setting, the restoration of old buildings by blending the past and the present, designing inherently energy-efficient factories, the recovery of landscapes scarred by human activities and concern for nature; these are the most notable and constant features in the work of Arup Associates.

General view of the buildings as a whole, seen from the park around the Wiggins Teape headquarters in Basingstoke.

View of the central garden space; the colour and texture contrast between the bronze surfaces and the plantings gives the area its remarkable feeling.

One of the pools in the landscape design for the gardens.

Vista general del conjunto edificado desde el parque que envuelve la sede de Wiggins Teape en Basingstoke.

Toma del espacio central ajardinado: el contraste cromático y de texturas entre las superficies de bronce y la vegetación confiere a este recinto su singular atmósfera.

Uno de los estanques que conforman el diseño paisajístico de los jardines.

Durante las últimas décadas, la preocupación por conciliar los avances tecnológicos y la preservación del medio ambiente se ha convertido en un objetivo prioritario. Arup Associates comulga con esta inquietud y proyectos como la Gateway House 1 & 2, The Festival Hall, Stockley Park o el Riyadh Diplomatic Quarter Sports Club, entre otros, apuestan decididamente por aquella funcionalidad que convive en perfecta armonía con el paisaje urbano, corporativo o industrial. Además, su voluntad de no romper los cánones de la naturaleza ha ido más allá del puro esteticismo para conseguir minimizar el consumo de energía y aprovechar los recursos naturales sin perjuicio del medio ambiente.

Para responder a todos estos problemas, a los que se añaden los factores más técnicos de planificación, legislación, ingeniería, servicios, costes y contratación, en 1963 se estableció en Londres Arup Associates, como una de las sociedades paralelas de la firma de ingeniería Ove Arup and Partners. Ésta es una de las varias ramificaciones que, de forma independiente, aunque aprovechando la poderosa implantación a nivel mundial de la corporación, engloba a distintos equipos multidisciplinares de trabajo para llegar a las más altas cotas de calidad, eficiencia y racionalidad en los proyectos; todo ello, en un sensible equilibrio con el paisaje y con las necesidades del usuario. Su trayectoria profesional abarca un amplio abanico de construcciones, tanto de iniciativa pública como privada: universidades, factorías, teatros, oficinas, urbanizaciones residenciales o restauración de antiguos edificios.

Entre los proyectos de la década de los setenta concebidos por Arup Associates destaca la **Gateway House 1** (1973-1976), encargo de la empresa Wiggins Teape para edificar su sede en Basingstoke. Estas oficinas, situadas en una pendiente escalonada orientada hacia el sur, forman una estructura piramidal que permite ubicar un jardín en las terrazas de cada uno de los cinco niveles. El contraste cromático entre las plantas y arbustos situados en estas terrazas y el color bronce que cubre la estructura de aluminio mantiene intacta la luminosidad del espacio en que se emplaza el edificio.

El atrio de la Gateway House es el principal punto de encuentro del personal de la empresa y, al mismo tiempo, genera un sistema de venti-

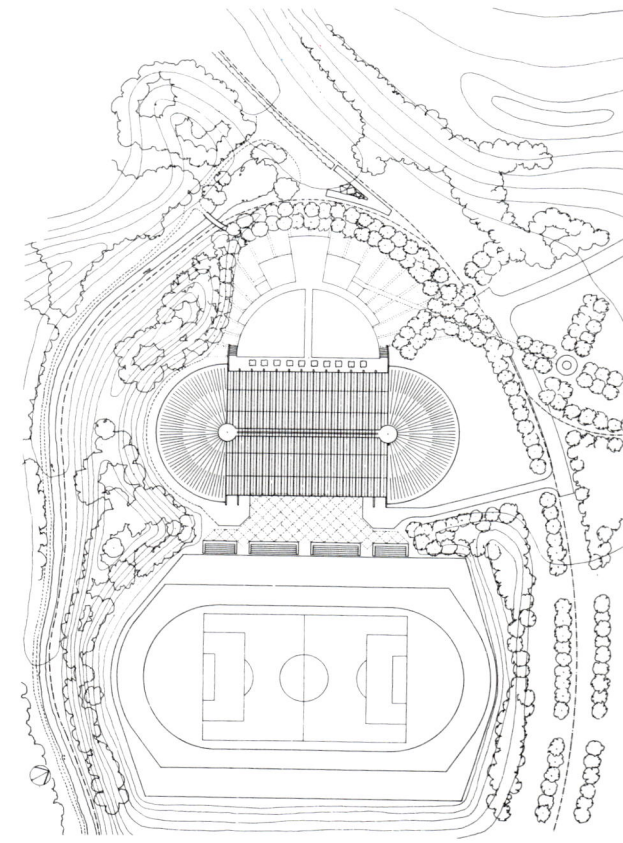

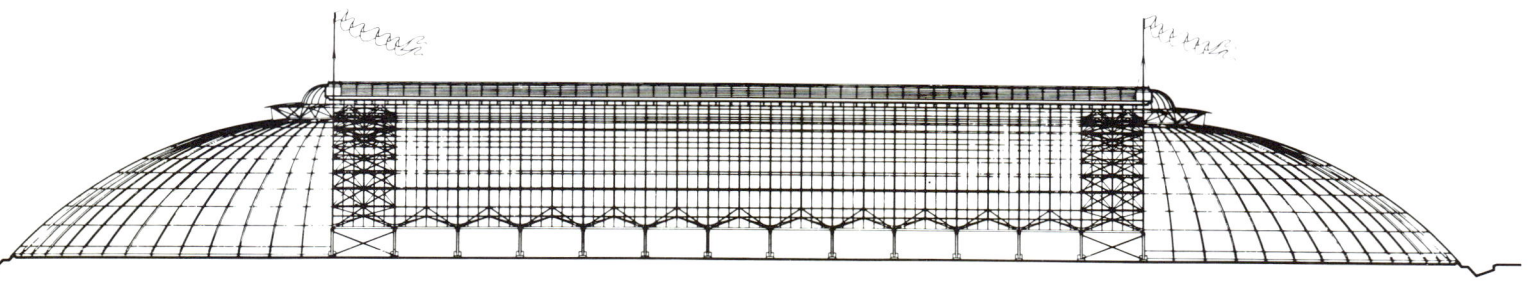

The Festival Hall: view of the impressive aluminium and glass structure, whose rounded forms and soft colours blend with the blue sky.

Aerial photo showing the structure in the setting of Liverpool's International Garden Festival.

General location plan within the International Garden Festival.

Elevation of building.

The site's landscaping confirms that high technology can live with the natural environment.

The Festival Hall: vista del impresionante volumen de aluminio y cristal, cuyas suaves formas y cromatismos se funden en el azul celeste.

Vista aérea en el marco del International Garden Festival de Liverpool.

Plan general de emplazamiento, en el marco del International Garden Festival.

Alzado del edificio.

El tratamiento paisajístico del lugar confirma la convivencia entre alta tecnología y entorno natural.

lación natural que suministra aire al interior de las oficinas. La relación entre éstas y el atrio se define en un elegante equilibrio entre el disfrute del paisaje y la privacidad laboral.

En 1982, la Merseyside Development Corporation encargó a Arup Associates el faraónico proyecto **The Festival Hall** (1984). Éste iba a desarrollarse en dos fases con objetivos y funciones claramente diferenciados. En una primera etapa, el edificio debía ejercer como centro de exposiciones para el International Garden Festival de Liverpool; por ello, tenía que reflejar un ambiente de celebración al tiempo que debía cumplir las funciones propias de un recinto de estas características. Posteriormente, una segunda fase debía reconducir el proyecto con el fin de dotarlo de una estructura definitiva que lo reconvirtiera en centro regional deportivo.

En este edificio, Arup Associates proponen una estructura de cúpulas bajas que forman un gigantesco caparazón y están revestidas en láminas de aluminio que funcionan como aislante del calor y de la contaminación acústica. La bóveda central, transparente, está cubierta de láminas de 16 mm de policarbonato tratado para combatir la refracción lumínica. Su suave volumetría persigue la integración en el contexto marítimo; la definición de accesos y servicios y la selección vegetal también contribuyen al equilibrio medioambiental.

Entre las obras de recuperación de espacios naturales probablemente la más representativa de Arup Associates sea el **Stockley Park** de Londres. La duración del proyecto (1984-1991) y la gran variedad de arquitectos y paisajistas que participaron en él es un indicativo de su magnitud. Ubicado cerca del aeropuerto de Heathrow, este antiguo vertedero ha sido transformado en zona de uso público.

El plan general incluía un campo de golf, un parque de estructura geométrica abierto al público y edificios corporativos en el que se contrastaban formas circulares y lineales. Este plan se desarrolló en tres fases; una primera, en la que se construyeron 36,5 Ha ocupadas por siete zonas de edificios, carreteras y un centro recreativo común. En la segunda y tercera fase se construyeron más areas de oficinas y un campo de golf. En total, más de 200.000 m² de edificios y mas de 160 Ha de zona verde quedaban ubicados en un terreno con ligeros desniveles en dirección hacia el Grand Union Canal. La adecuación paisajística de este extenso espacio se realizó en colaboración con Bernard Ede Associates, Charles Funke Landscape Consultants, Grontmij NV Reclamation Consultants y el experto en campos de golf Robert Trent-Jones.

Uno de los más recientes proyectos realizados por Arup Associates ha sido el nuevo centro de oficinas de la compañía **Royal Insurance**, en Peterborough. Esta construcción consta de un conjunto de oficinas, servicios informáticos, restaurante y centro de deportes de uso común para todo el personal. Las oficinas presentan una estructura lineal con suaves aumentos de nivel y con vistas al paisaje natural del río Nene. Los espacios laborales se han orientado hacia el norte para atenuar la incidencia solar directa.

La fachada del edificio está formada por tres pisos cuyas paredes acristaladas crean un trasfondo enrejado para los jardines de nueva creación. Para ubicar el restaurante y el resto de servicios se ha proyectado una nueva ala en la vertiente sur, con vistas sobre un lago artificial.

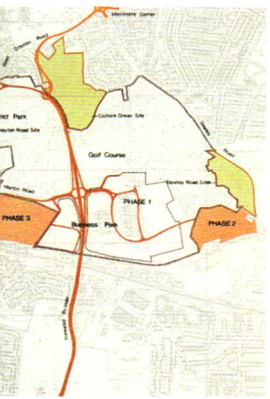

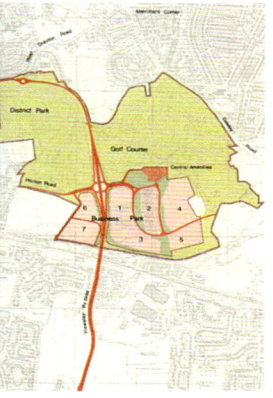

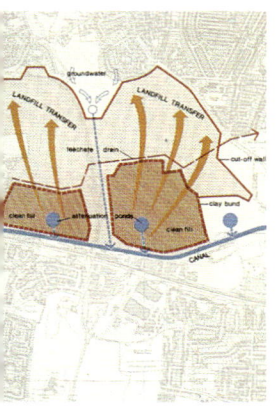

On this double page, distant views of the major architectural intervention in Stockley Park. In the vertical series of plans: general location plan; different phases of the project; the division into sectors; and hydraulic plan.

En esta doble página, distintas imágenes de la gran intervención arquitectónica y paisajística en el Stockley Park. En la secuencia vertical de planos: plan general de situación; fases del proyecto; sectorización; y plan hidráulico.

La construcción de sedes corporativas cuyo diseño se adapte al entorno, la restauración de antiguos edificios donde se mezclen pasado y presente, la proyección de factorías en las que la eficiencia energética sea inherente al diseño, la recuperación de paisajes deteriorados por la actuación del hombre y, en definitiva, la preocupación por la naturaleza son las constantes más significativas en el trabajo del equipo humano de Arup Associates.

Stockley Park includes a golf course, corporate buildings and large garden areas.

The four central photos show the treatment given to integrate the Royal Insurance building in Peterborough into its setting. There are two wings that correspond to working and leisure areas, which influenced the design and the materials chosen for the facades.

El Stockley Park incluye un campo de golf, edificios corporativos y grandes zonas ajardinadas.

Las cuatro fotografías centrales corresponden al tratamiento de integración paisajística del edificio de la Royal Insurance, en Peterborough. Está articulado en dos alas que corresponden a zonas laborales y de esparcimiento, lo cual influye en el diseño y materiales de las fachadas.

Bernard Lassus

Bernard Lassus's career may serve as an example to establish a clear distinction between landscape and environment, two concepts that as a result of inadequate ecological awareness are often mistakenly considered to be the same thing. His concept of landscaping does not seek to imitate nature or mimic idyllic scenes set in a natural world with no room for human beings. For Lassus, landscape is art insofar as it provides new means for the observer to discover elements and sensations that went unnoticed before the intervention. His creative philosophy can be summed up in the three concepts he has derived from his thorough critical and theoretical work, and proved in practice: the idea of the "*démesurable*" (that which cannot be measured, the suggested infinite); the idea of the "dweller-landscaper" (the human being as creator of, and part of, the landscape); and the concept of "inventive analysis" (joining the temporal strata of the past to those of the future). The study of some of his more famous works may help to clarify these ideas and to introduce others underlying his creative attitude.

Bernard Lassus was born in Chamalières in 1929 and studied at the École Nationale Supérieure des Beaux-Arts in Paris and in the Atelier Fernand Léger. He combined his artistic activity with research into the ambiguous relationship between art and nature, and this led to his creation of the Centre de Recherche d'Ambiances (1962). His training had many applications in landscape architecture, a field whose development he has greatly helped with his theoretical and practical contributions. He is professor at the École Nationale Supérieure des Beaux-Arts and now is in charge of the newly created doctorate course in landscaping at the École d'Architecture de Paris-La Villette and the École des Hautes Études en Sciencies Sociales.

Despite his teaching activities and membership of several landscaping institutions, Lassus has found time to condense his critical and theoretical reflections in some of the most lucid works on contemporary

General view of the "critical landscape" of the Passarelle d'Istres. Above, a detail of one of the decorative butterflies.

Vista general del «paisaje crítico» de la Passarelle d'Istres. Arriba, detalle de una de las mariposas que la adornan.

landscaping. His books, such as *Le Jardin de l'Antérieur, Une Poetique du Paysage: le démesurable, Jardins imaginaires, Jeux, demain des paysages, Villes-Paysages, Couleurs en Lorraine* and *Autoroute et Paysages*, form an essential part of the theoretical corpus of contemporary landscape architecture, and contain the ideas his work is based on.

Following his artistic development, one of the works in which Lassus explores the relations between art and nature is grouped together under the name of **Les Pins**, the subject of an exhibition in Great Britain in 1980. Twenty pine trees were photographed from three different but fixed angles, at the same distance, at the same height and at the same hour, under three different lighting conditions; front lit, side lit from the right and side lit from the left. Clearly close to land art, Lassus's installation extends his distinction between tactile and visual stimuli to provide a new meaning for the landscape, freeing it from its physical limitations to find unexplored aspects: immediacy, proximity, all that is *démesurable*....

His design for the **Passarelle d'Istres** (1981) was undeniably landscape architecture. The butterflies on the metal railings, the moulding of the site using false rock masses and the construction of an ancient fountain all refer to a landscape that is not natural but proposes new ideas about nature. The creative artist should not imitate nature but reinvent it by affirming the artistic autonomy of landscaping activity. This reinvention of the landscape also underlies the facades of false vegetation in **Évry** (1974), within what Lassus calls "critical landscape".

His ambitious project for **Rochefort-sur-Mer** (1982-1997), one of the major initiatives of the Mitterrand period, won the French Ministry of Culture's Grand Prix du Patrimoine. His designs for the Jardins des Tuileries (Paris, 1990), the Jardin des Retours and the Parc de la Corderie Royale in Rochefort-sur-Mer raise questions relating to the debate between conservation and rehabilitation as opposed to evolution. Lassus's method is to respect what is old, and on this basis to start again from a different perspective. This is what Lassus calls "inventive

The plans show two elevations (one is a general elevation and the other a closer detail) of the Passarelle d'Istres. The photos show several details of this landscape reinvented by Lassus's proposal of a new idea of what is natural.

En los planos, dos alzados (uno general y otro más próximo) de la Passarelle d'Istres. Las fotografías muestran distintos detalles de este paisaje reinventado por Lassus, en el que propone una nueva idea de lo natural.

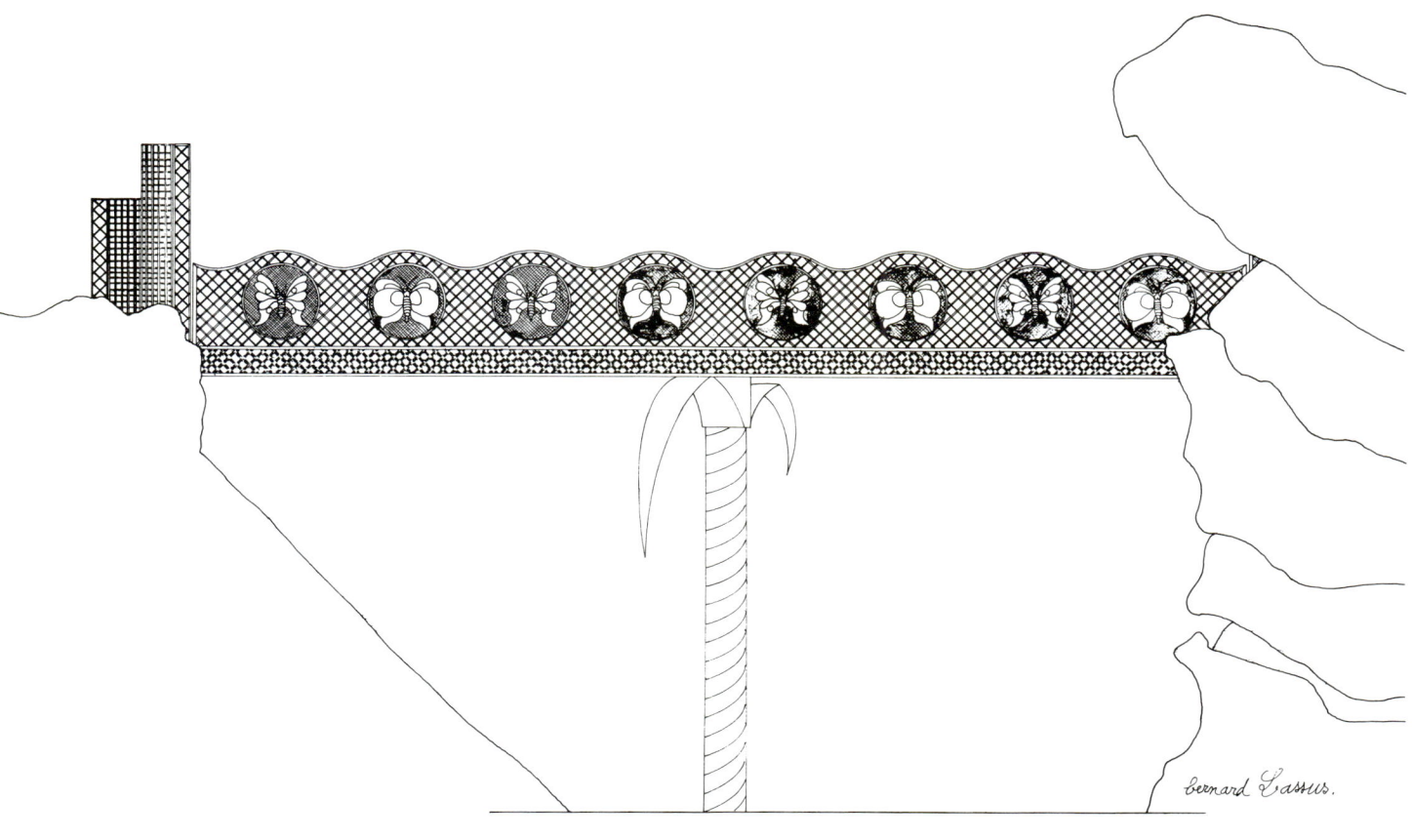

181

analysis", starting from the position that the past may be as true as it is imaginary; once again, the idea of reinvention as a method of creation.

His design for **Uckange** (1981-1987) is scenographic in conception; the interrelations between the real landscape of the dwellings and the imaginary landscapes painted on their walls give the group as a whole a theatrical dimension. As in most of his designs, this project also shows his concept of "dweller-landscaper": each individual's perception also serves to invent the landscape, without necessarirly being aware of this.

The intervention in the **Nîmes-Caissargues** motorway service area (1989-1991) clearly shows the importance of history in landscape creation, and this is all brought together with another major issue in contemporary landscaping: road infrastructure and high-speed transport routes. Lassus proposed the intersection of two layouts, one of which is in the traditions of the French classical garden while the other is modern, and then he decorated it with fragments recreating Nîmes's history; the colonnade of its ancient theatre, belvederes, one with a silhouette mimicking the Tour Magne, a model of the Tour Magne and a cartographic reconstruction.

Finally, we should mention what Lassus considers to be his best project, although it only came second in the international competition he entered it for. This is the plan for a 200 ha park in Duisbourg-Nord (1990-1992). It forms part of the overall plan to recover and improve this former industrial area in the Ruhr basin. In his design for **Emscher Park**, Lassus advances his theory that healing and decontaminating a disused, abandoned area is no more than landscaping's "absolute minimum". Starting from this basis, we can create and recreate, invent and reinvent.... In this case, the representation of the water cycle, from steam to ice, may be a metaphor for his concept of history and the future, linked together in new and unexpected dimensions of time and space.

La trayectoria de Bernard Lassus puede servir de paradigma para establecer una clara distinción entre paisaje y medio ambiente que, en aras de una concienciación ecológica mal entendida, suelen ser confundidos en una sola realidad. Su concepción del paisajismo no pretende imitar a la naturaleza, remedar escenas idílicas de un mundo natural en el que el hombre no tenga cabida. Para Lassus, el paisajismo entronca con el arte en la medida en que proporciona nuevos medios para que el observador descubra elementos y sensaciones que antes de su intervención pasaban desapercibidos. Gran parte de su filosofía creativa puede resumirse en tres conceptos esenciales, fruto de una exhaustiva labor teórica y crítica, corroborada siempre en el ámbito de la práctica: lo «démesurable» (lo no mensurable, el infinito sugerido); el «habitante-paisajista» (el ser humano como creador y parte del paisaje); y el «análisis inventivo» (un entrelazamiento entre los estratos temporales del pasado y del futuro). El estudio de algunas de sus obras más celebradas puede servir para aclarar estos puntos e introducir otras nociones fundamentales en su actitud creadora.

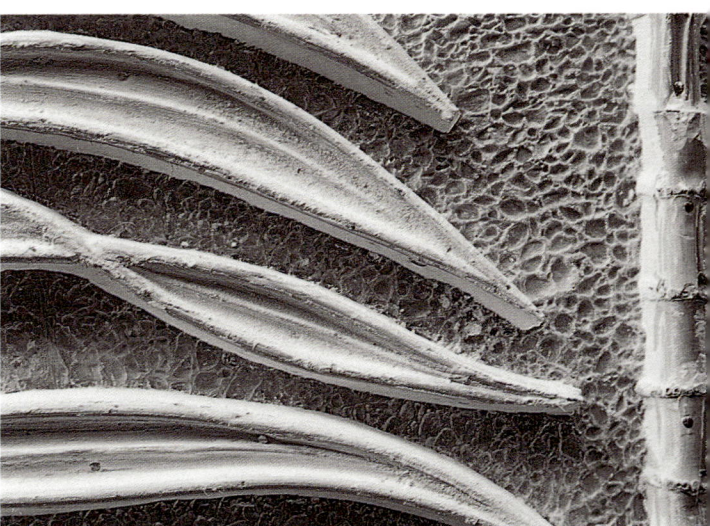

Formado plásticamente en l'École Nationale Supérieure des Beaux-Arts de París y en el Atelier Fernand Léger, Bernard Lassus (Chamalières, 1929) simultaneó su actividad artística con la investigación sobre las ambiguas relaciones entre arte y naturaleza, lo que se tradujo en la

The photographs on this double page show general images and details of the Évry design, with its "plant" facades and facades using "false" bricks.

Las fotografías de esta doble página muestran imágenes generales y detalles de la intervención en Évry, con sus fachadas «vegetales» y sus fachadas en «falsos» ladrillos de molde.

creación del Centre de Recherche d'Ambiances (1962). Este proceso formativo encontró un vasto campo de aplicación en el ámbito de la arquitectura del paisaje, un terreno a cuya evolución ha contribuido decisivamente con sus aportaciones tanto teóricas como prácticas, y que ha fructificado en la creación de un doctorado en paisajismo en l'École d'Architecture de Paris-La Villette, del que es el máximo responsable, al igual que de la École des Hautes Études en Sciencies Sociales. Asimismo, ejerce como profesor en la École Nationale Supérieure des Beaux-Arts.

A pesar de su intensa actividad como docente y como miembro de diversas instituciones relacionadas con el ámbito del paisaje, Lassus ha tenido tiempo para condensar sus reflexiones teóricas y críticas en algunas de las obras más lúcidas sobre el paisajismo contemporáneo. Libros como *Le Jardin de l'Antérieur*, *Une poetique du Paysage: le démesurable*, *Jardins imaginaires*, *Jeux, demain des paysages*, *Villes-Paysages*, *Couleurs en Lorraine* o *Autoroute et Paysages* forman parte esencial del cuerpo teórico de la arquitectura paisajística actual, y en ellos se puede encontrar la base sobre la que se fundamentan los trabajos del autor galo.

Siguiendo su proceso evolutivo, una de las obras en las que Lassus explora el ámbito de las relaciones entre arte y naturaleza es la agrupada bajo el nombre genérico de **Les Pins**, objeto de una exposición en Gran Bretaña en 1980. Se trata de una serie de veinte pinos, fotografiados desde tres distintos ángulos fijos, situados a la misma distancia, altura y hora, pero bajo tres diferentes condiciones de luz: frontal, lateral derecha y lateral izquierda. Rozando abiertamente los presupuestos del *land art*, su intervención ahonda en la diferenciación que Lassus estable-

Photos from the exhibition Les Pins, *a work with which Lassus explored new dimensions of landscaping, and examined the concepts of closeness and immediacy.*

Distintas imágenes de la exposición fotográfica de Les Pins, *obra con la que Lassus explora nuevas dimensiones paisajísticas abondando en los conceptos de proximidad e inmediatez.*

ce entre lo táctil y lo visual para proporcionar un nuevo sentido al paisaje, liberándolo de los límites físicos para encontrar dimensiones inexploradas: inmediatez, proximidad, lo *démesurable*...

Ya dentro de la arquitectura del paisaje propiamente dicha, en la intervención en la **Passarelle d'Istres** (1981), las mariposas sobre la reja metálica, la modulación del terreno con falsas masas rocosas y la construcción de una fuente «antigua» remiten a un paisaje que no es natural, sino que propone nuevas ideas sobre la naturaleza. El creador no debe imitarla, sino reinventarla, afirmando la autonomía artística de la actividad paisajística. Esta reinvención del paisaje también forma parte de la trama conceptual de las fachadas de falsa vegetación de **Évry** (1974), dentro de lo que Lassus califica como «paisaje crítico».

El ambicioso proyecto de **Rochefort-sur-Mer** (1982-1997), una de las grandes iniciativas del periodo Mitterrand, fue galardonado en 1993 con el Grand Prix du Patrimoine del Ministerio de Cultura francés. Paradójicamente, tanto en su proyecto para los Jardins des Tuileries (París, 1990) como en el Jardin des Retours y el Parc de la Corderie Royale en Rochefort-sur-Mer se plantean algunos de los puntos referidos al debate entre conservación y rehabilitación frente a evolución. La opción de Lassus es la de respetar lo pretérito y, partiendo de ello, retomarlo desde una nueva perspectiva. Es lo que el autor denomina como «análisis inventivo», partiendo del presupuesto de que el pasado puede ser tanto verdadero como imaginario: de nuevo, la idea de la reinvención como método de creación.

En el proyecto de **Uckange** (1981-1987), se puede hablar de una concepción escenográfica de la intervención: las interrelaciones entre el paisaje real de las viviendas y los paisajes imaginarios pintados sobre sus muros proporcionan al conjunto una dimensión teatral. En este proyecto, como en la mayoría de sus obras, se puede aplicar también el concepto de «habitantes-paisajistas»: la percepción de cada individuo también sirve para inventar el paisaje, sin necesidad de ser consciente de ello.

On this double page, two examples that shows Lassus's personal approach to the notion of history: the project in Rochefort-sur-Mer (previous page) and the Nîmes-Caissargues motorway services area.

En esta doble página, dos ejemplos que ponen de manifiesto la singular aproximación de Lassus a la noción de historia: la intervención de Rochefort-sur-Mer (página anterior) y el área de servicios de Nîmes-Caissargues.

La intervención en el área de servicio de **Nîmes-Caissargues** (1989-1991) pone de manifiesto la importancia de la historia dentro de la creación paisajística, entrelazada con otro tema fundamental dentro de la evolución actual del paisaje: las infraestructuras viarias y los medios de transporte de alta velocidad. Lassus propone la intersección entre dos trazados, uno en la tradición del clásico jardín francés y uno de orden contemporáneo, y lo adereza con fragmentos y recreaciones de la historia de la población francesa: la columnata del antiguo teatro de Nîmes, belvederes, uno de los cuales adquiere la silueta de la Tour Magne, una maqueta de ésta y una reconstrucción cartográfica.

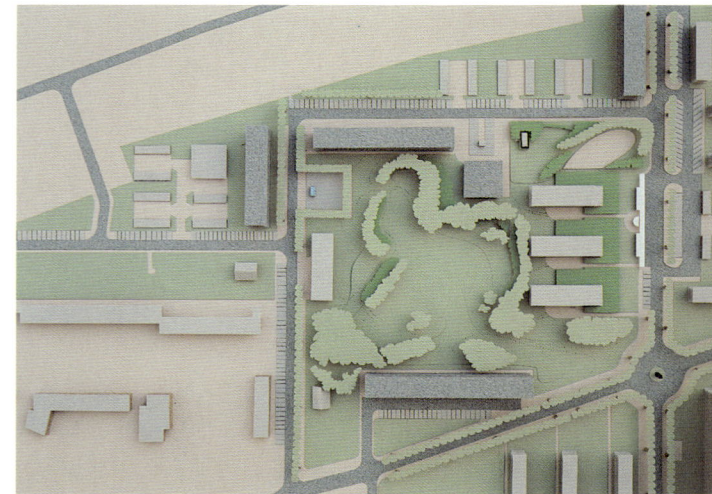

Por último, es preciso hacer mención al que Lassus considera su mejor proyecto (a pesar de que, en la competición internacional a la que fue invitado, quedó en segundo lugar): se trata de la planificación de un parque de 200 Ha en Duisbourg-Nord (1990-1992), que forma parte del programa global de recuperación y dignificación de las antiguas zonas industriales de la cuenca del Ruhr. En su proyecto del **Emscher Park**, Lassus plantea su teoría de que sanear y descontaminar un área abandonada y en desuso no es más que el «grado cero» de la actuación paisajística. A partir de él, podemos crear y recrear, inventar y reinventar... En este caso, la escenificación del ciclo que experimenta el agua desde el vapor al hielo puede servir como metáfora de su concepto de la historia y del futuro, entrelazados en nuevas e inesperadas dimensiones del tiempo y del espacio.

The design for Uckange establishes a complex set of interrelations between the real landscape and the imaginary landscape, turning it into a wide scenographic backdrop.

La intervención en Uckange establece un complejo juego de interrelaciones entre paisaje real y paisaje imaginario, que le proporciona un amplio trasfondo escenográfico.

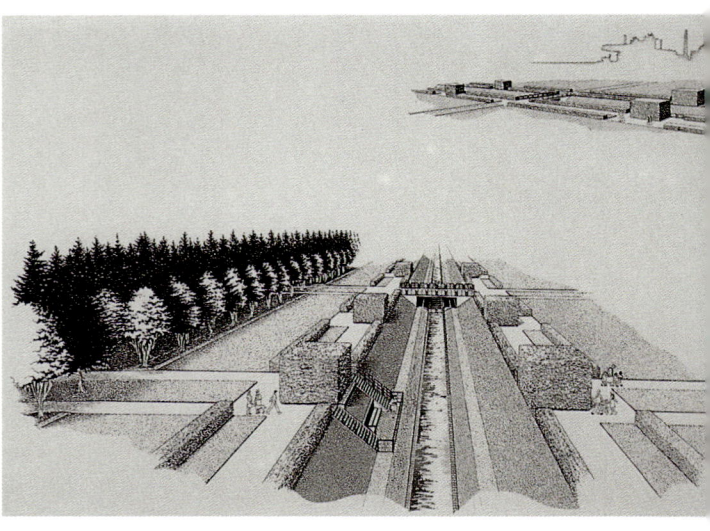

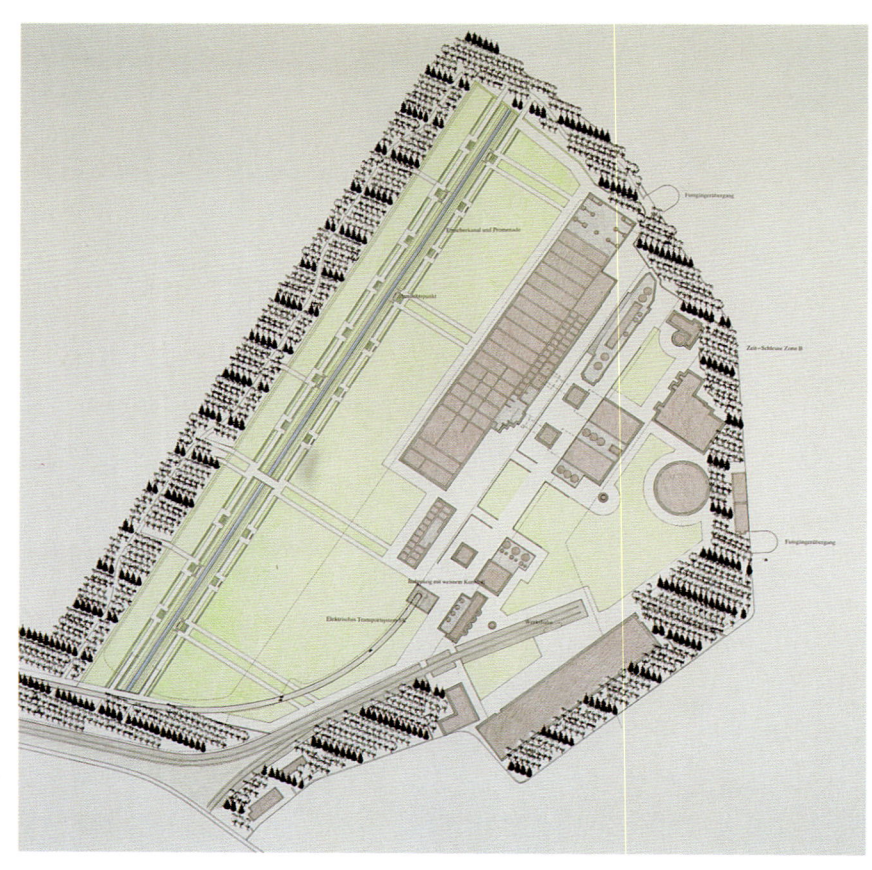

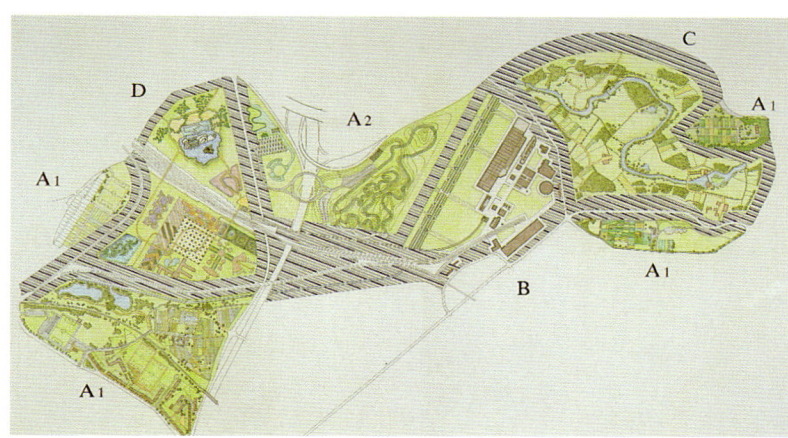

Planimetric documentation sent by Lassus for the Duisbourg-Nord competition. The architect considers Emscher Park is his best design.

Documentación planimétrica remitida por Lassus para el concurso de Duisbourg-Nord. El Emscher Park es considerado por el propio autor como su mejor trabajo.

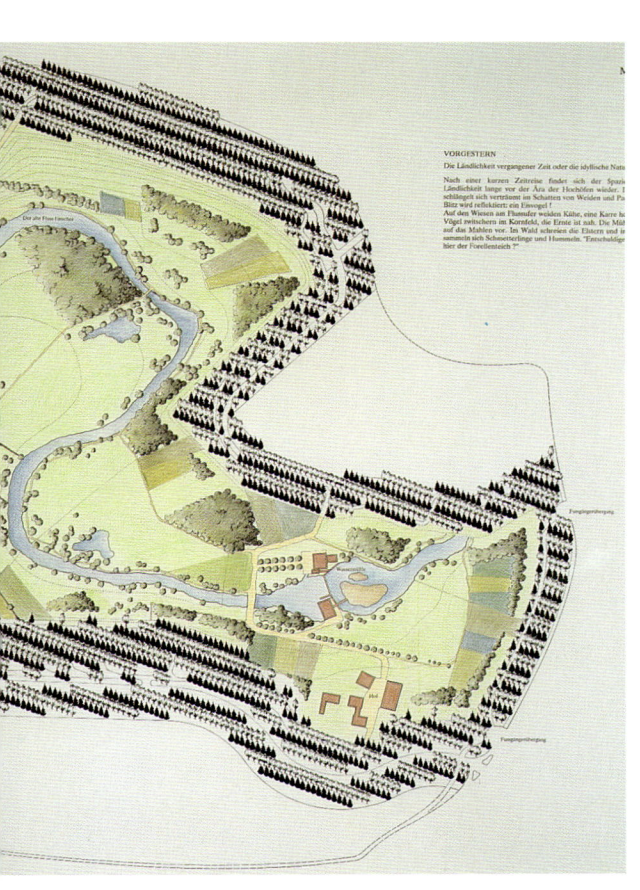

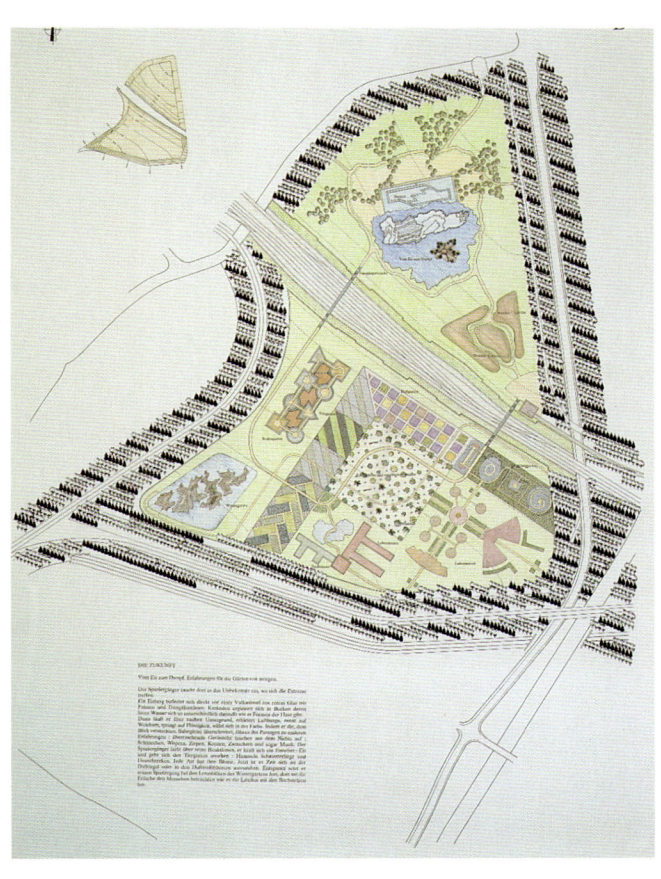

Tiffany Plaza is a community living area, with the city as a ceiling. A living room where our spiritual thoughts and worldly pressures unite our social spirit with the architecture of the City. The plaza is a multiple purpose open space bordered by Southern Boulevard and Fox Street, bisected by Tiffany Street and anchored by St. Athanasius Church. It addresses itself to the place and importance of the Church and its relationship to a largely Hispanic Community. A series of cascading low fountains are framed by receding concrete and glassblock planes, which allow the fountains to be seen in varying shades of sun and shadow. The sound and presence of water is a reminder of our personal and communal rebirth. The walls and floors of granite recall the continuing efforts to rebuild our community. The lawn and tree canopy bring the softness of nature in touch with the City. A place of re-pose. In Tiffany Plaza, we as a community will welcome those that are born, rejoice with those who are united, and mourn those who die. But most of all, most importantly, we will return day after day, to meet as a community, each neighborhood where people can relate to and build an internal other and fortify it. Here, the Church and Plaza are found the people of God are united.

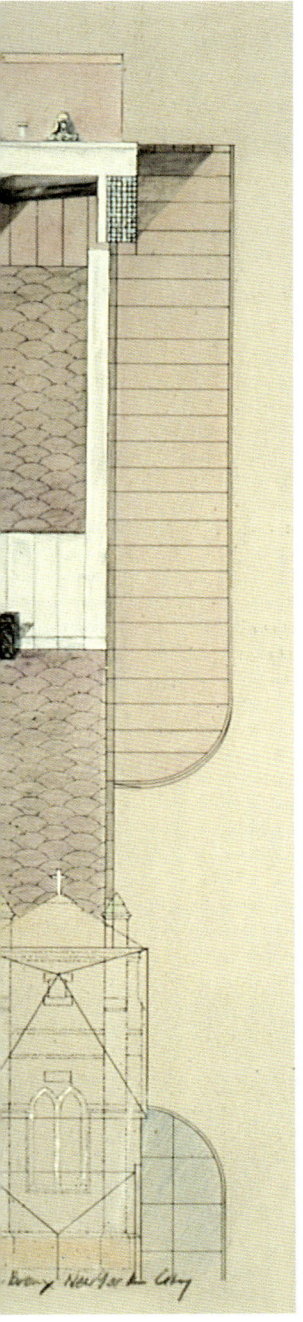

Weintraub
& di Domenico

Lee Weintraub and John di Domenico grew up in New York in the 1950s and 1960s. They met at Brooklyn Technical High School, one of the city's four specialised public high schools. They both graduated from The City College of New York, Weintraub as a landscape architect in 1973, and di Domenico as an architect in 1975. After working in the public sector as apprentices, they joined up to start their own office in 1981, specialising in small-scale urban development projects in the districts of New York.

Lee Weintraub and John di Domenico's landscape architecture has an important social aspect and is closely linked to the city and to life in the different districts, such as the Bronx, Harlem, Chinatown and Carnegie. Their designs seek the involvement of the citizen. When they create a small plaza in front of a church or in one of New York's blighted multiracial neighbourhoods, they talk to the community, to local associations, asking for suggestions, and then try to put these desires into practice. This is because they are convinced that if they did not do so, their projects would fail and be abandoned. So their projects are responsive and eclectic, showing the complexity of the city, its mixture of cultures and the use of a wide range of techniques.

Weintraub, whose views were shaped by the social movements of the 1960s, is more concerned about collective participation in and enjoyment of architecture than its formal aspects. He is director of the Urban Landscape program at City College, where he emphasises landscape architecture for the urban environment, and he is also on the New York City Landmarks Preservation Committee, dedicated to preserving the city's most important landmarks. John di Domenico directs the architectural program of the New York Institute of Technology in Manhattan.

General plan; Tiffany Plaza's design relates it to the church of Saint Athanasius and recalls forms close to the inhabitants of the Hispanic Bronx.

Plano general: la Tiffany Plaza, proyectada en relación a la iglesia de Saint Athanasius, evoca formas próximas a los habitantes del Bronx hispano.

193

Tiffany Plaza, a plaza built in the Hispanic centre of the Bronx in 1981, consists of two rectangular sectors whose ends overlap at 90°. One is an almost empty esplanade serving as a forecourt for the church of St. Athanasius, and with a planting of honey locusts arranged in a grid pattern, as if it was a small orchard of fruit trees.

The pavement of the esplanade extends over the street to the doors of the church, so the church's facade is integrated into the project, as well as dominating it. The trees are to one side of the rectangular esplanade, and on the other two sides there is a white wall that isolates the square from its surroundings, giving the space its own identity, and recalling the plazas found in Latin America. The wall located opposite the church breaks down into a set of porticos and overlapping walls that hides an inner pool under a row of fountains.

In 1983, Weintraub and di Domenico created a very similar design, **McKenna Square**, which is also in front of a church, the Cathedral of Saint Rose of Lima in upper Manhattan. The architects again sited a feature opposite the cathedral's entrance, a structure of steel pipes with pavé walls forming an elongated pergola, with a coloured "temple" in the centre that is half ancient sacred site and half gingerbread house. As in Tiffany Plaza, the pergola faces the church over a paved space. In this case, the trees are planted in an adjacent space, following a smoothly curving path.

Washington Market Park is a small romantic landscape of rolling grassland with a wide range of tree plantings. These provide a range of colours that changes with the seasons and contrasts with the green background. There is a white cast-iron octagonal gazebo and a curvilinear path winding through the park. In order to respond to lower Manhattan's skyscrapers it includes a leisure area (with tennis and basketball courts and a children's playground), so people can rest far from the hustle and bustle of the city.

In **Longfellow Garden** in the South Bronx, Weintraub & di Domenico designed a garden on a site obtained by a non-profit housing corporation from the local authorities. The residents took responsibility for maintenance, as they were fed up with the badly maintained harsh concrete spaces only too common in the area. The design creates three brick-paved rectangular terraces with benches and surrounded by plantings. In the centre there is a large pergola and a fountain, while at one end there are nine flower beds and at the other end there is a play area with refreshing spray jets to keep cool in summer.

In **Charlton Park**, a South Bronx neighbourhood committee commissioned the architects to design a small garden that could be locked at night. The centre of the space is a rocky escarpment more than three metres above street level, making it advisable to create a "hard" park with a central pergola, lined with plantings and some tall trees to seclude it from its surroundings.

The design of **Morton Street Park** is the result of collaboration between Weintraub and Eckstut, an architect known for his positive attitude to urban development, after they won a restricted competition. The Port Authority of New York wanted to construct two ventilation towers in Greenwich Village for the trains crossing under the Hudson River. In the face of local opposition they invited several architects to submit proposals.

Their proposal was for the towers to form the first part of a lineal waterfront park that will one day stretch from Battery Park City to

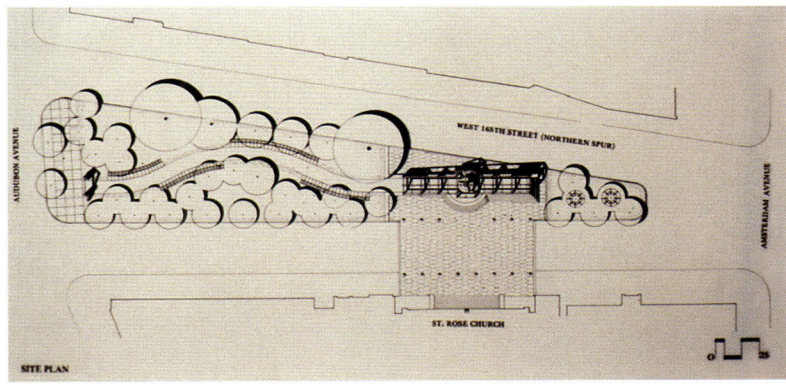

SITE PLAN

AUDUBON AVENUE

WEST 165TH STREET (NORTHERN SPUR)

AMSTERDAM AVENUE

ST. ROSE CHURCH

Facing page: the fountain, porticos and walls create a play of light and shade that gives the site a special light.

On this page: Washington Market Park is designed as a single space, a small hill with a wide range of strategically planted trees and a romantic gazebo as its centrepiece.

Plan: in McKenna Square, Weintraub and di Domenico retrieve the same ideas they used in Tiffany Plaza.

Página anterior: la fuente, los pórticos solapados y los muros de pavés provocan un juego de sombras y reflejos que dotan al lugar de una luz especial.

En esta página: el Washington Market Park está pensado como un espacio único, una pequeña colina con los árboles más diversos plantados estratégicamente y una glorieta romántica en la que confluyen las miradas.

Plano: en la Mckenna Square, Weintraub y di Domenico recuperan las mismas ideas aplicadas en la Tiffany Plaza.

Riverside Park. In this design Weintraub used a different architectural style; his normal classical references and animal or mythological figures are replaced by a desire to reveal the structure of the materials.

This development is clear in their largest project, **Octagon Park** on Roosevelt Island, the largest park built in New York in the last 50 years. The pergolas, the railings and the small pavilions built in the park show an approach similar to the industrial aesthetic and in some cases to deconstructivism.

This change in forms did not reflect any change in their approach to project design, always based on fulfilling the requirements and proposals of the users. Weintraub admits that "*Some of them are very shy at first; they can't believe I meant it when I told them to call me at the office if they have a question or if there's a problem.*" The result is a park that has rest areas, riverside promenades with a view of Manhattan, tennis courts, a football pitch, and even private plots for keen gardeners. A park designed on the basis of the wishes of all its users.

General plan of Longfellow Garden. It is divided into three rectangular paved spaces, each with a different character, surrounded by plantings.

Longfellow Garden is full of flowers and plants and represents an unusual space for the South Bronx. It was the result of a community effort.

The pergola is sited in the central space and is in a classically influenced style.

Plano general: el Longfellow Garden está dividido en tres espacios rectangulares pavimentados, rodeados de vegetación, cada uno de ellos con un carácter diferente.

El Longfellow Garden, repleto de flores y vegetación, es un espacio atípico en la parte sur del Bronx, conseguido gracias al esfuerzo de los vecinos.

La pérgola, situada en el espacio central, está diseñada según referencias clasicistas, tanto en forma como en lenguaje.

197

Tanto Lee Weintraub como John di Domenico crecieron en Nueva York en los años cincuenta y sesenta. Ambos se conocieron en la Brooklyn Technical High School, uno de los cuatro institutos públicos especializados de la ciudad; más tarde, se graduaron respectivamente en paisajismo (1973) y arquitectura (1975) por el City College de Nueva York. Durante algunos años trabajaron como arquitectos ayudantes en la administración pública y, cuando en 1981 establecieron su propio despacho, se especializaron en proyectos urbanísticos de pequeña escala en los barrios neoyorquinos.

La arquitectura paisajística de Lee Weintraub y John di Domenico tiene una importante dimensión social y está íntimamente ligada a su ciudad y a la vida en los barrios: Bronx, Harlem, Chinatown o Carnegie. Sus proyectos buscan la complicidad del ciudadano. Cuando realizan una pequeña plaza frente a una iglesia o en un espacio degradado de un barrio neoyorquino, multirracial e interétnico, conversan con los integrantes de la comunidad, se reúnen con las asociaciones de vecinos, les piden sugerencias e intentan formalizar sus deseos, porque están convencidos de que, de otra manera, sus proyectos están condenados al fracaso y al abandono. Por ello, sus realizaciones son porosas y eclécticas, muestran la complejidad de su ciudad, la mezcla de culturas y la formalización de los motivos más dispares.

Weintraub, educado en los movimientos sociales de los años sesenta, se preocupa más por la participación colectiva y el disfrute de la arquitectura que por su expresión formal. Es el director del Urban Landscape Program del City College, donde se dedica al estudio y la difusión del paisajismo urbano, y participa al mismo tiempo en la New York City Landmarks Preservation Commission, dedicada a la conservación de los edificios más representativos de la ciudad. Por su parte, di Domenico dirige el programa arquitectónico del New York Institute of Technology, en Manhattan.

La **Tiffany Plaza**, una plaza construida en el centro hispano del Bronx en 1981, está formada por dos sectores rectangulares relacionados ortogonalmente: una explanada casi vacía, pensada como antepatio de la iglesia de Saint Athanasius; y un bosque de acacias, dispuestas según una rígida cuadrícula, como si se tratara de un pequeño huerto de árboles frutales.

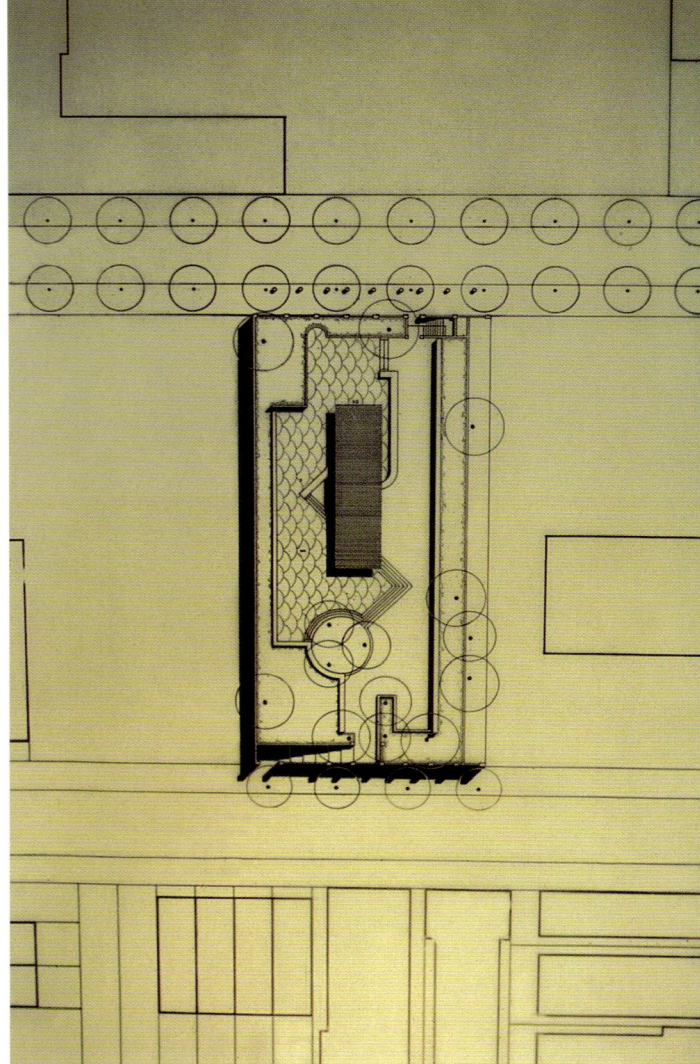

El pavimento de la explanada se extiende por la calzada de la calle hasta la puerta de la iglesia, de manera que la fachada de ésta queda integrada en el proyecto y, al mismo tiempo, lo preside. El bosque queda a un lado de la explanada rectangular y, en los dos restantes, se levanta un muro blanco que aísla la plaza del entorno, convirtiéndola en un espacio con una identidad propia, que evoca las plazas de la América hispana. El muro situado en el extremo opuesto a la iglesia se desdobla en un juego de pórticos y muros solapados que esconde un estanque interior bajo una hilera de fuentes borboteantes.

En 1983, Weintraub y di Domenico realizaron un proyecto muy similar a éste, la **McKenna Square**, también frente a una iglesia, la catedral de Santa Rosa de Lima, en la zona alta de Manhattan. Los arquitectos oponen de nuevo a la entrada de la catedral un elemento: una estructura de perfiles de acero con muros de pavés que forma una pérgola alargada, con un templete polícromo en su centro que bascula entre lo sagrado y lo lúdico. Como en la Tiffany Plaza, la pérgola cierra un espacio pavimentado, presidido por la iglesia. En este caso, los árboles se plantan en un espacio contiguo, siguiendo la suave curvatura de un camino.

Location plan of Charlton Park: as it is sited on a rock three metres above street level, it was decided to design a concrete-surfaced square with vegetation around the edges.

In Charlton Park, a project similar to Longfellow Garden and also in the south Bronx, the pergola is monumental in nature, supported by caryatids.

The plaza is an enclosed space looked after by the residents. Access is by means of a gate that can be locked.

Plano de situación del Charlton Park: al estar situado sobre una roca (que se levanta tres metros sobre el nivel de la calle), se optó por diseñar una plaza dura con vegetación en los bordes.

En el Charlton Park, un proyecto similar al Longfellow Garden y realizado también en el sur del Bronx, la pérgola tiene un carácter monumental, sustentada por columnas de cariátides.

La plaza es un espacio cerrado, que cuidan los propios vecinos y al que se accede por una puerta cerrada con llave.

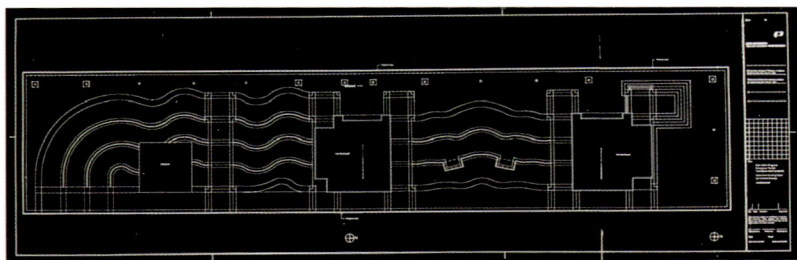

El **Washington Market Park** es un pequeño paisaje romántico de praderas onduladas, con gran diversidad de especies arbóreas que forman una paleta de colores sobre fondo verde que varía con las estaciones. Un paisaje único, con una glorieta octogonal de hierro forjado blanco y un camino que lo recorre sinuosamente. Se trata de una respuesta radical a los bloques de rascacielos de la parte baja de Manhattan, en la que se ha ubicado un lugar de esparcimiento (incluye pistas de tenis y baloncesto y atracciones para niños), para descansar lejos del ajetreado ritmo de la ciudad.

En el **Longfellow Garden**, en el sur del Bronx, Weintraub & di Domenico diseñaron un jardín en un solar que una desinteresada corporación constructora de viviendas había conseguido de las autoridades locales, con el compromiso de que fueran los propios ciudadanos quienes lo cuidaran, desencantados con los espacios duros –sin mantenimiento– habituales en el barrio. El proyecto responde al deseo de crear tres espacios rectangulares con bancos y rodeados de vegetación: en el centro, una gran pérgola y una fuente; en un extremo, nueve parterres para plantar flores; y, en el otro, un espacio libre para jugar, con un surtidor para refrescarse en verano.

En el **Charlton Park** fue un comité de vecinos del sur del Bronx el que encargó a los autores que diseñasen un pequeño jardín que pudiera cerrarse con llave. En el centro del espacio, la presencia de una masa rocosa que se alzaba unos tres metros sobre la calle aconsejó el diseño de una plaza dura, con una pérgola central, rodeada de vegetación y algunos árboles altos que la aislasen del entorno.

El proyecto del **Morton Street Park** es el resultado de la colaboración de Weintraub con Eckstut, arquitecto de talante urbanista, en un concurso restringido en el que resultaron ganadores. La autoridades portuarias de Nueva York querían construir unas torres de ventilación para los trenes que cruzaban subterráneamente el río Hudson, en Greenwich Village, pero, ante la insistente oposición de los vecinos, invitaron a varios arquitectos a un concurso de ideas.

Su propuesta fue la de integrar las torres dentro de un parque de carácter lineal que, en algún momento, pudiese unir el Battery Park City con el Riverside Park. En este proyecto cambia el lenguaje arquitectónico de Weintraub: las imágenes tradicionales, las referencias clásicas y la figuras mitológicas o animales ceden paso al interés por la expresión estructural de los materiales.

Esta evolución se hace patente en el proyecto del **Octagon Park** en Roosevelt Island, su obra más extensa y el mayor parque construido en Nueva York en los últimos cincuenta años. Las pérgolas, las barandillas, los pequeños pabellones que se construyen en el parque, muestran un acercamiento a la estética industrial y, en algún momento, al deconstructivismo.

Plan: the project for Morton Street Park is a lineal garden on the banks of the Hudson River, that will adapt to the park's possible future extension along the riverside.

The design had to fit in two very large ventilation towers.

This work was performed in collaboration with Eckstut, and involved a clear change in Weintrau's architectural style.

Octagon Park on Roosevelt Island is Weintraub & di Domenico's largest project, and the largest green space created in New York in the last fifty years.

Plano: la intervención en el Morton Street Park consiste en un jardín, situado en la orilla del río Hudson y con una clara vocación lineal, que tiene en cuenta una posible ampliación a lo largo del río.

El proyecto debía integrar dos torres de ventilación de gran tamaño.

Realizada en colaboración con Eckstut, esta obra supone un cambio en el lenguaje arquitectónico de Weintraub.

El Octagon Park, en la Roosevelt Island, es el proyecto más extenso acometido por Weintraub & di Domenico, y el mayor espacio verde diseñado en Nueva York en los últimos cincuenta años.

201

Este cambio en las formas no supuso ninguna alteración en la manera de concebir el proyecto, siempre atendiendo a los requerimientos y a las propuestas de los usuarios: el propio Weintraub confiesa que «*algunos de ellos eran muy tímidos al principio, porque no podían creerse que les dijese que me llamaran a la oficina si tenían alguna cuestión o problema que comentar*». El resultado es un parque que tiene tanto zonas de descanso y paseos a lo largo del río con vistas a Manhattan, como pistas de tenis y fútbol o, incluso, parterres privados para los aficionados a la jardinería. Un parque proyectado con los deseos de todos sus usuarios como materia prima.

On this double page, different views of Octagon Park. In this project, the architects adopt an aesthetic close to deconstructivism in the design of pergolas and pavilions.

En esta doble página, distintas imágenes del Octagon Park. En el proyecto, los arquitectos adoptan una estética próxima al deconstructivismo en el diseño de las pérgolas y los pabellones.

travertine
memorial wall

300 cars under

black granite podium

extend cherrybloom
w/ crab apple bosques

3

2   1   0

0 + 2 3   4

P O T O M A

R O O S E V E L T   M E M O

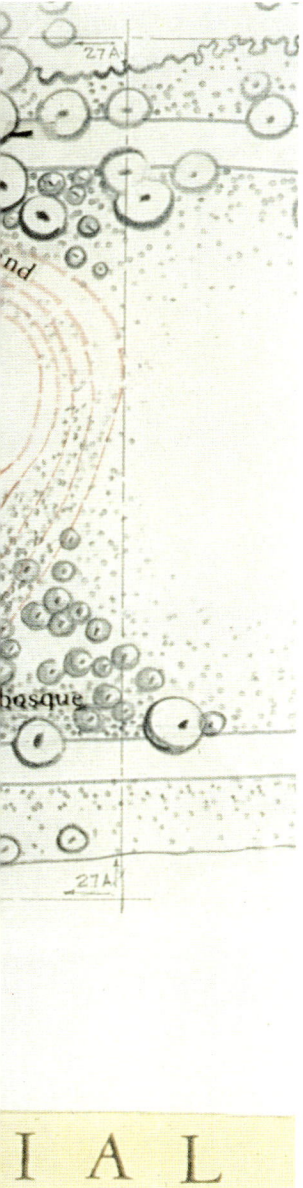

Richard Haag

It has been said that Richard Haag's attitude to nature is based on mutual understanding and respect, that his designs neither seek to conceal themselves nor to appear a conflictive imposition, and that his approach to landscape is closer to evolution than to creativity. Our notion of creativity is so closely linked to the concept of rupture with tradition, however, that we are sometimes unable to appreciate the inventiveness in designs that seek not to be spectacular but to develop a fine and subtle dialectic between innovation and tradition.

Richard Haag's works are difficult to classify because they are so eclectic, appropriate in someone who does not seek to impose his point of view or to dominate nature, but who tries to capture the feeling of the *genius loci*. His works show a reverential respect for nature, surely inherited from his father, a Kentucky farmer who favoured natural cultivation methods and opposed the pointlessness of some modern technology. The landscaping firm's proposals show a timeless modernity, supported by an impressive cultural basis. Creating a garden is an art and Haag is an enthusiast of the gardening traditions of both Europe (French and English garden styles) and those of the orient (China, Japan – where Haag stayed for two years on a Fulbright Scholarship at the University of Kyoto) and those of the past (pre-Columbian America).

This intellectual curiosity is clear in his design for the **Bloedel Reserve** (Bainbridge Island, Washington, 1985) conceived as a sequence of four gardens inspired by different concepts of the history of landscaping. He did not wish to make an ostentatious display of his knowledge but to connect and to seek the "*confluence of these influences.*" The cultural and-philosophical dimensions are combined: "*Taken as a whole, these gardens represent a synthesis of humanity's unchangeable bond to nature, a language that goes beyond time, language and culture. Experienced as a whole, these spaces arouse the innate but latent emotions of our collective subconscious.*"

General plan of the Franklin Delano Roosevelt Memorial.

Planta general del Franklin Delano Roosevelt Memorial.

205

The visitor's walk through the garden is an intense emotional experience stimulating sight (especially the Pool of Reflection), smell, touch (the smell of moss and of the decomposing vegetation in the Moss Garden, the gentle green moss lawns) and hearing (the Bird Sanctuary, an exuberant recreation of a pristine paradise). These sensations, the fruit of both reason and the subconscious (Haag says that many of his designs occur to him in dreams), create unforeseeable and sensual movement on the edges of the different areas and at the same time a poetic atmosphere. In **Jordan Park** (Everett Marina Park, Washington, 1970-1972), he also fuses different influences: the central American architecture he found in Mexico as well as European and Japanese landscape art. The architect applied the term "fusion" to a recent park design, the **Sommerville Residence** (Medina, Washington, 1990).

The desire to integrate plants into his aesthetic compositions, without using a rigid code of conduct or an absolute style, recurs throughout Haag Associates' works. Although there is a general order, there is no change in the rhythm or the intensity of each specific element, or the fluid nature of the group as a whole, which is generally based on the use of sequences (the Bloedel Reserve clearly demonstrates this approach). It was also present in the remodelling of the **Seattle Center** (performed in three phases, 1962-1964, 1977-1978 and 1986), where a series of gardens, Fountain Plaza, Plaza Flag Pavilion and Fun Forest, on the 30 ha site correspond to a more rigid conception. His most recent works still show this conception, which has developed towards a more open, changing form. The jury praised Haag's winning design in the competition to design **Waverly Park** (Washington, 1994); "*the design's subtlety derives from his masterly control of the landscape's forms and those of the plants, unifying the park's rooms into a continuous, evolving whole....*"

Recalling the compositional guidelines of the great landscapers in the classical style, Haag seeks the greatest variety possible but always respecting the unity of the whole. Using contrasts, variations in texture and colour, exploiting all the possibilities of the vegetation, the landscaper softens the formal layout. His gardens often contain references to opposing pairs; reason-unconscious, symbolic-symphonic, simple-complex. In one of his first projects, the **Franklin Delano Roosevelt**

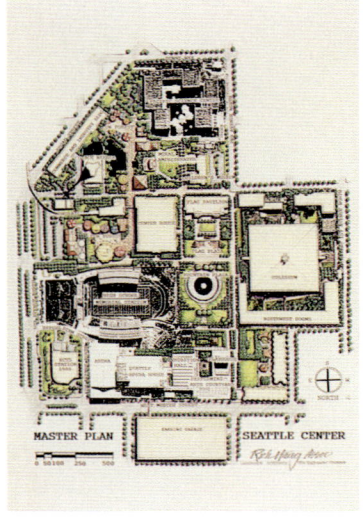

Memorial (Washington 1958-1959, working with Abraham W. Geller), he brought heterogeneous and homogeneous forms into opposition;:the sculpture, a "tepee" made of 51 staves on a base consisting of a square slab of black granite; the apparent disorder of the vegetation, the gravel surface.... In the **Stern Residence** (Friday Harbor, Washington, 1992), the sound of the sea beating against the rocks contrasts with the quiet of the wood and the moss, in a setting with stairways and trenchwork dug into the living rock. This mixture of formality and informality is also present in his recent design for the **Memorial Glade** in Berkeley, California (1994-1995).

Modelling the site is one of the most common methods used by the landscaping firm to combat monotony. The new lake created as the unifying and organizational feature for the group of buildings in the **Battelle Seattle Research Center** (Seattle, 1967-1972) used small hillocks and mounds to separate the parking areas. The sculpturing of the earth is really impressive in Jordan Park, an area formerly occupied by wharves, warehouses and sheds. Haag came up with the idea of mounds to overlook the sea and at the same time to vary and extend the small, flat site (0.4 ha – 1 acre). As the architect adds, one thing contradicts the other and geometric order is softened by nature. The sharp, sculptured ridges of the "pyramids" are covered with a thick mat of moss and ivy, creating interesting lighting effects.

The diversity of Richard Haag Associates' work shows the architect is raising new problems and doubts about our relationship with nature. **Gas Works Park** (Seattle, 1970-1984) converted a former industrial centre into a large public park. The controversy surrounding it made it famous (not all Haag's work lacks the spectacular touch). Unlike most of the designs presented, Haag proposed conserving the installations, as they formed part of the site's history and of the city's collective memory. In this exercise in industrial archaeology, he wanted cultural attitudes to dominate ecological ones; but at the same time he proposed a natural bacteriological system to clean the contaminated soil. His respect and love for nature is clearly shown in his creation of ecosystems (to attract birds in the Bloedel Reserve or in the Sommerville

Detail of the corner of the black granite on which the sculptural installation stands.

Detalle del cuadrado de granito negro del que surge la instalación escultórica.

The main element in the Franklin Delano Roosevelt Memorial: the 51 staves represent the founder members of the United Nations.

Figura principal del Franklin Delano Roosevelt Memorial: 51 duelas en representación de los países de las Naciones Unidas.

One of the plazas making up the Seattle Center.

Una de las plazas que configuran el Seattle Center.

Plan of Seattle Park, which houses the Seattle Center.

Plano del Seattle Park, en el que se integra el Seattle Center.

In the Battelle Seattle Research Center, the different landscape features are articulated around the lake.

En torno al lago del Battelle Seattle Research Center se articulan los distintos elementos paisajísticos.

The plantings at the Battelle Seattle Research Center include conifers, as well as broadleaf evergreen and deciduous trees.

En el Battelle Seattle Research Center conviven diferentes especies de coníferas y árboles de hoja perenne y caduca.

Residence) or in the botanical experimentation he has been carrying out in his nursery, to the north of Seattle, which has managed to introduce many species into the area.

Richard Haag's work is unusually precise and intellectually complex. People often mention the magic of his gardens, an eternal illustration of the relationship between humanity and the earth, which is deep, unchanging and timeless. They are like an emanation of Chinese wisdom, according to which when a man creates a garden, he not only sees a modification of the surroundings, but he also feels a shock, an emotion that increases his awareness and modifies his internal landscape and his relation to the world.

Se ha dicho que la relación de Richard Haag con la naturaleza se basa en el entendimiento y el respeto mutuos, que sus intervenciones no intentan esconderse pero que tampoco dan la impresión de una imposición, de un conflicto, y que su aproximación al paisaje tiene más que ver con la idea de evolución que con la de creatividad. Pero tenemos una noción de creatividad tan ligada al concepto de ruptura con la tradición, de *tabula rasa*, que a veces somos incapaces de descubrir todo el esfuerzo de invención que se esconde en propuestas donde no domina la espectacularidad, sino una fina y sutil dialéctica entre innovación y tradición.

Las obras de Richard Haag son difíciles de clasificar porque destaca en cierta manera el eclecticismo, lo que es propio de alguien que no impone su punto de vista ni busca dominar a la naturaleza, sino que intenta ponerse en resonancia con el *genius loci*. Sus trabajos manifiestan un respeto reverencial hacia la naturaleza, respeto heredado seguramente de su padre, un granjero de Kentucky, partidario de los métodos de cultivo y labranza naturales y reacio a la vacuidad de ciertas tecnologías modernas. Las propuestas de la firma paisajística expresan una modernidad atemporal, que se apoya en una impresionante base cultural. Crear un jardín es un arte y Haag se apasiona tanto por las tradiciones paisajísticas de Europa (jardines franceses e ingleses...) como por las culturas orientales (China, Japón –donde Haag permaneció dos años gracias a una beca Fulbright de la Universidad de Kioto–...) o las arcaicas (América precolombina...).

Esta curiosidad intelectual resplandece en la intervención en la **Bloedel Reserve** (Bainbridge Island, Washington, 1985), concebida como una secuencia de cuatro jardines inspirados por distintos conceptos de la historia del paisajismo. Pero no se trata de hacer ostentación de conocimientos, sino de, en un esfuerzo de síntesis, buscar la *«confluencia de estas influencias»*. Las dimensiones cultural y filosófica se combinan: *«Tomados en su conjunto, estos jardines representan una síntesis del inmutable enlace de la humanidad con la naturaleza, un lenguaje que trasciende el tiempo, el lenguaje y la cultura. Experimentados en su conjunto, estos espacios despiertan innatas pero latentes emociones de nuestro subconsciente colectivo.»*

Caminando por el jardín, se vive una intensa experiencia emotiva que afecta a nuestros sentidos: visuales (especialmente en el Estanque de la Reflexión); olfativos y táctiles (el olor del musgo y de la descomposición vegetal en el Jardín del Musgo, la suavidad de sus tapices verdes); y auditivos (el Santuario de las Aves, cuya imagen referencial, por su exuberancia, es la del paraíso primitivo). Este clima de sensaciones, fruto de la razón y del subconsciente (Haag dice que muchos de sus diseños tienen

208

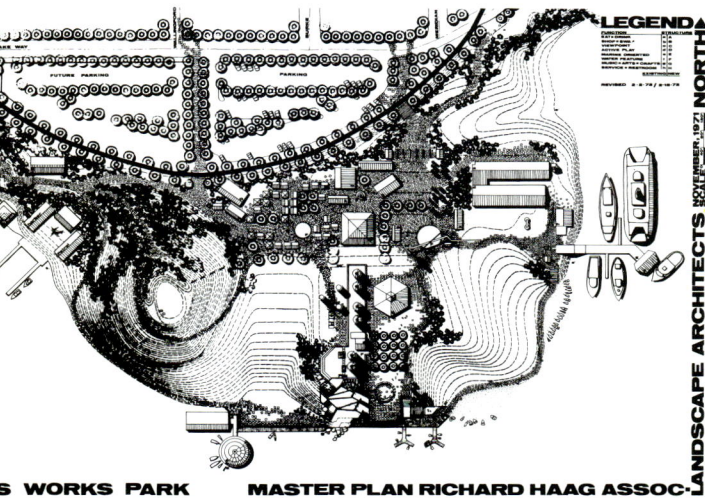

S WORKS PARK   MASTER PLAN RICHARD HAAG ASSOC·

LANDSCAPE ARCHITECTS 1921 NORTH

LEGEND

One of the stepped mounds typical of the landscape in Jordan Park.

View down from the steps of one of the turfed knolls.

Rows of poplars rustling in the wind.

Vertical sequence of Gas Works Park: view taken in 1969; general plan; and present-day view of this landscaping exercise in industrial archaeology.

Uno de los montículos escalonados que caracterizan el paisaje del Jordan Park.

Vista en picado desde las escaleras de uno de los túmulos cubiertos de césped.

Hileras de chopos balanceándose al viento.

Secuencia vertical del Gas Works Park: imagen de 1969; planificación general; e imagen actual de este ejercicio paisajístico de arqueología industrial.

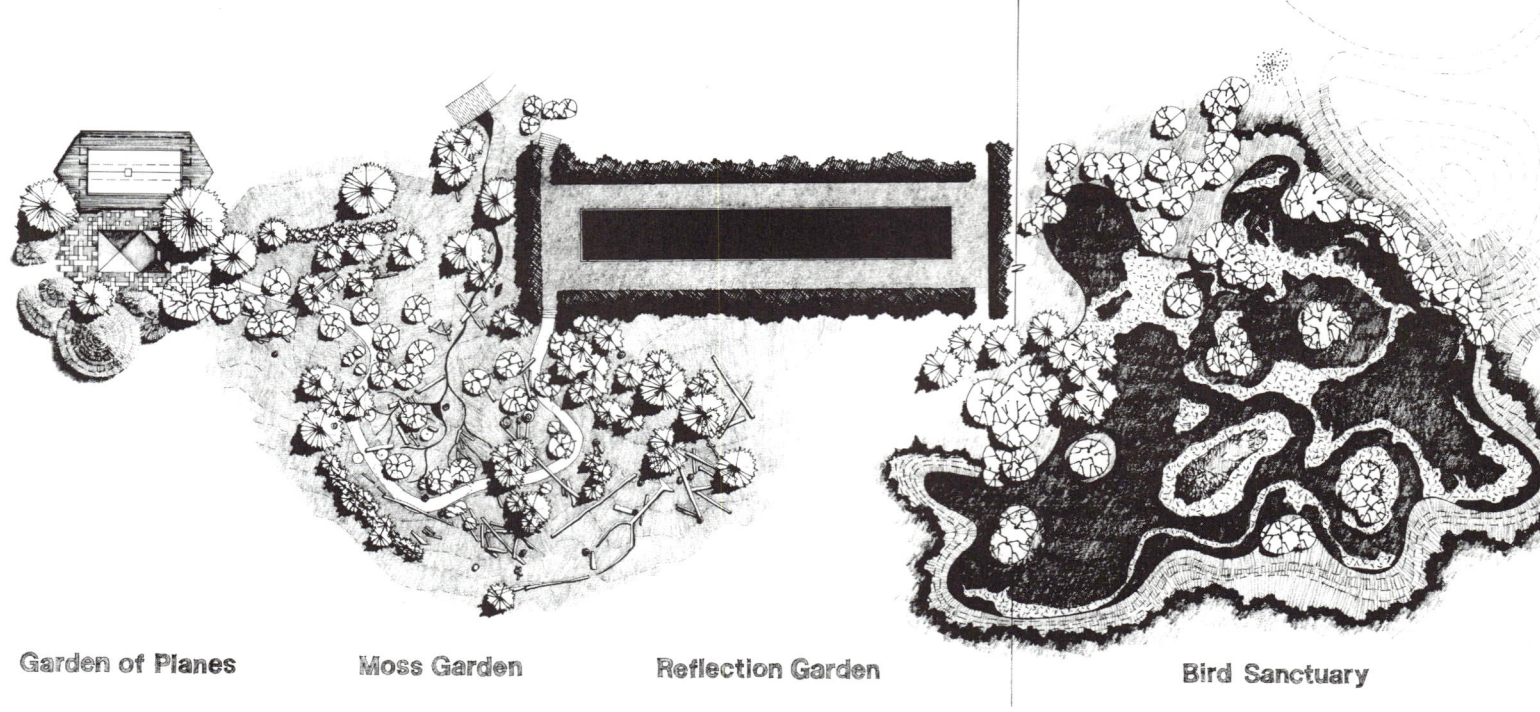

Garden of Planes   Moss Garden   Reflection Garden   Bird Sanctuary

su origen en sueños), este movimiento imprevisible y sensual que se crea en la transición de los límites y umbrales de los distintos ámbitos, es el clima mismo de la poesía. En el **Jordan Park** (Everett Marina Park, Washington, 1970-1972), también se intenta una fusión entre diversas influencias: la arquitectura mesoamericana que descubrió en México con el arte del paisaje europeo y japonés. El término «fusión» es mencionado por el propio autor en relación a uno de sus más recientes parques, el de la **Sommerville Residence** (Medina, Washington, 1990).

La voluntad de integrar los vegetales en una composición estética, pero no en un código de conducta o en el absoluto de un estilo, es recurrente en toda la obra de Haag Associates. Si existe un orden general, nunca se altera el ritmo ni la intensidad de cada elemento específico, ni tampoco la fluidez del conjunto, basada generalmente en la utilización de secuencias (el Bloedel Reserve se identifica claramente con este sistema). También se apreciaba en la remodelación del recinto del **Seattle Center** (realizado en tres fases, 1962-1964, 1977-1978 y 1986), donde, a lo largo de sus 30 Ha, se suceden jardines representativos en un dibujo un tanto más rígido: Fountain Plaza, Plaza Flag Pavilion y Fun Forest. Sus últimos trabajos presentan todavía esta concepción, que ha evolucionado hacia una forma más abierta y cambiante. Así elogió el jurado el proyecto de Haag premiado en la competición del **Waverly Park**, el mayor espacio municipal de Kirkland (Washington, 1994): «*La sutileza del diseño procede de un magistral dominio de las formas del paisaje y de la materia vegetal, que unifica las salas del parque en un continuo y evolutivo conjunto...*».

Rememorando los preceptos compositivos de los grandes paisajistas clásicos, Haag busca la máxima variedad posible pero respetando siem-

210

Facing page: general plan showing the series of four gardens proposed by Haag for the Bloedel Reserve; and detail of one of the gardens.

In the Sommerville Residence, nature blends into architecture.

In the Stern Residence, the structures adapt to the site's form and character.

Página anterior: planificación general en la que se observa la serie de cuatro jardines propuesta por Haag para la Bloedel Reserve; y detalle de uno de los jardines.

En la Sommerville Residence la naturaleza se «funde» con la arquitectura.

En la Stern Residence las estructuras se adaptan a la forma y características del terreno.

pre la unidad del conjunto. Jugando con contrastes, variaciones de texturas o colores, explotando sobre todo las posibilidades de la vegetación, el paisajista atenúa el formalismo en su trazado. En sus jardines abundan los juegos de oposiciones: razón-subconsciente; simbólico-sinfónico; simple-complejo... En uno de sus primeros proyectos, el **Franklin Delano Roosevelt Memorial** (Washington, 1958-1959, formando equipo con Abraham W. Geller) opone formas homogéneas y heterogéneas: la escultura, una especie de tipi indio formado por 51 duelas; una base compuesta por una losa monolítica y cuadrada de color negro; el aparente desorden de la vegetación; el suelo de grava menuda... En la **Stern Residence** (Friday Harbor, Washington, 1992), el sonido del mar batiendo contra las rocas contrasta con la quietud de la madera y el musgo, en un entorno en el que se suceden escaleras y zanjas talladas en la roca. La mezcla entre lo formal y lo informal preside también el reciente proyecto del **Memorial Glade**, en Berkeley (California, 1994-1995).

La modelación del terreno es una de las fórmulas más habituales utilizadas por la firma paisajística para combatir la monotonía. El nuevo lago creado como elemento organizador y unificador del conjunto de edificios en el **Battelle Seattle Research Center** (Seattle, 1967-1972) se enriqueció con pequeños oteros y montículos que servían de separación entre las áreas de aparcamiento. La escultura de la tierra es realmente impactante en el Jordan Park, en una zona ocupada anteriormente por muelles, almacenes y tinglados. Haag concibió unos montículos para mirar los barcos y lograr al mismo tiempo variar y ampliar un espacio demasiado llano y pequeño (0,4 Ha —1 acre—). Como añade el autor, una cosa contradice a la otra y el orden geométrico se suaviza gracias a la naturaleza: las cimas escarpadas y abruptas de las «pirámides» se recubren con un espeso manto de musgo y brotes de hiedra, que crean efectos de luz muy sugestivos.

La diversidad en las contribuciones de Richard Haag Associates nos hace descubrir que el autor se plantea nuevos problemas y dudas sobre nuestra relación con la naturaleza. El **Gas Works Park** (Seattle, 1970-1984), reconversión de una antigua zona industrial en un gran parque público, nació rodeado de una polémica que lo ha hecho célebre (no toda la obra de Haag carece de espectacularidad). En contra de la mayoría de proyectos presentados, el paisajista propuso conservar las instalaciones que formaban parte de la historia del lugar y de la memoria colectiva de toda la ciudad. En este ejercicio de arqueología industrial, su postura abogaba por la preponderancia de lo cultural frente a lo ecológico; pero, al mismo tiempo, propuso un sistema de depuración bacteriológica natural del terreno. No se debe olvidar su respeto y amor por la naturaleza, que se percibe, por ejemplo, en la creación de ecosistemas (para atraer a las aves en la Bloedel Reserve o en la Sommerville Residence) o en la experimentación botánica que, desde hace más de 30 años, lleva a cabo en su vivero, al norte de Seattle, con el que ha conseguido introducir numerosas especies en la región.

La obra de Richard Haag es de una precisión y complejidad intelectual poco frecuente. Muchas veces se ha comentado la magia de sus jardines, ilustración eterna de la relación entre la tierra y el hombre, profunda, inmutable y atemporal. Son como una emanación de la sabiduría china, según la cual, cuando un hombre entra en un jardín, no sólo ve una modificación del entorno, sino que siente un choque, una emoción que aumenta su conciencia y modifica su paisaje interior y su relación con el mundo.

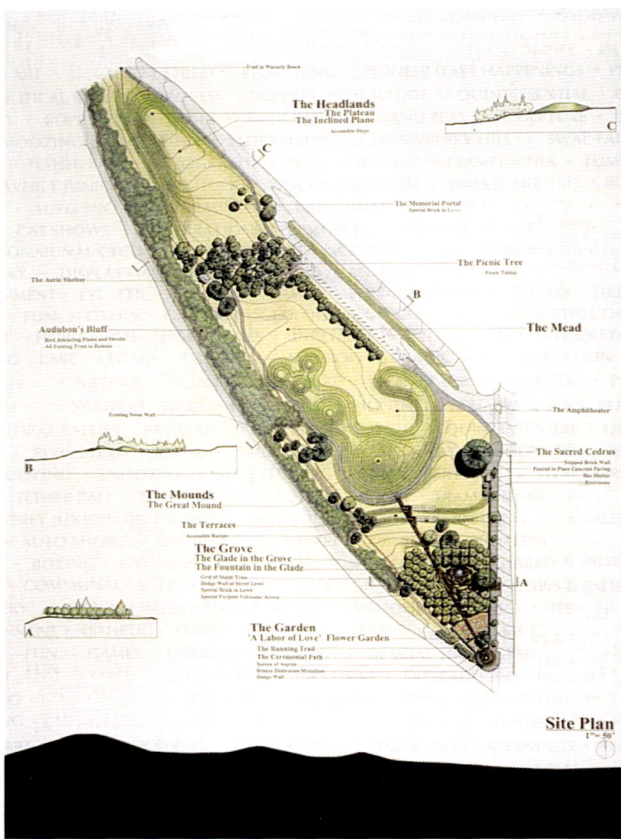

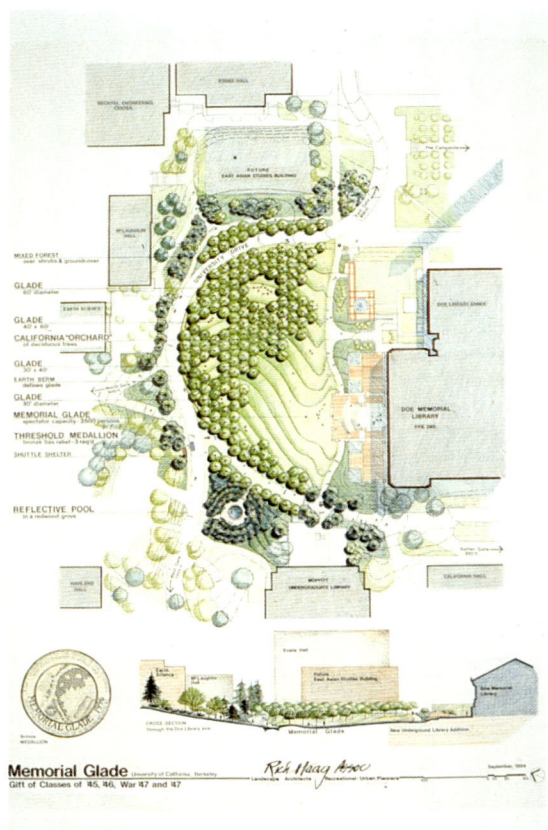

212

General plan for the Waverly Park Design Competition.

Memorial Glade: plan for the largest open space in the University of California campus at Berkeley.

View of the plaza with concentric circles in front of the Allen Residence.

Spectacular view from above of the tree plantings in Katsura Trees.

Detail of the leaves of Cercidiphyllum magnificum.

Planta general del Waverly Park Design Competition.

Memorial Glade: plano del mayor espacio abierto de la Universidad de Berkeley.

Vista de la plaza de círculos concéntricos que sirve de acceso a la Allen Residence.

Espectacular contrapicado de la disposición arbórea en el Katsura Trees.

Detalle de las hojas del Cercidiphyllum magnificum.

Derek Lovejoy Partnership

In the Derek Lovejoy Partnership's works we can find a clear demonstration of how the creation of beauty through landscapes can be an instrument at the service of society. Underlying all this British company's projects is a careful aesthetic approach based on originality and attention to detail, all within a general framework of concern for the scheme's social repercussions, without which the design would lack depth and lose all its meaning. Thus, the British company knew how to take advantage of the landscaping boom of the 1980s to build up the experience so clearly shown in their working methods, based on rapid completion, keeping within the budget and respecting the client's wishes.

The Derek Lovejoy Partnership was founded in the 1970s and its growth is based on a series of factors: application of quality management systems; provision of services based on overall design and coordinated throughout the project; and concern for the landscape's ecology. The company has collaborated with the University of Loughborough to found ICOLE, the International Centre Of Landscape Ecology, focusing on the analysis of environmental problems. Among their best-known works are Nanatsudo Park (Mito, Japan), Salburua Park in Vitoria (Spain) and the roof gardens of the RMC Headquarters (Surrey, United Kingdom).

A project that has greatly consolidated the firm's prestige was the **Euro Disney Magic Kingdom** (1990) sited in Marne-La-Vallée, 32 kilometres to the east of Paris and which represented the introduction into Europe of the theme parks the Disney Corporation had developed in the United States and Japan.

The process of installing the 1,943 ha Magic Kingdom totally changed the park's site, which is separated from the French central plateau by earth slopes of up to 20 metres. The site is subdivided into five sectors by means of secondary hedging, with trees and shrubs strategically sited to form the background for each area. The Derek Lovejoy Partnership was responsible for the landscape aspects and for the specific soil, plant-

The landscape in Euro Disney is characterised by its fascinating originality, a mixture of reality and fantasy.

El paisaje de Euro Disney se caracteriza por su originalidad y su poder de sugestión, en una mezcla de realidad y fantasía.

215

ing and ground cover treatments, all of which are highly fanciful and intended to awaken the visitor's imagination. The landscaping of each sector corresponds to a specific theme, such as the tropical jungle, the North African desert, the future world imagined by Jules Verne, etc.. This requires a diversity that is harmonious, not chaotic. This balance within diversity, which required the acclimatization of the plants to the harsh climate of northern France and coordinating the planted areas with the paths and other services, is achieved by the use of subtle but effective techniques, such as slight variations in soil composition, the use of coloured earth and the choice of European vegetation.

Among their more recent projects is the **Rugby Nature Reserve** (1992), commissioned by J. Sainsbury plc, a clear example of this landscape company's intention to serve the community. In this case the seven-acre site between the cities of Rugby and Dunchurch has been turned into a nature reserve with a small lake, wetland areas and paths of grass and crushed gravel. The smooth, gentle landscaping benefits from the plantings, carefully selected to help ecological regeneration.

After their success at Euro Disney, Derek Lovejoy Partnership were contacted by Skidmore, Owings & Merrill Inc.. Their close collaboration with the American group has led to results like the new **Sun Life Administration Offices** (Bristol Parkway), a lucid combination of architecture, engineering and landscaping. The British company has also recently undertaken another large project, the extension of the campus of **Greenwich University** by nearly 46,500 m² (500,000 square feet), an essential response to the university complex's constant growth. The landscape infrastructure works are scheduled to begin in 1995, and are split into four large features: the canal and lakes, the main road, the Joyce Green path, and the wetland area and sports fields. The plans for these two projects clearly show the design's scale and brilliance.

The Derek Lovejoy Partnership's proven knowledge and experience has been rewarded with broad critical recognition and they have been awarded many prizes. They deserve them for their work in shaping social life and creating an external background of great beauty.

The variety of the flora makes it possible to create areas which fit the park's different theme sections admirably.

General plan of Euro Disney Magic Kingdom.

La variedad de la flora permite crear espacios que se adecuan a la especificidad de las distintas áreas temáticas del parque.

Plano general de Euro Disney Magic Kingdom.

En los trabajos de Derek Lovejoy Partnership encontramos un claro exponente de cómo la belleza, a través de los paisajes, puede ser un instrumento al servicio de la sociedad. Sin duda, en todos los proyectos de esta compañía británica se esconde una cuidada atención por la estética, con grandes dosis de originalidad y detallismo, pero todo ello enmarcado en una constante preocupación por su repercusión social, sin la cual la forma, desprovista de fondo, perdería todo su sentido. Asimismo, la firma británica ha sabido aprovechar el *boom* paisajístico de los años ochenta para atesorar una experiencia que se aprecia en sus métodos de trabajo, en los que la rapidez de ejecución y el respeto por el presupuesto y los deseos del cliente son fundamentales.

El estudio Derek Lovejoy Partnership, fundado en la década de los sesenta, ha fundamentado su extensa y fructífera trayectoria en una serie de factores: aplicación de sistemas de gestión de calidad; prestación de servicios basados en un diseño global y coordinado de todo el proyecto; y preocupación por la ecología paisajística. A este respecto, la compañía ha colaborado con la Universidad de Loughborough para fundar ICOLE (International Centre of Landscape Ecology), centrado sobre el análisis de la problemática medioambiental. Entre sus obras más reconocidas cabe destacar el parque Nanatsudo (Mito, Japón), el de Salburua (Vitoria-Gasteiz, España) o las cubiertas ajardinadas de la sede de RMC (Surrey, Gran Bretaña).

Uno de los proyectos que ha contribuido en mayor medida a cimentar el prestigio de la firma es el **Euro Disney Magic Kingdom** (1990), situado en Marne-La-Vallée, a 32 kilómetros al este de París, y que ha significado la introducción en Europa del parque temático desarrollado por la compañía Disney en los Estados Unidos y Japón.

El amplio proceso de adecuación del Magic Kingdom, de 1.943 Ha, dispone la superficie del parque separada de la meseta francesa por unos taludes de tierra de hasta veinte metros. El lugar está subdividido en cinco zonas mediante el uso de setos secundarios, con árboles y arbustos estratégicamente colocados para formar el telón de fondo de cada área. La Derek Lovejoy Partnership tenía la responsabilidad de los aspectos del paisaje, así como de los tratamientos específicos del suelo, plantación y cubrimiento, caracterizados en su totalidad por su poder de sugestión y su capacidad para despertar la imaginación de los visitantes. El paisaje de cada sector corresponde a un tema específico, como la jungla tropical, el desierto del norte de Africa, el mundo futuro imaginado por Julio Verne, etc. Esto conlleva una diversidad que es armónica, no caótica. El mantenimiento de este equilibrio en la diversidad, que requiere aclimatar las plantas al duro clima del norte de Francia y coordinar las áreas plantadas con los caminos y otros servicios, se consigue por medio de sutiles pero efectivas técnicas, como ligeras variaciones en la composición del suelo, el uso de tierra coloreada y la selección de una vegetación autóctona, representativa del continente europeo.

Entre sus proyectos más recientes cabe destacar la **Rugby Nature Reserve** (1992), una obra para la J. Sainsbury plc. que pone de manifiesto la voluntad de la empresa paisajística de servir a la comunidad. En este caso, los siete acres de terreno entre las ciudades británicas de Rugby y Dunchurch se han convertido en una reserva natural que comprende un pequeño lago, zonas pantanosas y senderos de hierba y grava triturada. El paisajismo, suave y sereno, se beneficia de una selección vegetal de carácter nativo que, al mismo tiempo, repercute en la regeneración del hábitat ecológico.

1   ACADEMIC FACULTY BUILDINGS.
2   EXPERIMENTAL UNITS.
3   STUDENT ACCOMMODATION/RESIDENTIAL AREA.
4   MAIN ARRIVALS AREA – GATEWAY.
5   THE PODIUM.
6   CAMPUS BOULEVARD.
7   CANAL AND WATER BASINS.
8   THE MARSHLAND.
9   LINED LAKE.
10   NATURE RESERVE.
11   SPORTSFIELDS.
12   POSSIBLE SITE FOR ENTRANCE SIGNAGE/
       SCULPTURE.

Tras el éxito obtenido con Euro Disney, Derek Lovejoy Partnership entró en contacto con la firma Skidmore, Owings & Merril Inc. La estrecha colaboración con el grupo americano ha dado como resultado las nuevas **Sun Life Administration Offices** (Bristol Parkway), una lúcida combinación entre arquitectura, ingeniería y paisajismo. Por último, la empresa británica se ha embarcado en otro gran proyecto: la ampliación del nuevo campus de la **Greenwich University**, de cerca de 46.500 m² (500.000 pies cuadrados), respuesta obligada al constante crecimiento del complejo universitario. La infraestructura del paisaje, cuyas obras está previsto que comiencen en el transcurso del año 1995, estará dividida en cuatro grandes elementos: el canal y los lagos, la carretera principal, la senda de Joyce Green, y los campos pantanosos y de deportes. Los planos que acompañan a estos dos últimos proyectos pueden dar una clara idea de la magnitud y brillantez de los diseños.

El demostrado conocimiento y experiencia de la Derek Lovejoy Partnership se ha visto recompensando con el reconocimiento crítico y la concesión de numerosos premios. Bien lo vale su labor de dar forma a la vida social y dar fondo a la belleza externa.

General plan of Greenwich University.   *Plano general de la Greenwich University.*

The reflection in the water creates a beautiful image in Rugby Nature Reserve, a seven-acre natural space that has been ecologically restored and recovered for the enjoyment of visitors.

General plan of the Sun Life Administration Offices.

El reflejo del agua crea una hermosa imagen en el Rugby Nature Reserve, un espacio natural de siete acres recuperado tanto para el disfrute del visitante como para la estabilidad ecológica de la zona.

Plano general de las Sun Life Administration Offices.

NORTH

Preben Jacobsen

Preben Jacobsen was born into a family with roots in gardening, horticulture and landscaping. He and his brother Arne become interested in gardening as teenagers, following in the footsteps of their father, who introduced the traditional Eastern use of rocks, gravel and rounded stones into garden design in Denmark.

When he was 23, Jacobsen moved to Great Britain to study horticulture at the Royal Botanic Gardens, Kew. He then qualified at the Royal Academy of Fine Arts of Copenhagen, where he received classes from Carl Theodor Sorensen, Steen E. Rasmussen and Arne Jacobsen, mixing his fine art training with the influences of the Bauhaus and *De Stijl*. At the end of the 1960s, he joined Eric Lyons's studio, which was then developing Span houses, residential designs that sought to integrate architecture into the landscape. In 1969, he and his wife Margaret opened their own studio, and since then he has worked in Great Britain. He received the Landscape Institute Medal in 1993.

Preben Jacobsen's designs frequently include drawings or detailed plans of a small formation of different plants scattered between rocks and between the drops in the site, which unfolds in successive platforms. In his projects, Jacobsen's personal style allows him to structure a space like a book by combining the vegetation with a series of steps to adapt the garden to the site; the sculptural rocks typical of Eastern tradition, with lighting fixtures at ground level, so that all the features are chained together, all blend together creating an indivisible and multiple landscape full of contrasts.

The design of his pergolas, built with interwoven wooden planking, recalls the heritage of *De Stijl* and the cubist tradition of northern Europe. His projects' wooden platforms and gravel surfaces show his interest in Eastern gardening. The lawns he creates with rows of pruned hedging, or the amphitheatres built using the site's slope, show his European origin and classical training. In Preben Jacobsen's gardens,

Farnborough College of Technology (1983): Jacobsen's design repeatedly use contrasts between colours, here between the red of the rows of steel tubes and the different shades of green of the plants.

Farnborough College of Technology (1983): de los tonos rojos de las hileras de tubos de acero y de algunas de las plantas, hasta las diferentes gamas del verde, el contraste de colores es una constante en los proyectos de Jacobsen.

thanks to his meticulous resolution of the details and the connections between the different elements, his fluent mixing of cultures and styles becomes the garden's most valuable characteristic.

This admirable ability to assimilate what is different led to his use in the design for **Anchor Foods** (Swindon, 1979) of trees and plants from New Zealand, together with Maori sculptures, in gardens whose basic aim was to soften the slopes created by the construction of the buildings for the New Zealand company next to the London-Bristol motorway. Because the site is near to a residential zone, the design had to have a reduced environmental impact.

In the private garden designed in Stanmore, also in 1979, a swimming pool occupies the lowest, central, point of a series of platforms, some made of wood while others are wood and gravel, that rise and recede and where the plants' colours range from deep green to copper red, until they reach the highest part of the garden, where a sculptural pergola follows the perimeter wooden fence.

In **Broadwater Park**, a 1980 design for the gardens and car park of Denham Films Studios in Denham, Jacobsen adopts a more vigorous solution than in previous designs. The design used the pre-existing healthy trees to the rear of the building, near the river, and the only new plantings were groups of shrubs in shades of yellow, thus leaving a large circular lawn next to the building, with a concentric hedge that acquires a sculptural appearance on the empty esplanade. The hedge is broken at a few points in order to give the best views of the river. Accompanying this simplicity of means on the riverbanks, the design takes care to provide the necessarily simple forms of the parking areas with a variety of trees and plants.

The **Sculpture Garden** in Chelsea (1981), which won a prize from the British Association of Landscape Industries, is a small, enclosed rectangular garden which acts as a scenario that gently rises, thanks to a series of platforms invaded at the edges by the exuberant vegetation, until it reaches the highest end, where a fence, a wooden pergola and the crowns of the trees behind enclose it, ensuring its silently occupation by the sculptures.

In the **Farnborough College of Technology**, Preben Jacobsen's team divided the design into small patios and gardens between the buildings, in which they develop a series of specific themes: an artificial turfed

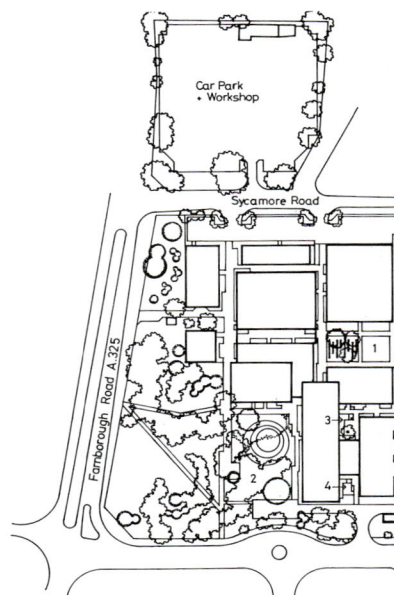

FARNBOROUGH COLLEGE OF TECHNOLOG
JAKOBSEN LANDSCAPE ARCHITECTS CHELTENHAM

224

SCAPE LAYOUT PLAN
] Service Yard
] Entrance Garden
] Bar Courtyard
] Kitchen Staff Courtyard
] Library Courtyard
] Refectory Courtyard
] Firepath
] Groundsmanship
  Experimental Plots

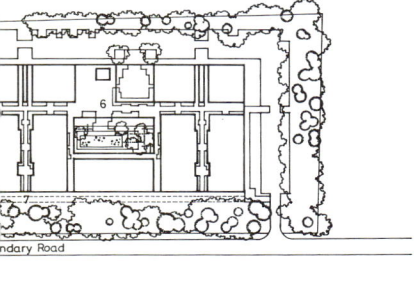

ndary Road

10 5 0   10   20   30   40   50   60   70   80   90   100 metres

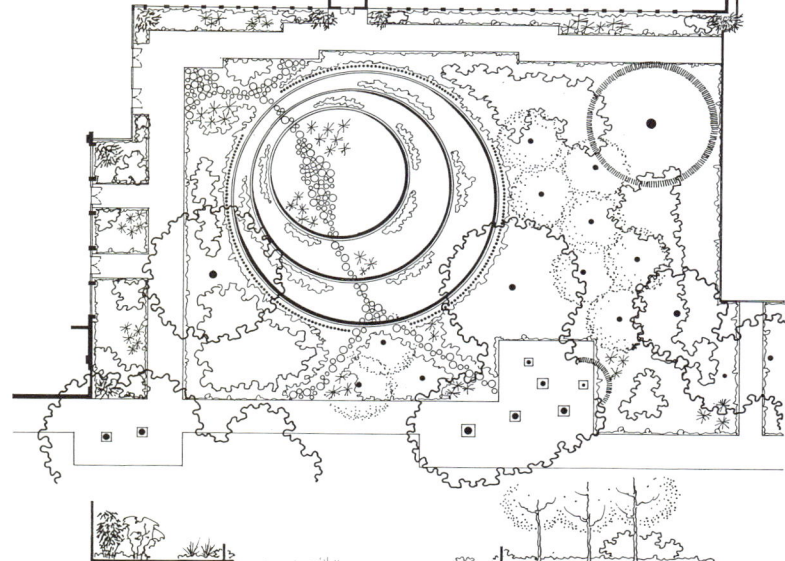

FARNBOROUGH COLLEGE OF TECHNOLOGY   CIRCULAR SUNKEN GARDEN

Upper sequence: the design for the Farnborough College of Technology is divided into small gardens enclosed by the buildings. The glass enclosure of the passageways between the buildings encourages the growth of plants from warmer climates.

General plan of the Farnborough College of Technology and plan and section of the circular gravel garden.

Lower photos: the entrance is through a garden of non-concentric circles of gravel.

Secuencia superior: el proyecto para el Farnborough College of Technology se divide en pequeños jardines cerrados por los edificios. El cerramiento acristalado de los pasillos entre los cuerpos edificados propicia que crezcan plantas de climas más cálidos.

Planificación general del Farnborough College of Technology, y planta y sección del jardín circular de grava.

Fotografías inferiores: la entrada se produce a través de un jardín de círculos de grava no concéntricos.

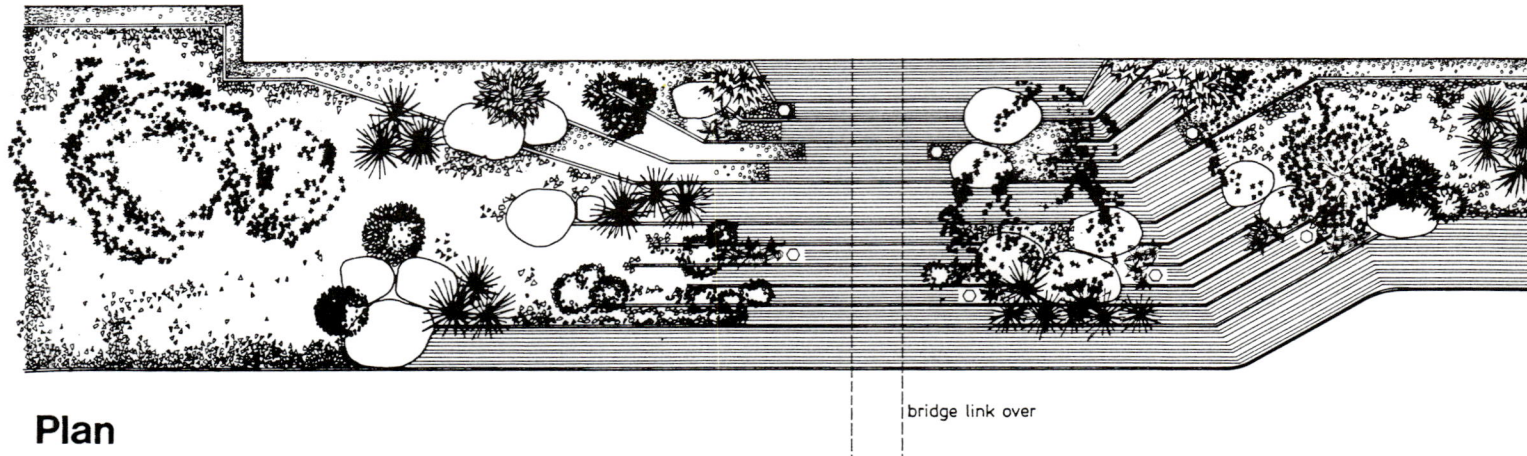

Plan

bridge link over

dune, a maze-hedge and a gravel amphitheatre. The spaces joining them, some of which are no more than elongated passageways, are based almost entirely on the plantings, including some fences formed of rows of vertical steel tubes, which can be mistaken for bamboo canes.

The design for **Tower Street** (1988) is a small town garden in Winchester. Jacobsen plays with the different types of paving that form lines and strips of different colours on the ground, at the same time as they use the slope of the street, forming a series of small rectangular plazas, following a logarithmic spiral.

The **Statesman** in Maidenhead is a shopping centre built in 1989 in whose gardens Jacobsen laid out a network of lines in the paving, thus defining a grid of small squares, some paved and others gardened. In this way, he managed to reduce the scale of the gardens to flowerbeds covering a few square metres in which to develop exquisite plantings; the arrangement of the tree plantings and the presence of a plant ziggurat at one end define the garden's space.

At the **Alton Tertiary College**, the Danish landscaper used materials that reflect the unusual white colour of the Hampshire soil. In collaboration with the architect Sir Colin Stanfield-Smith, he laid out a rectangular garden, sunken with respect to the ground floor of the build-

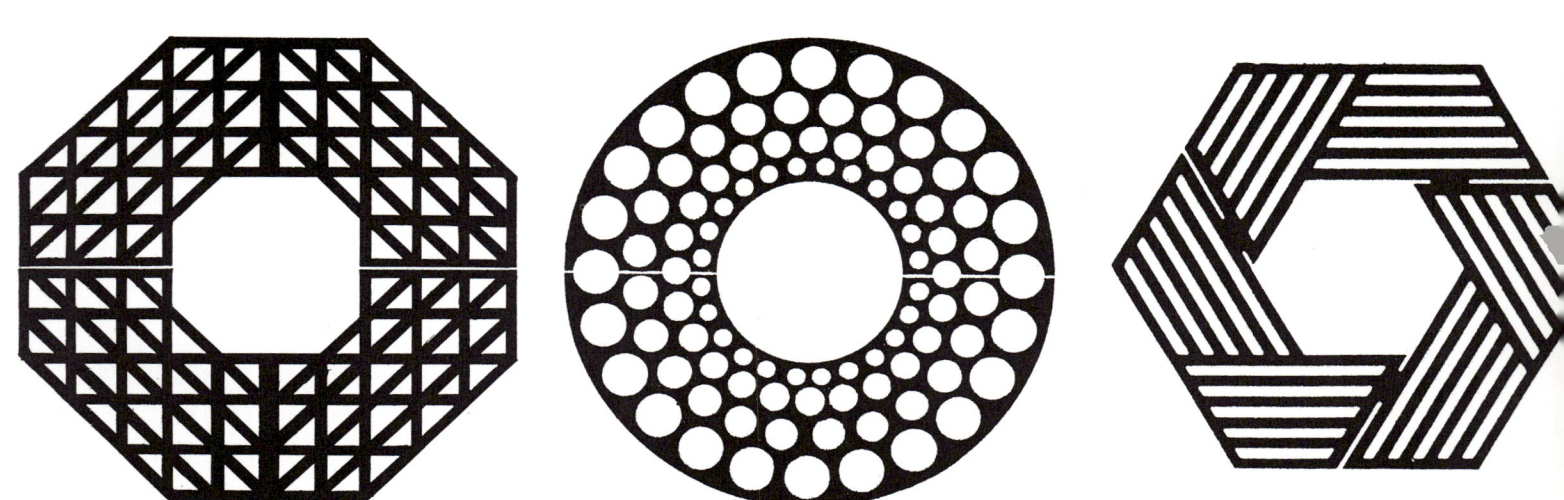

ing and surrounded by a turfed perimeter slope. In a set of flower beds surrounded by channels of water in the central area he has designed still-life paintings using plants and their living colours.

Preben Jacobsen forma parte de una familia dedicada a la jardinería, la horticultura y el paisajismo. Tanto él como su hermano Arne se interesaron desde la adolescencia por el estudio de la jardinería, siguiendo los pasos de su padre, que había introducido en Dinamarca la tradición oriental en el uso de las rocas, la grava y los cantos rodados en el diseño de jardines.

Con 23 años, Jacobsen se trasladó a Gran Bretaña para estudiar horticultura en los Royal Botannic Gardens de Kew. Volvería a ese país posteriormente, en 1964, habiéndose diplomado por la Royal Academy of Fine Arts de Copenhague, en la que recibió clases de Carl Theodor Sorensen, Steen E. Rasmussen y Arne Jacobsen, mezclando la formación en bellas artes con el espíritu de la Bauhaus y *De Stijl*. A finales de los años sesenta, se integró en el despacho de Eric Lyons, que desarrollaba, en aquella época, las *Span houses*, unos esquemas de residencias que buscaban integrar la arquitectura con el paisaje. En 1969, fundó junto a su esposa Margaret un despacho propio, desarrollando durante todos estos años en Gran Bretaña una destacada labor que le llevó a recibir en 1993 la medalla del Landscape Institute.

En los proyectos de Preben Jacobsen encontramos con bastante frecuencia dibujos o planos de detalle en los que se estudia una pequeña formación de plantas de diferentes especies, intercaladas entre rocas y entre desniveles del terreno, que se desdobla en sucesivas plataformas encadenadas. Jacobsen despliega en sus proyectos una sintaxis particular, que le permite aplicar al espacio la estructura de un texto que, armónicamente, conjugase la vegetación con los sucesivos escalones que van adaptando el jardín al terreno; las rocas escultóricas, propias de la tradición oriental, con las luminarias colocadas al nivel del suelo, de forma que todos los elementos se encadenan unos a otros, se interpenetran hasta mezclarse en un paisaje lleno de contrastes, que es a la vez indivisible y múltiple.

Upper secuence: ground plan of the entrance to one of the industrial buildings of Anchor Foods' project and view of one the planted terraces.

Central photos: in the Tower Street project, Jacobsen plays with the changes in the paving. Bottom: detail studies for the trees' irrigation ditches.

Secuencia superior: planta de la entrada a una de las naves del proyecto de Anchor Foods y vista de uno de los escalonamientos ajardinados.

Fotografías centrales: en el proyecto de Tower Street, Jacobsen juega con los cambios de pavimento; abajo, estudios de detalle para los alcorques de los árboles.

Cuando analizamos el diseño de sus pérgolas, construidas a base de listones de madera que se entrecruzan, nos viene a la mente la herencia de *De Stijl* y de la tradición cubista del norte de Europa; cuando estudiamos las plataformas de madera y las superficies de grava de sus proyectos, descubrimos su interés por asimilar la jardinería oriental; si nos fijamos en las explanadas de césped, con hileras de seto recortado, o los anfiteatros construidos aprovechando las pendientes del terreno, pensamos en su origen europeo y en su formación clásica: en los jardines de Preben Jacobsen, gracias a la concienzuda resolución de los detalles y las entregas entre sus diferentes elementos, la mezcla de las culturas y de las tradiciones más dispares se produce con una extraordinaria fluidez y se convierte en su característica más valiosa.

Esta admirable capacidad de asimilar lo diferente, le llevó a integrar en el proyecto de **Anchor Foods** (Swindon, 1979) árboles y plantas de Nueva Zelanda y esculturas maoríes, en unos jardines cuyo motivo fundamental consistía en suavizar los taludes originados por la construcción de las naves de una industria neozelandesa junto a la autopista de Londres a Bristol, y que, por hallarse cerca de una zona residencial, debía cuidar su impacto ambiental.

En el jardín privado diseñado en Stanmore, también de 1979, una piscina ocupa el centro y el punto más bajo de una serie de plataformas,

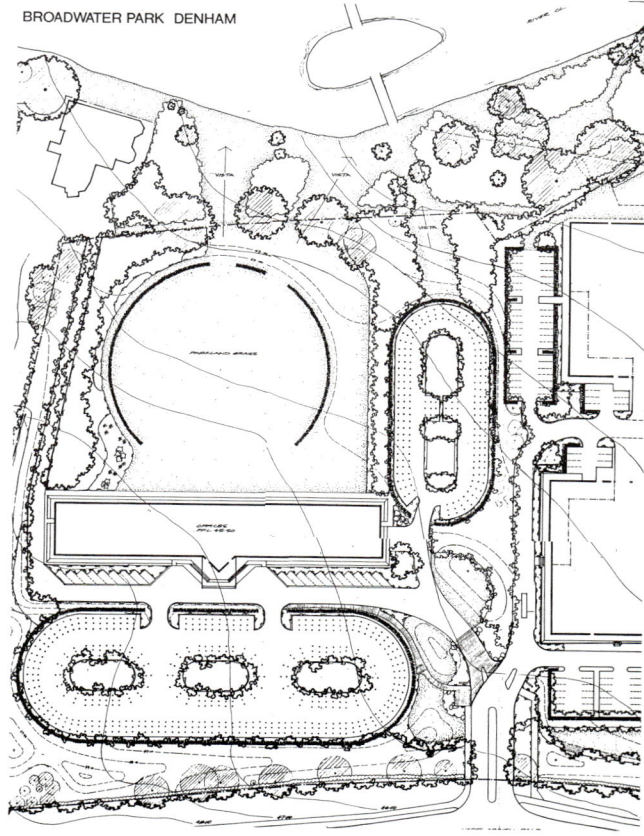

BROADWATER PARK DENHAM

Two view of the amphitheatre at Sun Life (Canada, 1984).

General plan of Broadwater Park in Denham.

The circular hedge is the main feature of the garden in the office area.

The closeness of the river greatly conditions the scheme's design and the choice of plantings.

Dos imágenes del amfiteatro de Sun Life (Canadá, 1984).

Planta general del Broadwater Park en Denham.

El seto circular es el elemento principal del jardín de la zona de oficinas.

La cercanía del río condiciona tanto el diseño del proyecto como la elección de la vegetación.

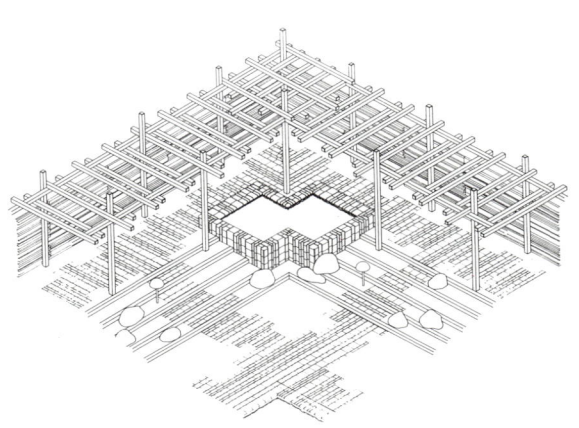

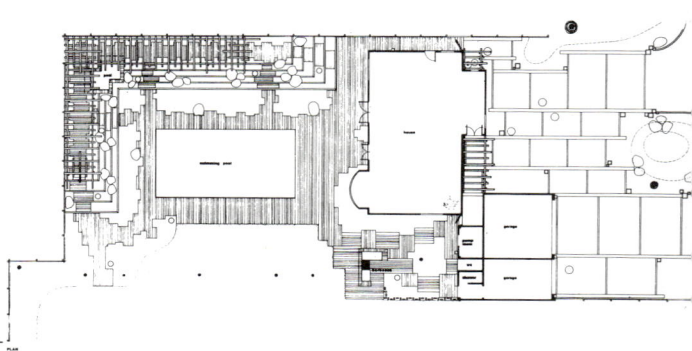

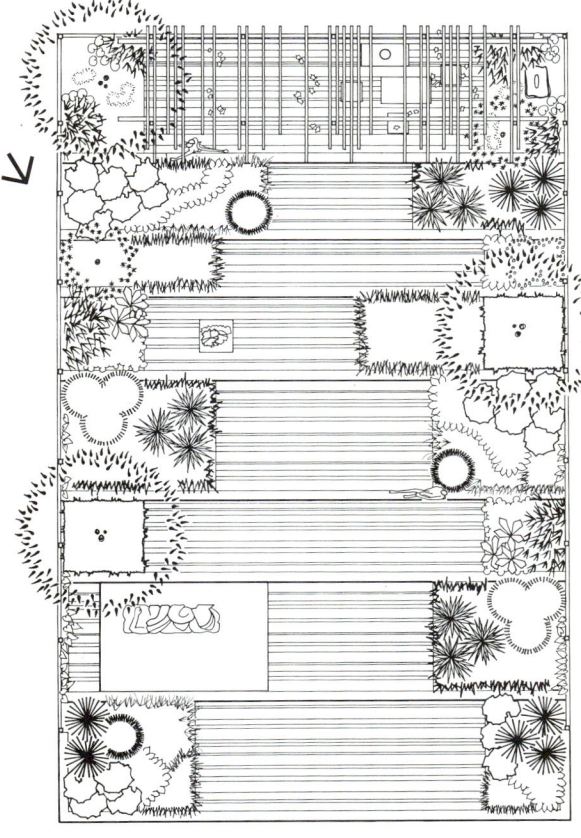

Previous page: views of the private garden designed by Jacobsen in 1979 in Stanmore. Axonometric detail of the pergola and ground plan of the Stanmore garden.

This page: the Sculpture Gareden in Chelsea: the sculptures are perfectly integrated into a garden in which the other features (pergola, lighting) are also sculptural. Centre: ground plan.

Página anterior: vistas del jardín privado diseñado por Jacobsen en 1979, en Stanmore. Detalle axonométrico de la pérgola y planta general del jardín de Stanmore.

En esta página, el Sculpure Garden de Chelsea: las esculturas se integran perfectamente en un jardín en el que los otros elementos (pérgola, luminarias) también tienen una concepción escultórica. En el centro, planta general.

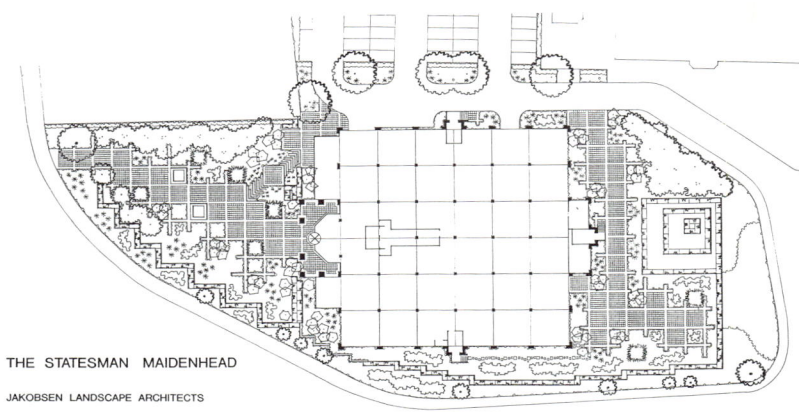

THE STATESMAN MAIDENHEAD
JAKOBSEN LANDSCAPE ARCHITECTS

algunas de madera, otras de madera o grava, que se elevan en múltiples retranqueos y en los que crecen plantas de colores que van desde el verde intenso al rojo cobrizo, hasta alcanzar la parte más alta del jardín, donde una pérgola escultórica de listones sigue la valla perimetral de madera.

En el **Broadwater Park**, un proyecto de 1980 para los jardines y el aparcamiento de los Denham Film Studios en Denham, Jacobsen adopta una solución mas contundente que en los proyectos anteriores. En la zona posterior de las oficinas se aprovechan los árboles sanos pre-existentes, cercanos al río, y únicamente se plantan, entre ellos, agru-paciones de arbustos de tonos amarillentos, dejando, junto al edificio, una gran superficie de césped circular, con un seto concéntrico que, sobre la explanada vacía, adquiere un cariz escultórico. El seto se inte-rrumpe en algunos puntos para abrir las mejores perspectivas visuales sobre el río. Paralelamente a esta simplicidad de medios en la margen del río, el proyecto se preocupa por dotar a las zonas de aparcamiento, con formas necesariamente simples, de una gran variedad de árboles y plantas.

El **Sculpture Garden**, en Chelsea (1981), premiado por la British Association of Landscape Industries, es un pequeño jardín rectangular y cerrado que tiene la fuerza de un escenario que asciende suavemente, gracias a una serie de plataformas invadidas en sus extremos por una vegetación exuberante, hasta llegar a su extremo más elevado, donde una valla, una pérgola de madera y las copas de los árboles, más atrás, lo cierran para que sea ocupado silenciosamente por las esculturas.

En el **Farnborough College of Technology**, el equipo de Preben Jacobsen divide el proyecto en pequeños patios y jardines entre los edi-ficios, en los que desarrolla une serie de temas puntuales: una duna arti-ficial de césped, un laberinto de muros de seto, un anfiteatro de grava... Los espacios de unión entre estos jardines, que, en algunos de los casos, no son más que alargados pasillos, están basados casi exclusivamente en las composiciones vegetales, incluyendo algunas de las vallas, que, for-madas mediante hileras de tubos verticales de acero, se confunden con las cañas de bambú.

El proyecto de **Tower Street** (1988) es un pequeño jardín urbano en Winchester. Jacobsen juega con diferentes tipos de pavimento que dibujan líneas y franjas de distintos colores sobre el suelo, al tiempo que, aprovechando la pendiente de la calle, crea unas serie de pequeñas pla-zas rectangulares encadenadas, siguiendo una espiral logarítmica.

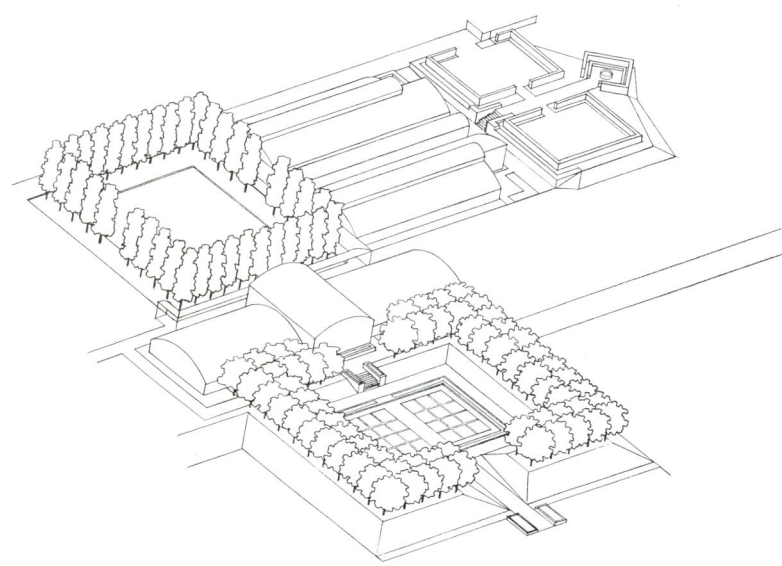

El **Statesman** de Maidenhead es un centro comercial construido en 1989, en cuyos jardines Jacobsen traza una red de líneas en el pavimento, definiendo así una retícula de pequeños cuadrados, algunos de ellos pavimentados y otros ajardinados. De esta manera, consigue reducir la escala de los jardines a parterres de pocos metros cuadrados en los que desarrollar exquisitas composiciones vegetales; la disposición del arbolado y la presencia de un zigurat vegetal en un extremo configuran el espacio del jardín.

En el **Alton Tertiary College** (1990), el paisajista danés emplea materiales que reflejan el peculiar color blanco de los suelos de Hampshire. En colaboración con el arquitecto sir Colin Stanfield-Smith, plantea un jardín rectangular hundido respecto a la cota del edificio, rodeado de un talud perimetral cubierto de césped, con una zona central en la que, en un conjunto de parterres circundados por canales de agua, diseña auténticos cuadros vegetales de vivos colores.

General plan of the Statesman in Maidenhead.

Some squares of the garden's grid layout are paved and others planted.

Two details of the paving of the grid.

General view of the garden of Alton Tertiary College.

The water channel on the perimeter is inspired by Luytens' gardens, an architect Jacobsen greatly admires.

The yellow of the Santolina stands out in the central beds.

Axonometric projection of the scheme, performed in collaboration with Sir Colin Stanfield-Smith.

Planta general del complejo Statesman de Maidenhead.

Una retícula organiza el jardín. Algunos recuadros se pavimentan y otros son ocupados por la vegetación.

Dos detalles del pavimento reticular.

Vista general del jardín del Alton Tertiary College.

El canal de agua perimetral está inspirado en los jardines de Luytens, un arquitecto muy admirado por Jacobsen.

En los parterres centrales destaca el color amarillo de la Santolina.

Axonometría del proyecto, realizado en colaboración con sir Colin Stanfield-Smith.

Jorge Subirana Atienza

Jorge Subirana studied landscaping in France at the Versailles National School of Horticulture in the late 1950s and early 1960s, while practising horticulture at the Croux et Fils nursery in Paris and collaborating with gardening studios and companies there, as well as ones in Barcelona, his home city. In 1964, after obtaining his diploma in landscape architecture, he settled in Madrid in order to manage the gardening section of the Peninsular de Construcciones building company. In 1967 he founded his own studio – El Taller de Paisaje (the Landscape Workshop).

Since its beginnings the Taller de Paisaje has been very active, creating gardens in Spain (Madrid, Barcelona, Valencia, the Canary Islands, Murcia), as well as designing housing developments, planning beaches and riverside areas, performing environmental impact assessments for quarries and mines, regeneration schemes for motorway verges and drawing up the projects for the La Cartuja and Guadalquivir parks as part of Seville's 1992 Universal Exposition. He has combined this with his teaching activities (he has been professor of projects in the Castillo de Batres School of Gardening and Landscaping for eleven years) and with participation in the drawing up of the National Inventory of Specially Protected Natural Areas in 1978.

Subirana uses the essential resources of nature, relief, plants and water to recreate landscapes that are visually open and uncluttered. A curve in a path brings the visitor to a small hill that blocks the view of a slightly raised rest area, where perhaps there is a small pool and a bench protected by a group of trees; a viewline from an office window extends along a line of poplars and the main entrance to a building extends along a path running between cypresses, framing the view of a distant mountain; his designs seek to breathe life into the original space, diversifying it, creating new spaces within it, giving rise to new sensations and seeking different perspectives, all done using simple features.

The pavers are placed with an open bond or a water-proof one, depending on the area, allowing the growth of grass or the creation of sheets of water by merely creating a slope in the paving.

The design for the headquarters of Compaq Computers, an esplanade around the building, makes it stand out above its surroundings.

Los adoquines se colocan con llaga verde o junta seca, según las zonas, permitiendo el crecimiento de la hierba o la presencia de láminas de agua con una simple inclinación del suelo.

El proyecto para la sede de Compaq Computer crea una explanada alrededor del edificio de modo que destaque sobre la orografía.

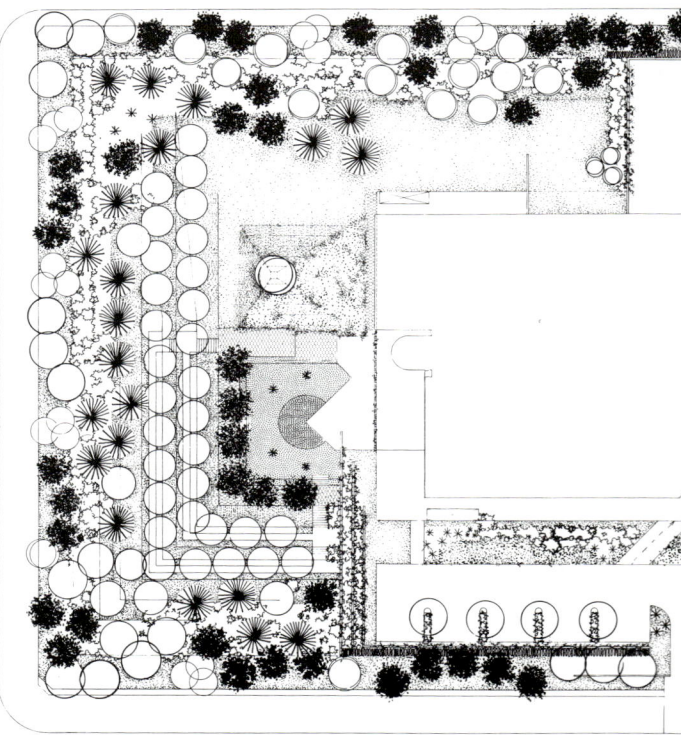

In the design for the gardens of the headquarters of **Red Eléctrica Española** in La Moraleja, near Madrid, the Taller de Paisaje started with an even 25% slope to the north. By modifying the contours, small west-facing mounds were created, allowing the construction of a ramp to bridge the difference in level between the buildings and the car park. Halfway between them is a rest area with a small, very simple pool formed by creating a slope in an area of pavement and filling it with water. This sheltered place is like a silent echo of the largest, busiest plaza between the old headquarters and the new office building.

The inner plaza, between the buildings, recreates their circular ground plan, outlining a corona by means of a strip of granite pavers. The lines of the buildings extend into the paving and along the rows of trees; the path leading to the entrance crosses the corona, dividing it into four parts, two of which are turfed, while the third is paved and the fourth is covered in water.

The Taller de Paisaje designed the gardens of the headquarters of **Compaq Computer** in the Las Rozas business park near Madrid. First, the scheme seeks to separate the building from its surroundings, clearly revealing its architectural value. It faces a wide esplanade built on the sloping site housing a sheet of water that forms random curves due to gentle depressions in the pavement, which is made of granite pavers. The platform is protected by benches on its perimeter surrounding it

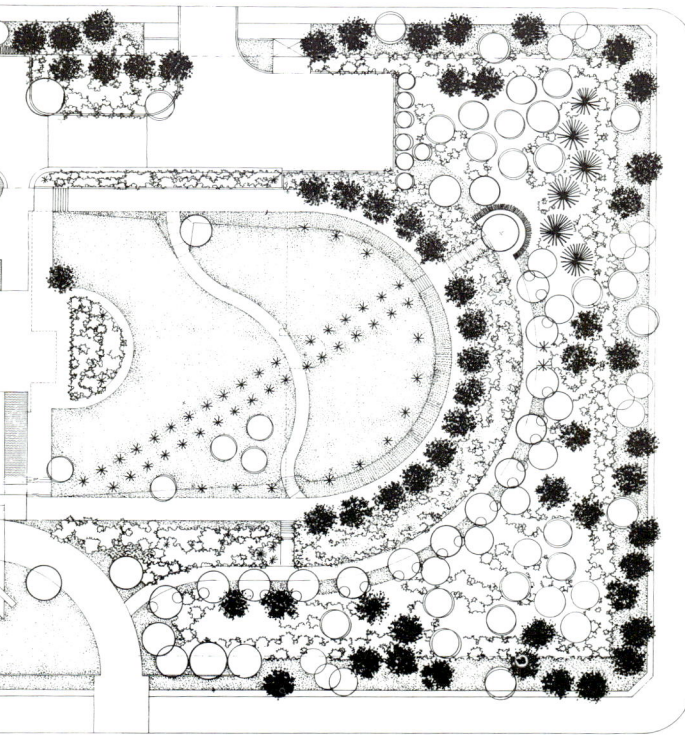

The trees are planted in rows forming viewlines.

The limits between the lawn areas and the paved areas are softened by the grass growing between the pavers.

The site's slope allows the formation of small spaces that emphasise the presence of a tree.

The stairs blend into the surroundings.

In the garden design for the headquarters of Compaq Computers there are continuous references to the panoramic view of the mountains around Madrid.

Los árboles se plantan en hileras que trazan líneas visuales.

Los límites entre las superficies de césped y las zonas pavimentadas se diluyen gracias a la hierba que crece entre los adoquines.

La inclinación del terreno permite acotar pequeños espacios en los que la presencia de un árbol adquiere un mayor protagonismo.

Las escaleras se difuminan en el paisaje.

En el diseño de los jardines para la sede de Compaq Computer aparecen referencias continuadas a la panorámica de la sierra madrileña.

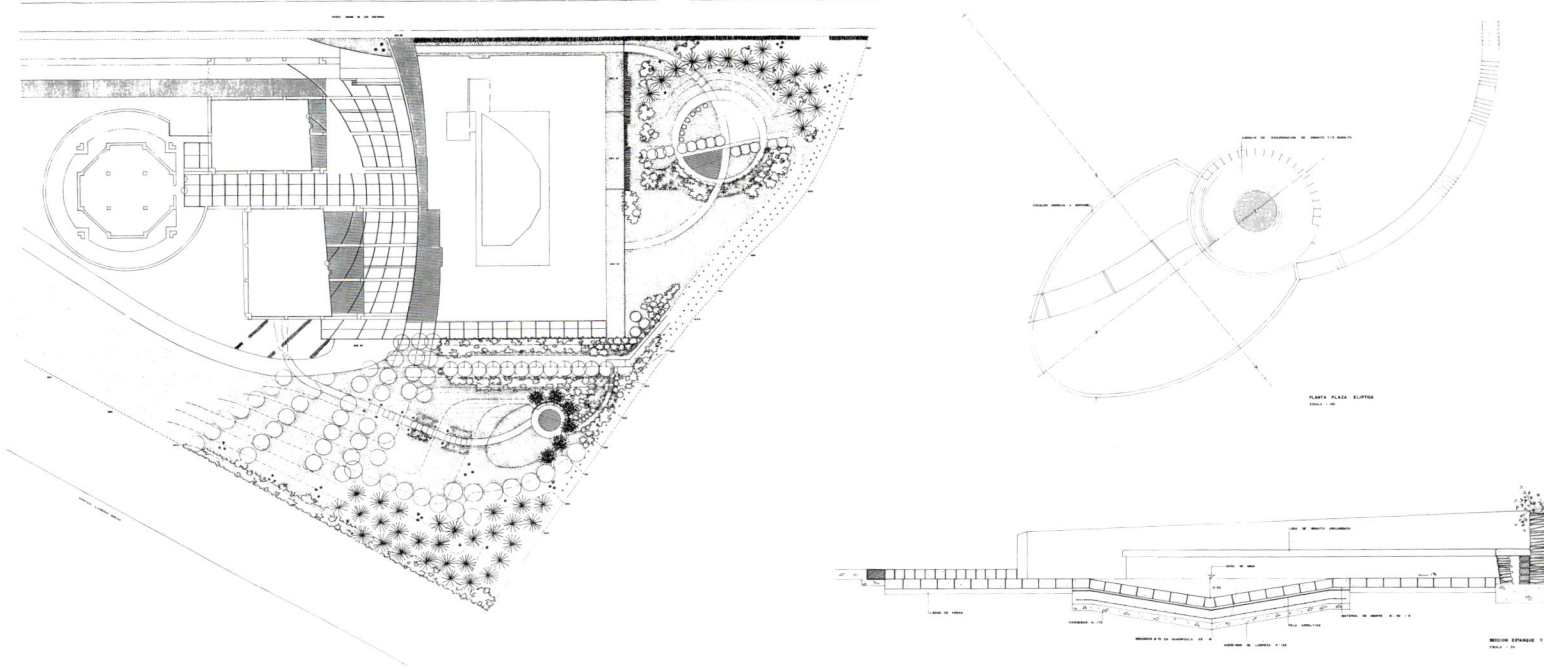

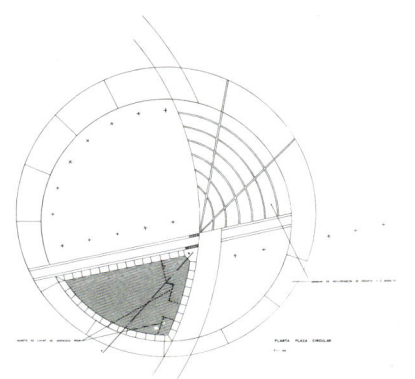

From left to right and top to bottom: walk around the gardens at the head-quarters of *Red Eléctrica Española*, showing the different landscaping episodes in the project. The arrangement of the photographs reflects their position on the central plans.

De izquierda a derecha y de arriba abajo: recorrido peatonal por los jardi-nes de la sede de Red Eléctrica Espa-ñola, que permite apreciar los distintos episodios paisajísticos de la interven-ción. La distribución de las fotografías está en relación con los planos centra-les.

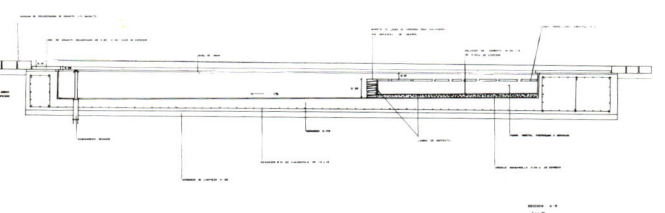

with a series of concentric paths, broken to the south by a pyramidal planting with a displaced vertex, which makes the slope facing the facades more gentle in order to create a sensation of depth.

A promenade from the main entrance runs down the west side between two lines of cypresses which adjust to the slopes that are formed on the side, until it reaches a rest area with poplars that provide shade and at the same time guide the eye to the view of the mountains outside Madrid, visible on the horizon. The same economy of means was employed in the project for the garden at the headquarters of Red Eléctrica Española: there are no sculptures, pergolas or large staircases. The garden is formalised by moulding the earth and laying out paths that outline the mounds of earth where the trees are planted with the same care as the arrangement of the landmarks.

The Hacienda de Benazuza (Benazuza Estate) in Sanlúcar la Mayor was an agricultural estate cultivating orange and olive trees that was turned into a luxury hotel for Seville's Expo '92. The design recreates the design of the pre-existing plantation, clearly revealing its Hispano-Arabic heritage. Another project related to the Seville 92 Exposition is the **Jardines de Guadalquivir**, on the Cartuja Island. One starting point for the proposal was to reintroduce the hypothetical original tree cover in order to create a woodland setting for the park's different garden areas. Another starting point for the design was the three traffic axes of the Expo site established in the general plan for the whole site, and which structure park along an east-west axis. The route from the south to the north of the park has an educational and implicitly symbolic component that arouses the interest of the pedestrians. The route begins at the south of the scheme and summarises the history of gardening, its basics and the different purposes a garden can serve. The path starts in the garden dealing with the origin of soil, a semiwild space consisting of a rock garden, gravel, sand, water and vegetation that ranges from arid conditions to lushness. The path then leads to the aquatic garden, consisting of a large pool crossed by a footbridge aligned with one of the main axes of the precinct. Next is the aromatic and medicinal plants garden. Its design is based on the superposition of smooth, winding curves formed by myrtle hedges onto a quadrangular design of paths and plant beds. The path leads to the next garden, dedicated to the rosaceous plant, the rose family. The idea of the garden cultivated for aesthetic and utilitarian reasons appears at this stage. Finally, there are the gardens devoted to playing and action at the north end of the promenade, completing the wide diversity of the landscape.

Jorge Subirana se formó como paisajista al final de los años cincuenta y en los primeros sesenta en Francia, en la Escuela Nacional de Horticultura de Versailles, a la vez que alternaba la propia práctica de la horticultura en los viveros Croux et Fils de París con colaboraciones en despachos y empresas de jardinería en aquella ciudad y en Barcelona, su lugar de nacimiento. A partir de 1964, ya diplomado como arquitecto paisajista, fijó su residencia en Madrid para dirigir durante tres años la sección de jardinería de la empresa Peninsular de Construcciones y, finalmente, fundar en 1967 su propio estudio: el Taller de Paisaje.

Desde sus inicios, el Taller de Paisaje ha desarrollado una intensa actividad que abarca tanto la realización de jardines en España (Madrid, Barcelona, Valencia, Canarias, Murcia, etc.) como el diseño de urbanizaciones residenciales, la ordenación de playas y riberas fluviales, el estudio del impacto ambiental de cuencas mineras y canteras, la recuperación de márgenes de autopistas o la redacción de proyectos para los parques de La Cartuja y del Guadalquivir en la Exposición Universal de Sevilla de 1992. Una obra extensa que ha sabido compatibilizar con la actividad docente (ha sido profesor de Proyectos en la Escuela de Jardinería y Paisajismo de Castillo de Batres durante once años) y con la participación en la elaboración del Inventario Nacional de Espacios Naturales de Especial Protección, en 1978.

Subirana utiliza los recursos esenciales de la naturaleza, la topografía, la vegetación y el agua, para recrear unos paisajes abiertos a los

In the rest area a stretch of pavement forms an ellipse leading to a paved circumference with a small pool in the centre and a bench around the perimeter.

The view of the building's main facade, overlooking the plaza.

The rest bench is sheltered from the sun by a row of trees.

On this page, three more pictures of the route through the outer garden area.

En la zona de descanso, una línea del pavimento dibuja una elipse que desemboca en una circunferencia pavimentada con un pequeño estanque en el centro y un banco perimetral.

Vista de la fachada principal del edificio, que da a la plaza.

El banco de reposo está resguardado del sol por una hilera de árboles.

En esta página, tres nuevas imágenes del recorrido por el ajardinamiento exterior.

recorridos y a las miradas. Una curva de un camino se enfrenta a una pequeña colina que impide ver una zona de descanso un poco más elevada, donde quizás hay un pequeño estanque y un banco protegido por una agrupación de árboles; una línea visual desde el ventanal de unas oficinas se alarga con una hilera de álamos y la entrada principal de un edificio es prolongada por un recorrido entre cipreses, que encuadra la visión de una montaña lejana: sus actuaciones buscan vivificar el espacio original, diversificarlo, dotarlo de nuevos lugares, provocando sensaciones añadidas y buscando perspectivas diferentes; y todo ello, hacerlo con elementos sencillos.

En el proyecto de los jardines para la sede de **Red Eléctrica Española** en La Moraleja, cerca de Madrid, el Taller de Paisaje trabajó sobre un terreno con una pendiente regular a norte de un 25%. Modificando las curvas de nivel, se crearon pequeños montículos con orientación oeste y se pudo construir una rampa que salvase el desnivel existente entre los edificios y el aparcamiento. A medio camino, se intercaló una zona de descanso, con un pequeño estanque construido de la forma más sencilla: inclinando una zona del pavimento y llenándola de agua. Se trata de un lugar recogido, como una reverberación silenciosa de la plaza más significativa y concurrida, situada entre la sede antigua y la nueva planta de oficinas.

La plaza interior, situada entre los edificios, recrea la planta circular de aquéllos dibujando una corona con una franja de adoquines de granito. Las líneas de los edificios se prolongan en el pavimento y en hileras de árboles; el camino que lleva a la entrada cruza la corona y ésta se divide en cuatro gajos, dos de ellos con césped plantado, un tercero pavimentado y el cuarto cubierto de agua.

En el proyecto para los jardines de la sede de **Compaq Computer**, en el parque empresarial de las Rozas, cerca de Madrid, el Taller de Paisaje plantea en primer lugar la separación del edificio respecto del entorno, de modo que éste aparezca con todo su valor arquitectónico, enfrentado a una amplia explanada construida sobre el terreno en pendiente, con una lámina de agua que traza curvas aleatorias gracias a suaves hundimientos del pavimento de adoquines de granito. La plataforma queda recogida por unos bancales perimetrales que la rodean dibujando una serie de senderos concéntricos, interrumpidos en su extremo sur por una pirámide vegetal con el vértice desplazado, que suaviza la pendiente frente a una de las fachadas para crear una sensación de profundidad.

Desde la entrada principal, desciende por el lado oeste un paseo entre dos líneas de cipreses que se va adaptando a los taludes que se forman en la ladera, hasta llegar a una zona de descanso, en la que un grupo de álamos que arroja su sombra sobre los bancos de reposo, indica, al mismo tiempo, la dirección de las vistas a la sierra de Madrid, que se recorta en el horizonte. El proyecto se construye con la misma economía de medios del jardín para la sede de Red Eléctrica Española: no hay esculturas, ni pérgolas, ni grandes escalinatas. El jardín se formaliza moldeando el terreno y trazando senderos que recortan pequeñas colinas de césped donde se plantan los árboles con el mismo cuidado con el que se disponen los hitos.

La Hacienda de Benazuza en Sanlúcar la Mayor era una antigua finca de cultivo de olivos y naranjos que, con motivo de la Expo 92 de Sevilla, se rehabilitó como un hotel de lujo. El proyecto recrea el esquema de la

plantación preexistente, a la vez que pone de relieve su herencia hispano-árabe. Otro de los proyectos relacionados con la Exposición Universal de Sevilla es el de los **Jardines del Guadalquivir**, en la isla de la Cartuja. El proyecto propone la reimplantación de un hipotético bosque primigenio que cree un marco arbóreo consistente para albergar los diferentes jardines del parque. Otro punto de partida del diseño son los tres ejes viarios del recinto de la Exposición, establecidos en la planta general del conjunto, que vertebran el parque en dirección este-oeste. La sección norte-sur del parque posee un contenido didáctico cierto y una carga simbólica implícita, que despiertan el interés del transeúnte. Se trata de un recorrido que comienza en la punta meridional de la intervención, dando un repaso a la historia de la jardinería, a sus fundamentos y a las diversas funciones que debe cumplir un jardín. El recorrido nace en el jardín de los orígenes del suelo, espacio semisalvaje conformado por roquedos, berrocales, gravas, arenas, agua y un abanico de vegetación que, partiendo de la aridez, acaba tornándose en frondosidad. De ahí se pasa al jardín acuático, configurado con un gran estanque salvado por una pasarela que se corresponde con uno de los ejes del recinto. A continuación se llega al jardín de las plantas aromáticas y medicinales. Su diseño es una superposición de curvas suaves y sinuosas formadas por setos de arrayán, con una trama cuadrangular de sendas y arriates. El trazado conduce al siguiente jardín, el de las rosáceas, donde aparece la noción de jardín cultivado con fines estéticos y utilitarios. Finalmente, se encuentra el grupo de jardines lúdicos y de acción, situados al norte del paseo, completado la gran diversidad de la oferta paisajística.

General view from one bank of the Guadalquivir of the Pavilion of the Future at Sevilla's Expo'92.

Vertical sequence: Way into the plant maze; open-air play area; and the pavilion's exterior installations.

This page; path through the aromatic and medicinal plant garden; and the pyramid in the rose garden.

Vista general desde una de las márgenes del Guadalquivir del Pabellón del Futuro de la Expo 92 de Sevilla.

En la secuencia vertical: entrada al laberinto vegetal; área de juegos al aire libre; e instalaciones exteriores del pabellón.

En esta página: sendero en el jardín de las plantas aromáticas y medicinales; y pirámide del jardín de las rosáceas.

Jacques Simon

"*The greatest effect with the least means.*" This intention underlies all Jacques Simon's work, such as his landscape installations inspired by land art, his landscape works, and also his work as an independent publisher; it is also the basis of his teaching work, as he prefers to transmit his militant and adventurous passion for landscaping in master classes. His incessant activity produces short-lived but lucid messages to our "distracted" consciousness, making "*obvious at a glance what we would be unable to see without him,*" according to Jean-Paul Pigeat. Simon's attitude is direct, incisive and emotive. His work is usually considered (as in this collection) in two "halves", that of the artist (volume 8), which is better known and receives more media attention, and that of the landscaper, the role under discussion here, but they are both firmly linked by the same underlying poetic inspiration.

Jacques Simon (Dijon, 1930) studied at the École National Supérieure du Paysagisme in Versailles and started his career as an artist-landscaper during France's post-war reconstruction. This conception of town planning, performed in a hurry and dominated by a logic based on the fulfilment of functional requirements, considered public transport networks and services more important than plants and trees, which were then confined to a tiny part of the green spaces dispersed between buildings that were only too often architectural disasters. This type of space immediately aroused Simon's interest, and he concentrated his efforts in districts with municipal housing and the ZUP (Priority Urbanisation Zones): ZUP of Champbenoît (Provins, 1968), Quartier Croix Rouge (Rheims, 1968), Quartier de la Mare au Curé (Nangis, 1970), Cité des Chatillons and the Parc Saint-John Perse (Rheims, 1970), Ville Nouvelle and Parc Sud (Vaudreuil, 1973 and 1975 respectively). Nowadays, with the rise of the periphery and the general consensus on our duty to upgrade these abandoned landscapes, his wide experience of this matter has made him one of the most respected architects work-

Aerial view of the city of Chatillons, 25 years after Simon's landscaping intervention.

Vista aérea de la ciudad de Chatillons, 25 años después de la intervención paisajística de Simon.

ing in this field. He receives many commissions, such as the ones in Saint-Germain-les-Arpajons (1990) and Plessis Robinson (1991).

People usually consider the Parc Saint-John Perse in Rheims as the reference point in Jacques Simon's work, the design showing the basic features of his creative work. Above all, this tour de force was a challenge, an idea highly typical of Simon's work. In this case, the challenge was to create an 8 ha public park on a ridiculously small budget. This was a major triumph, and under his personal supervision the works were performed in just eight days! The need to do things quickly stimulates him. He is not comfortable speaking about long time-scales and management as this usually leads to an approach that has lost its freshness and original enthusiasm. He is delighted by the appearance of what is random, the stroke of luck that may prevent the design becoming excessively harsh and give it more precise poetic overtones. In his drawings, this approach "*sows confusion, and the game not only finishes breathtakingly fast but also turns out to be surprisingly picturesque.*" About 45,000 m³ of soil was used in earthforming works and 70 m³ of rubble was used – in spite of the agreement reached with the constructor – to make a turf pyramid.

The park contains the seed of the poetic style developed in his later work. "*Reintroducing nature*" into the city is not to contradict nature (by cutting, felling, replanting and rigidly controlling it), but to express oneself in the style of nature. In an analogy with the irregularities in the soil that form the structure of natural landscapes, we may consider that the urban landscape is the expression of movements of earth, terracing, the creation of steps and gradins, etc.. Afterwards, trees are used to cover this skin: "*It is in the heart of the large cities and agglomerations where we must reintroduce nature in the form of trees, arranged as though on a skin and unafraid of the endless flow of people coming and going. Lawn and small shrubs are still used excessively in urban spaces. The only treatment for the skin disease afflicting our cities is to plant trees, as they can stand up for themselves.*" The Parc Saint-John Perse, a vast grass surface in movement whose limits are defined by strips of trees, sums up these aims with exemplary clarity.

This nature-based conception is also found, with variations, in other architects searching for simplicity, especially Jacques Sgard (Parc Floral

246

de Paris, 1970), and Michel Courajoud (Parc des Coudrays, 1974) who worked with Simon from 1964 to 1966. This approach's origins lie in the Anglo-American gardening heritage and recalls the precepts underlying the work of great masters like Forestier, who recommended using green spaces with surfaces formed into undulations to give variety to excessively flat sites and create "*interesting light effects.*" Even so, Simon's skill lies in his adaptation of a past formula to a modern context. It is not a question of large trees with sombre foliage, as in so many English-style gardens, but the use of trees chosen for their delicacy and flexibility, such as poplars, willows and birches, and picked to show the rhythm of the passing seasons and to avoid the monotony of a painting in green. In his design for the 35 ha Cité des Chatillons in Rheims (1970), "*apart from the May paulownias, with their strong branches and leaves, the city's vegetation as a whole shares a common denominator, its flexibility, openness and the flickering movement of its foliage.*" The search for volume and space governs these parks, based on soil sculpture and simple plantings (a selection restricted to trees, arranged in dense rhythmic lines, and grass).

Simon is not a believer in the idea of the tabula rasa, as some people have suggested. His works, with their abundant use of formulas from the past, clearly show this. Yet he also wishes to clarify that his emotivity is the source of his inspiration: "*Nothing could be further from my intentions than an appeal to reason.*" Visionary or clairvoyant? Either way, these remarkable ideas are those of a surprisingly versatile man, a stalwart of the lively but uncommon landscape culture that he has acquired on his journeys all over the world.

"*A garden is not a battlefield, lacking past and roots,*" Simon wrote about his project for the Festival International des Jardins in Chaumont-sur-Loire (1995). This is a yearly event that invites 30 artists from around the world to create a garden on a 250 m² plot. Chaumont is a fascinating hotbed of ideas, bringing together exercises in different

Previous page: L'esprit de défait, *the point of departure for the Chantillons ZUP (Rheims, 1970).*

A tree-planted mantle winds freely through the gardens and courtyards.

The presence of the plantings around the built area allows one to escape from the area's implacably harsh "vertical-horizontal" nature. Chatillons ZUP (Rheims, 1970).

Saint-John Perse Park (Rheims, 1970), next to the old city, was intended to act as a structure to generate the new district, Croix Rouge, foreseen in the ZUP.

This page: Champbenoît ZUP (Provins, 1968). Strips of willows and poplars planted on simple lawn surfaces emphasise the earthforming and stress the depth effects, thus unifying the whole space and making it coherent.

Página anterior: L'esprit de défait, *punto de partida para la ZUP de Chatillons (Reims, 1970).*

Un manto arbolado circula libremente tanto por el jardín como por los patios.

La presencia de lo vegetal en las inmediaciones de la zona edificada permite escapar a la implacable aridez «vertical-horizontal». ZUP de Chatillons (Reims, 1970).

El Parc Saint-John Perse (Reims, 1970), junto al casco antiguo, se concibió como elemento generador del nuevo barrio de la ZUP Croix Rouge.

En esta página, ZUP de Champbenoît (Provins, 1968). Franjas de sauces y álamos, plantados sobre simples superficies de césped que enfatizan los movimientos del terreno, acentúan los efectos de profundidad y dan coherencia y unidad al espacio.

This page: Parc Saint-John Perse (Rheims, 1970). The contrast between the immense grassed area and the lines of trees creates a striking composition. preliminary sketch.

Ville Nouvelle de Vaudreuil, 1973: the alternate plantings of trees of different heights are a response to the set of volumes of the facades.

Plan of Parc Sud de Vaudreuil (17 ha, 1975) and general view. Bottom: two sketches.

En esta página, Parc Saint-John Perse (Reims, 1970): el contraste entre la inmensa planicie de césped y las líneas de los árboles confieren a la composición una gran fuerza plástica; y croquis preliminar.

Ville Nouvelle de Vaudreuil, 1973: árboles de dos alturas diferentes, plantados en alternancia, responden a los volúmenes de las fachadas.

Plano del Parc Sud de Vaudreuil (17 Ha, 1975) y vista general. Abajo, dos bocetos.

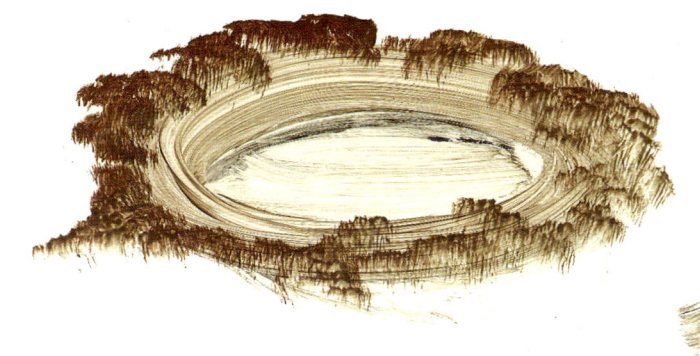

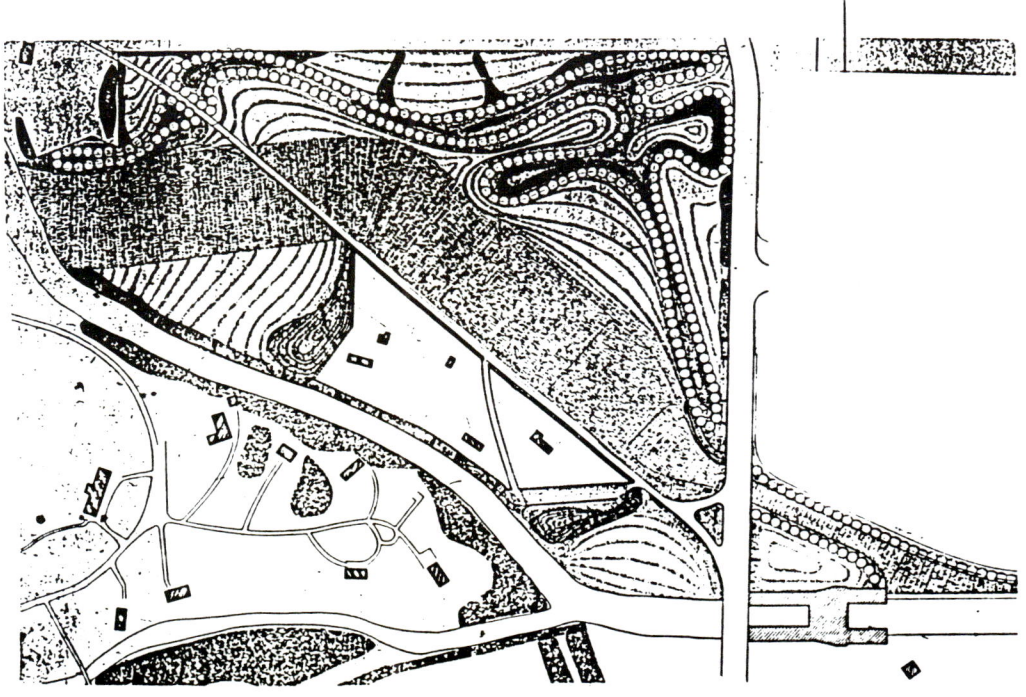

styles, abstracted from all realist content. Simon adapted to the rules of this game with humour, irony and his habitual taste for controversy. He built an anti-garden that is completely mineral, lacking plants and roots and as desolate as a battlefield. Yet we should be optimistic, argues Simon, because it glitters in the sun and moves in the wind, and if humanity plays around with the planet, the Earth will always recover from human errors. This garden-manifesto in favour of the peripheries (nature is hiding behind the concrete walls and under the pavement) is in fact the antithesis to Simon's thesis. "*Revealing the landscape is actively to modify it, not by imposing new objects but by pointing out what was already present in the site, unnoticed, unconnected. For a time, I connect and relate.*" This is due to his continuous search for the conceptual links that let him relate to the existing site. All his writings reveal an authentic obsession with geometry (= death), the drawing board, introduced features, objects from catalogues, etc.. Simon analyses, sketches, designs the site with the help of rough drafts and perspective drawings. Not

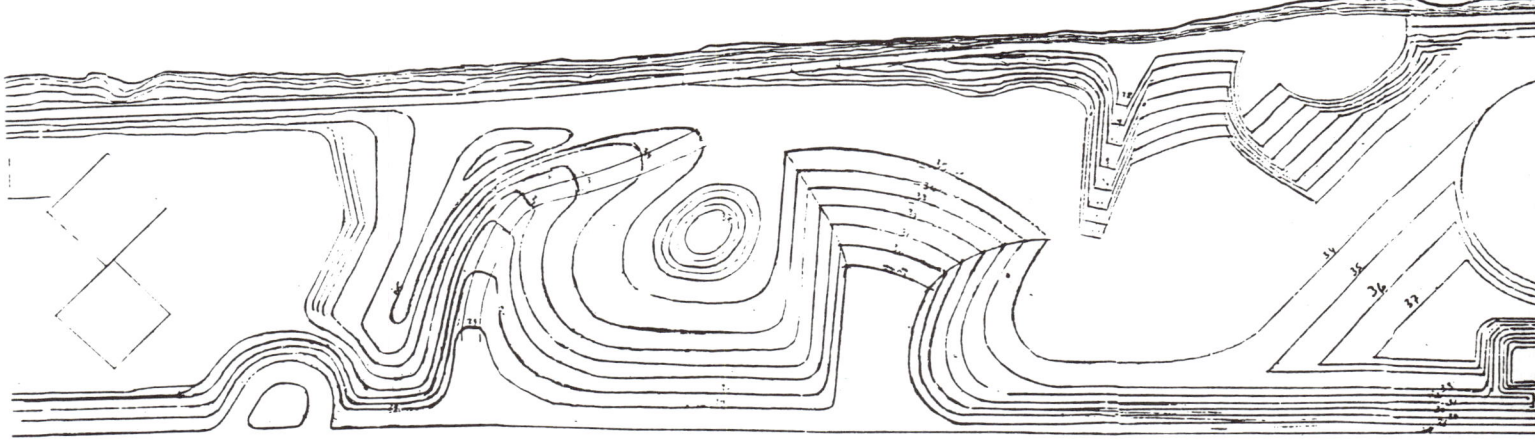

only does he try to adjust his behaviour to that of the earth and the seasons, but also to that of people. With respect to the Sort of Concrete Gravel Serpent, cast on site in Saint-Germain-les-Arpajons, he said, "*Why create this short, simple thread? For people to follow. Sometimes just for something to do. The kids ride along it on their bikes. When I create I feel like them, between the earth and the sky.*" This deep generosity is present in all his drawings and photographs, which almost always show a human presence. A landscape that is not only a beautiful image to contemplate, but also a space that people live in.

Simon was the first landscaper to receive the Grand Prix du Paysage created by the Ministry of the Environment in 1990, but he laughs at the dignity and honours the award ensures. Nothing can overcome his urge to meet the sun and wind once more.

«El mayor efecto con los mínimos medios»: esta intención subyace en toda la obra de Jacques Simon, ya se trate de sus intervenciones paisajísticas de inspiración *land art*, de su oficio de paisajista, del de autor-editor o también de su labor como pedagogo, prefiriendo para trasmitir su pasión por el paisaje las enseñanzas sobre el terreno, militantes y aventureras, en clases magistrales. Los mensajes efímeros que este partisano de la lucidez, siempre inmerso en la acción, escribe sobre el terreno, agitan nuestras conciencias «distraídas», hacen «*que se haga evidente ante nuestra vista lo que no sabríamos mirar sin él*», según Jean-Paul Pigeat. La actitud de Simon es directa, incisiva, emotiva. Su trabajo suele aparecer fragmentado (como en esta colección), en «dos mitades de obra», la del artista (volumen 8), más mediática y conocida, y la del paisajista que aquí se aborda, pero existe entre ellas un vínculo esencial, un mismo aliento poético.

Jacques Simon (Dijon, 1930), formado en l'École Nationale Supérieure du Paysagisme de Versailles, inició su carrera de artista-pai-

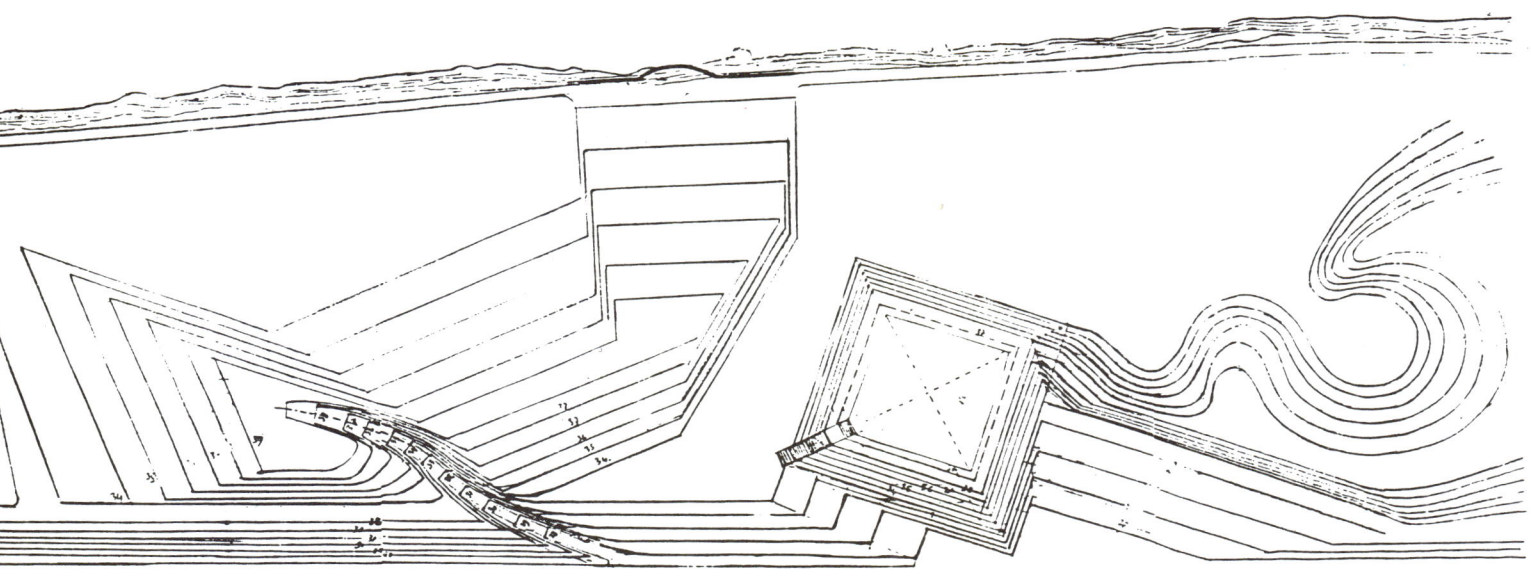

On this double page: the parc de l'île de Saint-Denis (1984), north of Paris, was completed in collaboration with Jean-Patrick Fortin's architecture studio. Simon took advantage of the presence of alluvial soil on the large site and the pre-existing layers, and by supplying 300,000 m³ of alluvial deposits, he created an earth sculpture (central plan).

The landscape treatment respects the initial atmosphere of the different sites. It is intimate on the shores of the smaller branch of the Seine, where people go fishing (above), while on the other side and towards the interior there are several relatively large, open, terraced spaces accessible to the public (below).

En esta doble página, Parc de l'île de Saint-Denis (1984), al norte de París, realizado en colaboración con el taller de arquitectura de Jean-Patrick Fortin. Simon aprovecha la presencia de tierras de aluvión en esta larga extensión de terreno, se apoya sobre los estratos preexistentes y, con la aportación de 300.000 m³ de tierras de acarreo, compone una escultura de tierra (plano central).

El tratamiento paisajístico respeta la atmósfera inicial de los distintos lugares: íntima en la ribera del brazo menos caudaloso del Sena, zona de pescadores (arriba), mientras que en la otra vertiente y hacia el interior se escalonan diversos espacios más o menos extensos, más o menos abiertos, y más accesibles para el público (abajo).

sajista durante la Francia de la reconstrucción. Tiranizada por la urgencia y la lógica funcionalista, la composición urbanística valoraba ante todo las redes y los servicios viarios públicos frente a lo vegetal, reducido a la porción congrua de los espacios verdes diseminados entre edificios de una calidad arquitectónica con frecuencia desastrosa. De entrada, estos espacios suscitaron el interés de Jacques Simon, quien concentró sus esfuerzos sobre los barrios de viviendas sociales y las ZUP (Zonas de Urbanización Prioritaria): ZUP de Champbenoît (Provins, 1968), Quartier Croix Rouge (Reims, 1968), Quartier de la Mare au Curé (Nangis, 1970), Cité des Chatillons y Parc Saint-John Perse (Reims, 1970), Ville Nouvelle et Parc Sud (Vaudreuil, 1973 y 1975, respectivamente). Hoy día, tras la reivindicación de las periferias y el consenso general sobre nuestro deber de recalificar esos paisajes abandonados, su amplia experiencia en este ámbito lo ha convertido en uno de los autores más reputados y solicitados, como en Saint-Germain-les Arpajons (1990) y Plessis Robinson (1991).

Se suele considerar el Parc Saint-John Perse en Reims (1970) como la referencia del trabajo de Jacques Simon, aquella en la que se manifiestan los elementos fundamentales de su universo. En primer lugar, la noción de desafío, de reto, especialmente afín a Simon: en este caso, se trataba de realizar con un presupuesto irrisorio un parque público de 8 Ha. Salió triunfante de este *tour de force*, reduciendo a un tiempo récord de ocho días las obras que el mismo dirigió. La velocidad es para él un poderoso estimulante. No se encuentra cómodo cuando se habla de largos plazos, de gestión, porque se suele perder la frescura, el impulso inicial. Le encanta ver surgir lo aleatorio, el azar que puede evitar que el proyecto resulte demasiado áspero, otorgarle su más precisa tonalidad poética. En sus dibujos, esta irrupción «*siembra la confusión, y la partida no sólo llega a su fin a velocidad de vértigo, sino que se convierte en un acontecimiento pictórico que llega a sorprendernos...*» Unos 45.000 m³ de tierra vertida tras la configuración del conjunto y 70 m³ de escombros, contrariamente al acuerdo pactado con las constructoras, generan respectivamente el modelado del terreno y una pirámide de césped...

El parque contiene el germen del vocabulario y la poética que desarrollará en posteriores trabajos. «*Reintroducir la naturaleza*» en la ciudad no es contradecirla (cortar, talar, replantar, regular a ultranza), sino expresarse con su lenguaje. En analogía con las irregularidades del suelo que forman la osamenta de los paisajes naturales, el paisaje urbano se expresa mediante movimientos de tierra, terrazas, escalonamientos, gradas, etc. Después, el árbol viene a revestir esta piel: «*Es en el corazón*

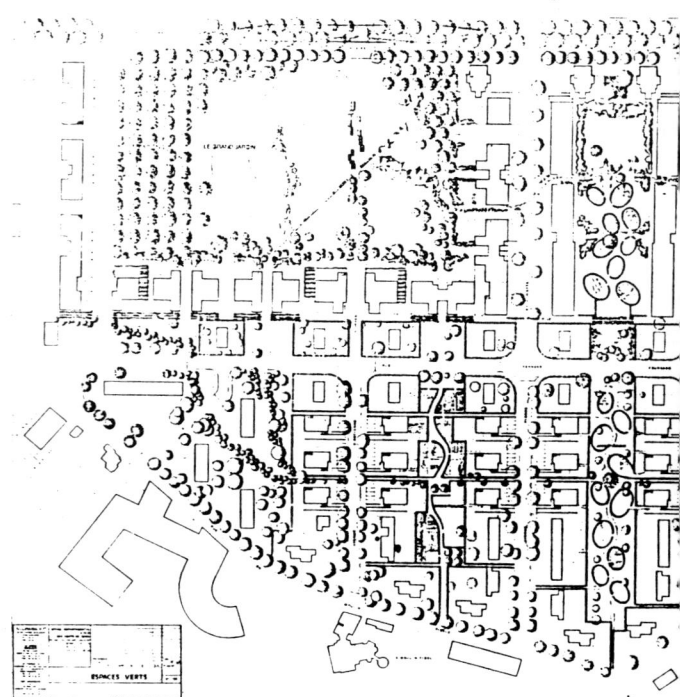

General plan of the landscaping for Plessis Robinson (30 ha, 1994).

Plan general del tratamiento paisajístico de Plessis Robinson (30 Ha, 1994).

Saint-Germain-les-Arpajons. First phase, Place du Couvent (1991).

Saint-Germain-les-Arpajons. Primera fase, Place du Couvent (1991).

In Le Plessis Robinson (1994), the urban and landscape design are harmoniously combined to ensure the welfare of the inhabitants, creating hierarchies between the public space, for socialisation and exchange (above), and the private space, where people can practice their hobbies, such as gardening (below).

En Le Plessis Robinson (1994), la intervención urbana y la paisajística se armonizan para procurar el bienestar de los habitantes, estableciendo jerarquías entre el espacio público, lugar de encuentros e intercambios (arriba), y el espacio privado, en el que se pueden practicar las aficiones particulares, como la jardinería (abajo).

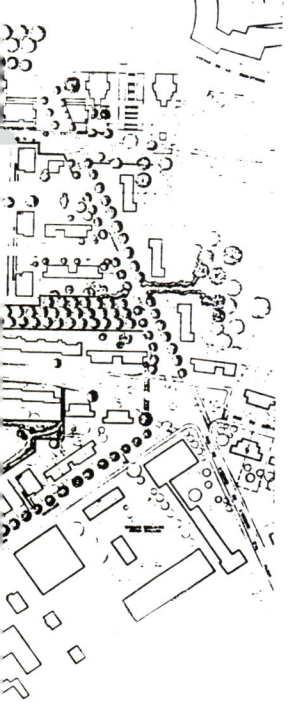

de las ciudades y de las grandes aglomeraciones donde hay que reintroducir la naturaleza en forma de árboles, dispuestos sobre unas epidermis que no teman las idas y venidas, el movimiento continuo de la gente... El césped y los pequeños arbustos todavía recargan demasiado el espacio urbano. Frente a esta dermatosis, el árbol es el único que puede erigirse por derecho propio en la ciudad.» El Parc Saint-John Perse, vasta extensión de césped en movimiento con límites formalizados por franjas arboladas, resume con una claridad ejemplar estos propósitos.

Esta concepción naturalista se encuentra, con más o menos variantes, en otros autores que aspiran también a un deseo de simplificación, principalmente Jacques Sgard (Parc Floral de París, 1970) y Michel Courajoud –quien trabajó con Simon entre 1964 y 1966– (Parc des Coudrays, 1974). Tiene su origen en la herencia del jardín angloamericano y evoca los principios de los grandes maestros como Forestier, quien recomendaba utilizar las superficies verdes con relieves ondulados para variar los lugares demasiado planos y crear «sugestivos efectos de luz»; no obstante, aquí la habilidad radica en la adaptación de una fórmula del pasado a un contexto contemporáneo. No se trata de grandes árboles de follaje sombrío, como sucedía en muchos jardines ingleses, sino de especies escogidas por su flexibilidad y ligereza, álamos, sauces, abedules, en los que se registra el ritmo de las estaciones para evitar la monotonía de un cuadro monocromo. En las 35 Ha de la Cité des Chatillons en Reims (1970), «aparte de las paulonias de mayo, con sus fuertes ramajes y hojas, el conjunto de la vegetación de la ciudad tiene como denominador común la flexibilidad, lo plumoso, el brillo ceniciento y el movimiento del follaje.» La búsqueda del volumen y del espacio preside estos parques, basados en la escultura del suelo y la simplicidad de las especies vegetales (selección restringida de árboles, modulados en líneas densas y rítmicas, y césped).

Simon no es un adepto de la tabula rasa, como se ha querido hacer creer en ocasiones. Su obras, en las que abundan las fórmulas del pasado, así lo testimonian. Pero siempre tiende a querer precisar la fuente de su inspiración en la emotividad: «Nada más lejos de mi intención que apelar a la razón...» ¿Visión o clarividencia, comprensión singular de un hombre de sorprendente agilidad, bastión de una cultura paisajística poco común, viva, adquirida en gran parte en sus viajes a los más recónditos rincones del mundo?

«Un jardín no es un campo de batalla, desprovisto de pasado y sin raíces», escribió Simon a propósito de su realización para el Festival International des Jardins de Chaumont-sur-Loire (1995), manifestación a la que cada año son invitados unos 30 artistas de todo el mundo para que cada uno componga un jardín sobre parcelas de 250 m². Apasionante laboratorio de experiencias, Chaumont concentra distintos ejercicios de estilo, abstraídos de todo contexto realista. Simon se amolda a las reglas del juego con humor, ironía y su habitual gusto por la polémica. Ha construido un antijardín, completamente mineral, sin plantas, sin raíces (como desolado tras la batalla). Pero seamos optimistas, dice Simon, porque todo ello resplandece bajo el sol y el viento y, si el hombre hace juegos malabares con la Tierra, ésta llegará siempre a recuperarse de los errores humanos. Este jardín-manifiesto a favor de las periferias (entre los muros hormigonados, bajo el pavimento, está la naturaleza...), se revela como la antítesis de las ideas de Simon: «Revelar el paisaje consiste en modificarlo activamente, no imponiendo nuevos objetos sino poniendo de relieve lo que ya estaba en el lugar, desapercibido, desuni-

Jacques Simon's proposal for the 1995 Festival International des Jardins in Chaumont-sur-Loire.

La propuesta de Jacques Simon para la edición 1995 del Festival International des Jardins de Chaumont-sur-Loire.

do. *Durante un tiempo, enlazo, relaciono.*» Porque siempre busca los vínculos conceptuales a partir de una voluntad de empatía con el lugar existente. En todos sus escritos trasciende una auténtica obsesión por la geometría (= muerte), la mesa de dibujo, los elementos ajenos, los objetos de catálogo... Simon analiza, esboza, proyecta sobre el lugar con la ayuda de croquis, de perspectivas. No pretende limitarse a ajustar su comportamiento al de la tierra, al de las estaciones, sino también al de las personas. En relación a la especie de serpiente en hormigón de gravilla, vertido *in situ* en Saint-Germain-les-Arpajons, comenta: «*¿Por qué este hilo conductor, conciso y simple? Pues para que la gente lo siga. A veces, simplemente para distraerse, para volver a él. Los chavales lo recorren en bici. Cuando invento me siento como ellos, en espacios entre cielo y tierra.*» Esta profunda generosidad se percibe en sus dibujos y fotografías, que se caracterizan casi todas por la presencia humana. Un paisaje no es sólo una bella imagen para contemplar, sino un espacios que se vive.

Primer paisajista en recibir el Grand Prix du Paysage creado por el Ministerio del Medio Ambiente en 1990, Simon se mofa de la dignidad o de los pretendidos honores que garantiza tal consagración. Nada puede domeñar su deseo vital de ir al reencuentro del sol y del viento.